从“本土化”到“主体性”

（自序）

笔者关于“中国设计”问题的构思起始于2003年。其时，笔者在中央美术学院设计学院开设“造型基础”和“中国设计与中国文化”（曾用名“平面设计的本土化探索”）两门本科课程，凡五年有余。当时，设计教育的格局不像今天这般工科化，中央美术学院设计学院的教学观念在国内还遥遥领先，这两门课程又恰好构成1995年原中央美术学院设计系成立以来基础教学的主干。如果说“造型基础”课程主要借鉴包豪斯的基础课，代表了中国设计教育国际化的一面的话，那么“中国设计与中国文化”则可说是源自中国自己的设计传统，代表了本土化的一面。

课程的跨度从古至今，论述了中国古代设计思想、中国近现代设计学术史和当代设计批评的内容，初步建立了一个关于“中国设计学”研究的基本理论体系。2010年之后，笔者于中国艺术研究院美术研究所工作期间，在由本书所建立起的中国设计学研究框架的基础上，逐渐提炼出关于“中国设计主体性”的理论构想，并于2013年在《美术观察》杂志上策划了“中国设计主体性的崛起”热点选题，得到设计学界的积极反响。这一学术思路一直延续到2014年以后笔者在北京大学新闻与传播学院广告专业和艺术学院艺术史论专业的课堂教学之中。

近年来，在设计学领域，有关“中国设计主体性”“中国元素”乃至“东方设计学”等话题都渐成显学，而本书中对“中国设计与中国文化”概念进行操作化之后所形成的由“古代设计思想”“近现代设计学术”“当代设计批评”三者构成的研究框架也都在不经意间形成了学术风潮。眼下，关于国潮国风、新中式、古代文献与造物思想、工匠精神、民国与新中国设计史、当代设计批评等话题屡屡得到关注，甚至多次被列为国家社科基金重大项目的选题，虽然未必与本书议题直接相关，但看到自己二十余年来关注的议题在今天能不断引发学术回响，仍然是一件令笔者欣慰的事情。

这些年来，设计行业发生了翻天覆地的变化，设计学研究所面临的语境也和二十年前不尽相同。然而诸多思想性而非技术性的议题非但没有“过时”，相反在当下还显出一定的时效性和现实意义来。究其原因，一是近年来中国设计学的国际化程度越来越高，正是在这样的背景中，中国设计学理论体系的主体性建设逐渐成为一个学术共同体关注的议题。二是出于笔者本人对于“学术史”的留意。二十余年来，笔者关于设计学术史的关注与思考，都不难在本书的写作中见出端倪。

借此机会，衷心感谢最初促成本书写作的周至禹教授，他为笔者在就读中央美术学院硕士和北京大学博士研究生期间提供了长达五年的中央美术学院设计学院教学实践的机会，这是这本小书写作的最初动因。时光荏苒，不经意间，二十多年前师长口中的青年学子，而今也已成为中年学人。尽管创建有中国主体性的设计理论体系的壮志至今仍是一项未竟的工作，但能够以参与者的身份亲历并见证这一时期中国设计学的发展与壮大，笔者何其有幸！

笔者指导的博士生张萌秋、何莎和笔者的博士后曹芳芳为本书担任校对并编制索引。初稿完成后，又蒙当年听过本课程的广州美术学院杨简茹副教授通读并提出修改建议。家人中，年近八旬的双亲、默默承担家务的内子和带给我们无尽欢乐的幼子，都给予了笔者太多理解和支持。最后，本书也是2023年度国家社科基金艺术学重大项目“中国设计艺术学科体系、学术体系、话语体系现状评估及评价标准研究”（立项号23ZD14）的阶段性成果，感谢人民美术出版社和徐见女士的大力支持，本书得以以现在的面貌与读者见面。

为此，谨再一次对关心本书的所有人士一并致以衷心的谢忱，并诚恳期待来自各方的批评指正！

祝帅

2024年4月于北京大学燕园

目录

引 言

"全球化"无疑是当代学术中的一门显学。近年来，无论是法学、社会学、人类学、政治学、经济学、传播学还是传统人文学科的各个领域，都有越来越多的中国学者加入到全球化理论建构的运动中来，并取得了一些具有相当深度的成果。尤其是受历史学界"全球史"兴起的影响，"全球设计史"或曰"跨文化设计史"的写作在海内外设计史研究领域渐成学术热点。[①]但与此同时，立足于中国文化、中国社会和中国受众，倡导本土化的设计研究方法仍然在现实中有其用武之地。在设计业界和学界，"本土化"的问题从理论到实践也开始备受关注，有关中国元素、中国国家形象传播和国家品牌，中国设计研究主体性的崛起，广告产业发展中国模式的理论建构以及"东方设计学"等问题的讨论也方兴未艾。一边是"全球化"，另一边是"本土化"，从表面上看似乎是一组矛盾。那么，当前的设计史研究，究竟是正在走向"全球史"还是"主体性"？二者是否截然对立？

解决这个问题的理论突破点，是对"本土化"作出概念的梳理与内涵的阐释。与全球化研究的理论建构热潮相比，很多时候"本土化"却仅仅被视作一种口号或宣言而缺乏深究。当今学术界对"本土化"的理论研究，既不能够与"全球化"的热烈讨论相对应，也

① 祝帅：《全球设计史观与中国设计主体性的建构——兼谈"世界设计史"研究的学科意义及学术启示》，《艺术设计研究》，2021年第2期。

不能够满足各个学科对“本土化”问题进行讨论时所必需的一般性基础理论要求，甚至已经开始有研究者公开宣称对“本土化”是否是一个“真问题”的怀疑。在本书中，我们将对中国设计“本土化”的问题作出阐释，目的在于从设计学内部对“本土化”理论进行一种尝试性的提炼。当然，本书并非旨在超越性地建构一种具有普遍解释力的宏观理论，能够达到像马克思的“世界文学”、福山的历史终结论或吉登斯、鲍曼等人的现代性社会理论对“全球化”所进行的理论建构作用，对本土化理论的进一步提炼也还需要更多自觉的研究成果。本书通过“概念操作化”的形式提炼出一个由古代设计思想、近现代设计学术、当代设计史与批评三者所构成的研究框架，这对中国设计本土化的理论思考来说具有比较典型的概括性，因而能够在比较充分地反映整个学术界研究现状的前提下，初步地概括本土化研究得以成立的理论基础，为进一步的研究积累必要的理论资源。我们也期待着更多从不同学科角度提出的新的理论思路，使各个实践类学科“本土化”研究从理论上都能够进一步取得突破，进而尽快结束关于“全球化”和“本土化”的论争，让“本土化”的设计形态成为国际设计话语场内在的有机组成部分，以中国文化为立足点推动形成全球设计共识，为中国设计带着自身的主体性进入全球设计史研究打下坚实的基础。

有鉴于此，笔者于2004至2008年间，在中央美术学院设计学院开设了“中国设计与中国文化”（曾用名“平面设计的本土化探索”）这门设计专业课程。在前后五年的教学实践中，笔者逐渐把它从一门设计学院本科必修课发展为一门中央美术学院各专业学生都可参加的选修课。考虑到课程的授课对象以美术学院创作实践类学生为主，笔者对此前课程体系和内容进行了较大的调整，希望把重点落实在中国传统文化与现代艺术设计创作的结合上，打通美术院校中长期以来形成的理论与实践的对立，引导学生直面“中国当代设计本土化”这一重要问题——不是从概念层面上去论证“本土化”是否是一个“伪问题”，而是希望在实践层面切实为当代设计艺术创作和教学提供一些超越“中国元素”层面的本土思想文化资源，同时在理论层面尝试为通过艺术设计讨论中国文化问题铺设一条道路。2015 年回到北京大学任教后，笔者又在课堂上多次讲授相关课程，逐渐把对于设计本土化的思考与当代中国设计学理论体系的主体性建构联系在一起。本书所论成为这一宏伟理论构想的重要基石和前期成果。

需要说明的是，由于本书的读者对象既包括专业设计史论的研究者，也面向广大设计师和设计专业学生，因而书中无法完全回避对一些基础性文化常识的讲述。但在此基础上，笔者也希望它能够成为一本超越教材体例的专著。无须讳言，这种工作仍然是“从前人止步处开始”的，闻一多、宗白华、张道一等几代学者的积累尤其功不可没。为了达到与其他学科的相关成果进行对话互动的目的，在很大程度上笔者也借鉴了文学、美学等人文学科的成果。当然，由于自己的学识和视野的限制，这种借鉴的工作注定还很不彻底，但人文学科学术研究的成果正是建立在这样的批判性积累之上的。在意识到前人有可能存在的一些草创阶段的时代局限而学术方法却在不断演进之后，从前人止步处“接着讲”下去，也许成了后学对学科建设的责任和使命。

在进入正文之前，有必要简要介绍一下本书的基本结构。本书以中国文化和中国设计的理论与现实问题为中心，从三个部分展开对中国设计“本土化”问题的体系性思考，进而为中国设计理论体系的主体性建构进行技术准备。

第一部分（第一至四章）是对中国古代意匠、制器思想的整理与阐发。与对古代工艺美术作品的形而下的研究相比较，这是探讨中国设计与传统文化的历史联系诸环节中更为行之有效的思路，也是思考中国现代设计本土化问题时的核心之一。本书中没有展开对宋、元、明、清出现的大量工艺美术文献的整理与解读。的确，宋元以降，我国出现了大量关于装潢、服饰、器物、居室乃至建筑类的“工艺文献”，而本书并没有设置专门的章节讨论它们。其原因固然是因为学术界已经有大量的研究者和著作将视角专门对准这些文献，进行了很好的整理和研究，相对而言对古代儒释道等早期文献与现代设计的联系阐发不多，更重要的是对于本书所面向的设计实践类的读者而言，笔者更希望提倡一种“学源不学流”的学术主张，倡导从“轴心时代”这一思想的源头出发，去寻找解决当代设计实践问题的原初智慧。

第二部分（第五至八章）是从中国现代设计思想史、学术史角度进行梳理，将前辈学者在相关问题上的探索与思考作为进一步阐述的必要参照。在笔者看来，民国时期既是中国社会和中国文化在“西学东渐”后由传统向现代转型的关键历史时期，也是一个面向当代研究者、设计师开放的宝库，具有取之不尽、用之不竭的思想传统与学术资源，值得反复细读、玩味。但是相对而言，本书第二部分的讲述也带有一定的普及性。笔者在相关领域的研究，还可参看《中国广告学术史论》（北京大学出版社，2013 年）、《民国摄影文论》（与杨简茹合作主编，中国摄影出版社，2014年）、《中国设计研究百年》（清华大学出版社，2018年）和《作为学科的广告史》（北京大学出版社，2020年）等其他著述。

第三部分（第九至十章）则是立足于中国现当代艺术设计创作本土化的历程，反思实践形态中设计与文化的历史联系。这部分中，有关当代设计批评的内容相对较少，原因是在这一方面笔者的相关思考可详见《设计观点》（辽宁科学技术出版社，2010年）、《中国平面设计产业研究》（与石晨旭合著，清华大学出版社，2017年）和《中国当代平面设计研究》（与石晨旭、谢欣合著，清华大学出版社，2019年）等专著。而关于当下设计界激烈讨论的互联网、大数据、人工智能等热点话题，本书则有意选择了回避，这一方面是因为笔者的上述著作和新刊论文中对此问题已经多有讨论，更重要的是本书更着意于中国文化中那些不易随时迁变的成分。分清“常”与“变”，梳理“源”和“流”，如此才能让中国设计的讨论经得起时间与历史的检验，使相关话题和研究不易过时，且能常说常新。

最后需要说明的是，作为一部由专题讲稿修改而成的学术专著，本书行文中适当保留了一些口语化的色彩，此亦是考虑到中国设计与中国文化传播之需要，敬希识者明鉴。

第一章

生生之谓易
——《周易》与中国设计精神

中国古代并没有严格意义上的“设计”学科分类，有关“制器”的观念也并非仅仅局限在《考工记》《天工开物》《园冶》《长物志》《闲情偶寄》等狭义的“工艺文献”之中，对于现代设计有可能形成启发的思想还存在于广袤的社会、文化和艺术背景中。我们的探讨也将从对中国历史上“轴心时代”经典文献的解读开始。

尽管古代学术体系不像今天学科分工这样明晰，但治经学和治诸子学的方法是有很大不同的。一般地说，治经学（尤其是古文经学）应首重文字训诂，而治子学则重在阐发“微言大义”。尽管清朝乾嘉时期以来正统的考据学家（大概除了戴震以外）几乎大多认为治子学亦应“首重考据”而对义理之学有所排斥（如高邮王氏父子的“义理自现”说），但其实晚清一代学人也并没有少把“我国之子学”与“泰西之哲学”相提并论。不过，通过贬低“义理”标榜“考据”，其实也是走向了另外一种极端，至少在解释《周易》

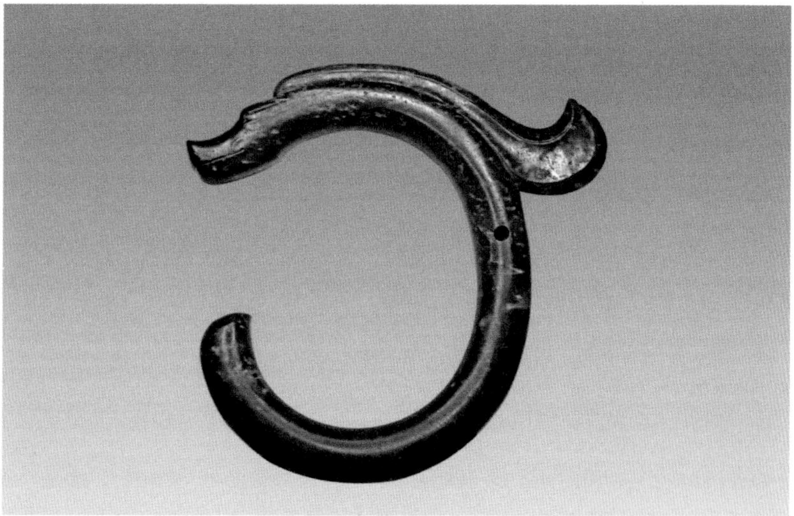

图 1-1 新石器时代 红山文化玉龙 玉 中国国家博物馆藏

的时候就会遇到一些问题——如果严格地使用治群经的小学方法来研究《周易》，那么所得就可能仅仅是《周易》之九牛一毛，更无法与当代设计实践相关联。这似乎也从一个侧面论证了《周易》这部经书的不平凡之处：其内涵之丰富，与古往今来汗牛充栋的研究著述相比，还是令人惊叹不已。

孔子说："假我数年，五十以学《易》，可以无大过（"大过"是周易六十四卦的一个卦名——引者注）也。"（《论语》7.17）[1]而中国的医学、建筑、武术、剑道、书法、堪舆、棋艺等独特的学问，无不与《周易》发生着密切的关系。在笔者专业阅读的范围内，也已经看到很多建筑与易学的研究成果。然而，以严格意义上的艺术设计而论，深入地探讨《周易》与中国设计关系的专著迄今还并不多见。人文学科领域的研究无不借助前人的成果，但笔者也并不想放弃这发凡起例的尝试工作，哪怕只是为今后的设计学界提供若干可供重复操作的"范式"。

在进入正文之前，需要简单地介绍一下《周易》这部书以及我们探讨它与设计关系的几个角度。

本章之称《周易》，包括《易经》和被称作"十翼"的十部《易传》两部分。书中所引用《易经》的部分均注"《周易·卦名》"，所引《易传》部分则注为"《周易·传名》"，如"《周易·归妹》""《周易·系辞上》"，而不再分别注明《易经》或《易传》。我们在研究《易经》的时候注重两部分的内容：一是作为抽象符号的卦象本身所反映出的思维方式对设计思维的影响，二是作为"言"的卦爻辞中可能对设计产生影响的有美学意味的篇章。对《易传》的研究，则集中于具体谈到"象"和"制器"等问题的《系辞》《象传》等

① 〔宋〕朱熹：《四书集注》，王浩点校，凤凰出版社，2005年。除特别说明，本书所引《论语》只依朱熹《四书集注》标注章节。

几篇。

从宋代的朱熹开始，“易本卜筮之书”的观念深入人心。事实上也的确如此。但卦象与卦爻辞的设计者可谓煞费苦心，没少动用哲学乃至科学的思维方法。正因此，才使得《周易》的文本显得扑朔迷离，后代的象数比附者也源源不断，以致在这一条路上越讲越玄。这些论述究竟有没有价值姑且搁置，至少本章并不打算从事这一方面的探索。好在对《周易》进行“学术范围”内的研究也自有其正统——1973年出土的马王堆帛书中的残篇《要》，记载的正是孔子类似的说法：

> （子曰）：“《易》，我后其祝卜矣，我观其德义耳也。……吾求其德而已，吾与史巫同途而殊归者也。[②]

② 丁四新：《楚地简帛思想研究》第6辑，岳麓书社，2015年，第336页。

对《周易》是否属于儒家的著作不作重点讨论，但至少后文将要专门论述的儒家思想，和本章对《易传》的提问角度还是很不相同的。前者以《论语》为中心，讨论的基本上是人生在世的社会问题，而《易传》的作者却更加关心“宇宙的本体和生命”。尽管仅从这一点上还无法得出陈鼓应“《易传》属道家思想”这样主观的结论，但也应该看到中国文化作为一个有机的整体，其内部各种元素互补和互相掺杂的实际情况。本书以思想派别分类进行论述的体例，无非也只是一种论述策略而已，无法避免不同派别思想存在互相交叉和某些近似的问题。

第一节　易象的生命精神与设计意味

从“太卜掌三易之法”（《周礼·春官·大卜》）这句话中可以确定的是，“易”是一种算卦的工具。所谓“周易”，自然就是周代的算卦之法。事实上自从朱熹以来，中国的学界也普遍接受了这样一个基本的判断。但《周易乾凿度》却提供了一种更有哲学意味的解释：

图 1-2　先秦　毛公鼎　青铜　台北故宫博物院藏

"易"一名而含三义：所谓易也，变易也，不易也。

易者，其德也：光明四通，简易立节，天以烂明，日月星辰，布设张列，通精无门，藏神无穴，不烦不扰，淡泊不失，此其易也。变易者，其气也：天地不变，不能通气，五行迭终，四时更废，君臣取象，变节相移，能消者息，必专者败，此其变易也。不易者，其位也：天在上，地在下，君南面，臣北面，父坐子伏，此其不易也。[①]

① 转引自黄寿祺、张善文：《周易译注》，上海古籍出版社，2001年，第15—16页。

这样的解释真是大有启发，可谓是对《周易》之生命精神的把握和概括。对于这种解释是否"过度阐释"并非问题的主旨，[②]中国历史上许多哲学著作，或许包括《易传》本身，都免不了对于经典的"过度阐释"，但其最终目的则在于向我们提供新的哲学思路，这一点无可指摘。当然，对"一名三义"的具体论述，我们并不需要严格苟同，但所提出的"简易""变易"和"不易"，值得从设计创作的角度作进一步的发挥。

② 如周振甫指出："三义中简易的易，读去声，与易的读入声不合。"但这种推测并不否定今人面对经典时的想象力和对话的可能。参见周振甫：《周易译注》，中华书局，1991年，第3页。

一、易简而天下之理得

20 世纪中国哲学史上的佛学大家熊十力在晚年终于完成了"舍佛归《易》，宗仰孔子"（熊十力认定《易传》系孔子所作）。张岱年对此有这样的评论："从表面来看，佛教唯识学说有一套深微精密的理论，而《周易》学说则比较简略，何以熊十力会舍彼取此呢？其缘故不值得深入思考吗？"[③]至少熊氏最终抛弃逻辑复杂、论证烦琐的佛学，发现《周易》的微言大义，或许与中国本土文化

③ 张岱年：《忆熊十力先生》，《直道而行》，大众文艺出版社，2000年，第37页。

图 1-3 先秦 散氏盘 青铜 台北故宫博物院藏

中崇尚简洁、平淡、以小见大这一“集体无意识”不无密切的关系。相对而言，本于印度的佛学理论虽然在哲学上深刻绚烂，但终究不是一种中国文化所崇尚的最高明的运思方式。

与一般哲理思维方式相似，中国艺术的形式也往往体现出“要言不烦”“以少少许胜多多许”的追求。这种对于“简单”的向往和崇尚，其源头在某种程度上也可追溯到《周易》这里。据《周易·系辞上》的解释，可以看出《乾凿度》关于“简易”的解释是有一定根据的：

乾以易知，坤以简能。易则易知，简则易从。……易简而天下之理得矣；天下之理得，而成位乎其中矣。[1]

一部《周易》，能够以“观物取象”的方式，巧妙地使用类似“二进制”的阴阳爻符号对大千世界加以把握，这不能不说是先人的智慧。“视知觉不只是像镜子一般反照出物象而已，它与取象的活动是相关联的。……取象的活动，也是以意摄象，以心抉择之，故所得亦为意象。如考古所获陶器上，除鱼纹、蛙纹外，多有几何图纹、螺旋纹、太极纹或人面鱼身纹等，这些几何图纹均非物象而是意象，显示的是图腾观念或是某种秩序感。”[2]比较西方严格意义上的写实绘画，不难看出中国思维方式的独特之处。对此，作家阿城认为彩陶和青铜纹样是古人“在致幻的状态下，产生幻视、幻听，产生飞升感”“中国造型的源头在幻象”。[3]但其实这种说法已经不自觉地受到了20世纪西方精神分析学的影响。的确，在绘画史上的超现实主义等阵营中出现过达利等艺术家通过服食药品产生幻觉而作画的例子，但显而易见的是并不是所有产生“幻觉”的人都能够创作出具有审美价值的造型，因此笔者认为阿城的说法有过于理想化、以偏概全的倾向。

即便不考虑卦象和爻象，《周易》（不仅仅是《易经》）是很有意识地与图像相联系的一部古代文献，这为讨论艺术设计中的问题建立了更多的渠道。从最初的“河图洛书”的传说，到后世“易图学”的形成，在“易学”中不乏可供图像研究学者注意的史料。宋代以降，大概是以周敦颐创“四格”太极图并作《太极图说》开始，在历代易图学的发展历程中，大多数“易图”都演变成为负载着烦冗的文字信息的“图表”，而不是实践“左图右史”这样文字

① 〔魏〕王弼注：《周易注》，1919年上海商务印书馆《四部丛刊》影印宋刻本。以下引《周易》文皆同出处。

② 龚鹏程：《文化符号学导论》，北京大学出版社，2005年，第26页。

③ 参见查建英：《八十年代——访谈录》，生活·读书·新知三联书店，2006年，第54页。

与图像互相阐释的传统，所以对设计研究者的意义恐怕并不大。但“太极图”这种说法，已经深刻地对应于今天公众所熟知的这个“阴阳鱼”图了。

“太极图”在形式上的简易，可谓合乎《周易》的生命精神。对比“易有太极，是生两仪……”这样的“说教”，图像在这一方面的优势真是显露无遗。但并不是所有的文字都适合用图像来表现，也并不是所有的图像都能用语言来描述的。文字与图像，是人类关于世界的两种不同的表述方式，其分工是不同的。搞不好的话，要么降低了文字的价值，要么降低了图像的地位，都不可取。在描述混沌的“宇宙生成论”时，图像便具有得天独厚的优势，极其复杂的哲学推论过程由一个黑白二色组成的图形极其轻松地说明了出来。相信《太极图》的作者一定熟谙图形语言的价值以及设计思维与形式表现的互释关系。事实也的确如此。这种源自《周易》的图形观念值得褒扬。重新回顾中国古代在图形运用方面的历史实践，也是中国建立优秀设计文化的必经之途。

将历经近千年的“太极图”作为一个审美的图形设计来看待，在今天没有“过时”之感；而反观刚刚过去十年、二十年的一些中国标志设计便明显已经衰老、过时，甚至被艺术史所遗忘。中国设计在改革开放之初的水准低下，与社会对设计的误解和不正当的要求有关，同时设计师艺术修养不高、对传统文化的精神领悟不深也难脱其咎。此外还需要看到，“简易”并不代表“空洞”，一个简单的“太极图”所包含的却是“天下之理”。虽然图形设计最终提供给接受者的是“简易”的图形，但这样的图形并不是设计者“信笔拈来”或“直接取材”。这是因为《周易》还在“简易”的同时，对我们提出了“变易”和“不易”这些更为辩证的、复杂的要求。

二、变动不居，周流六虚

“变易”是《周易》哲理中不可忽视的重要特点之一。前人谓“易”之称即来源于一种善变的生物——蜥蜴。在筮法中，亦有所谓的“卦变”之说，正是“变动不居，周流六虚，上下无常，刚柔相易，不可为典要，唯变所适”（《周易·系辞下》）。可以说，这是作为“卜筮之书”的《周易》对其“理想读者”提出的一种要求。正因此，《周易》才能在“周虽旧邦，其命维新”（《中庸》）的世界中保持永恒性，作为古往今来万口传诵的经典“与时偕行”（《周易·系辞上》）。但是，《周易》的“与时偕行”又比一般的社会科学显得高明得多。政治和经济也讲“与时俱进”，但它们的变化仅仅有当下的意义，即某种观点仅仅适合于某一时代，数年之后便改弦易辙。《周易》则不然，它既是流动的，又是永恒的，它的思维方式几乎没有“过时”的可能性。

这种看似矛盾的说法正是《周易》的高明之体现，这一特点与中国艺术中的审美意象也有深刻的关联。我们需要对这种现象作一些深入的分析，应用于艺术设计的创作之中。在写理论性研究论文的时候，我们经常会强调“小题大作”，为的是尽可能地把话说得清楚、透彻，但在艺术形象的创造中，应该鼓励的正是“以小见大”“以少总多”，一定不能像理论文章那样讲求“逻辑性”。在《周易》中，卦爻辞不是对卦象的直接注解，卦象也不是对卦爻辞的“图说”或“图解”。二者之间具有相对独立性，都没有穷尽对方作其他阐

图 1-4　商　乳丁纹方鼎　青铜　中国国家博物馆藏

释的可能。《周易》的语言本身就是一种非逻辑性的语言，在占卜的时候，不能严格地按照爻辞所提供的字面意义直接对应于所占之事。同理，对形式单纯却含蕴深奥的卦象的阐释也应该具有无限丰富的可能，适宜发挥解释者视知觉中的想象力：

在这个多重互构的推演系统中，根本就没有现成的“是其所是”的单元、原子或自明的起点，每一“点”（比如一爻、一卦）都应该被看作是一簇簇推演关系辏的枢机，在不同的但又相互亲缘的变换趋势中获得时机中的意义和讲究。[1]

① 张祥龙：《象、数与文字——〈周易·经〉、毕达哥拉斯学派及莱布尼兹对中西哲理思维方式的影响》，王博主编《中国哲学与易学——朱伯崑先生八十寿庆纪念文集》，北京大学出版社，2004年。

这是对易象非常具体的规定，可以看出，虽然“简单”，但并不妨碍多义与含蓄。这就从根本上接近艺术意象的表述方式了。设计创作中的艺术意象也具有同样的构成维度。然而，很多设计使用大量的装饰图形填满整个画面，表达的又往往是一些宣传性的标语口号，有时还生怕人们看不出来庸俗的“寓意”，煞费苦心地编制线性对应的“设计说明”。不可否认在某些场合设计师可以作此类作品以迎合社会的需要，但可以确定的是这些海报充其量只是为政治或商业服务的宣传画，而不能称作设计艺术。同样可以肯定的是，仅仅凭这样一些作品在社会的泛滥，设计在中国也只能停留在“为人作嫁”的地位上，其艺术属性无法得到广大公众的真正理解。

对艺术意象多义性与含蓄性的规定，势必也对接受者提出了更高的要求。这也是中国艺术区别于西方古典艺术的一个特点，即要求接受者的“参与”。通俗地讲，艺术作品本身是“生成态”（不是真的没有完成）、“变动不居”的，需要与接受者形成某种互动来获取其终极含义。客观作品提供一个“象”的平台，它可以也应该影响到接受者的解释（“辞”），但接受者也可以反过来影响作品意义的生成。

对接受者的注意是尤其适用于设计创作的。设计与纯粹的美术创作不同，它不得不把接受者的具体情况考虑在内，因而在不同的场合，设计的艺术性的发挥往往会受到一些具体的限制。但是从另一个角度说，正因为目前一些广告主乃至社会大众整体的审美水准不高，设计师才应该立足于艺术的立场对他们进行审美的启蒙和教化。《周易·贲》的“观乎人文，以化成天下”说的就是这个意思。故此，在现阶段，设计师不应该一味地“迎合”公众的接受水平，而应该体现出一定的超前性来，这种“超前性”就体现在对上述“理想的接受者”的寻求上。这样做的结果是提高公众对好的设计的期待值和理解力，从而解放设计师的创造能力，促成社会审美的良性循环。

三、君子以立不易方

《周易》之“易”还有“不易”意。这个“不易”本身又可作一种以上之解释。除了《乾凿度》作者的“不变”说外，这里还想提供一种理解的视野，即“不容易”。先来看第一种解释。前面已经说过，尽管《周易》是流动的、变化的，但具有辩证意味的是它同时又是经典的、永恒的。就前者而言，非此不能够称为一部奇书；可是如果没有后者，古老的《周易》无疑就会早早地失去沟通古今人类的可能。鉴于这种古今对话关系的实际存在，而且历代以来未曾中止，可以肯定的是《周易》中一定有某种永恒不变的东西，或是人类自古以来没有解开的千古之谜，或是积淀于国人集体无意识之中的原型意象等。反映在艺术和设计中，尽管有审美潮流和风尚（所谓“时尚”）的季节性变化或轮回（有每年都在发生变化的“流行色”，有当时看起来新鲜但三五年之后就感觉过时的某种“时髦

图 1-5 西周 利簋 青铜 中国国家博物馆藏

风格”），但古往今来写入艺术史中的那些不朽杰作反复印证了这样一个判断：艺术和美中一定有一些永恒的规律性存在。

自西方哲学和艺术中的现代主义运动开始以来，一些人宣称天地间没有永恒的真理，只有脱胎换骨的变化与创新。从表面上看，这似乎与《周易》的逻辑有些类似，但如果仔细分析，可以发现《周易》的作者不但不支持这种想法，反而提供了更加复杂、更符合中国思维方式的一种解释。《周易》的变化和运动是一种回环往复的辩证结构，而不是线性的推演。对此《周易》中有很多类似的描述：“无平不陂，无往不复”（《周易·泰》）、“反复其道，七日来复”（《周易·复》）、“无往不复，天地际也”（《周易·象传》）等。不仅仅在“复”这一卦中，而且在整部《周易》六十四卦中，从初爻到上爻，往往都很好地贯彻了这种思想。这也是中国人一以贯之的思维方式，老子所说的“万物并作，吾以观复。夫物芸芸，各复归其根。归根曰静，静曰复命。复命曰常，知常曰明。不知常，妄作凶”（《老子·第十六章》）[①]可以作一个很好的注解。在后文关于道家的讨论中，还会从另外的角度剖析其对设计可能产生的影响。

①〔春秋〕老聃撰，〔魏〕王弼注：《老子注》，清光绪二十五年广雅书局刻武英殿聚珍本。以下引《老子》文除特别说明外，皆同出处。

《周易》在变动中，保留出了永恒的生命本根，这正是易学思想的难能可贵之处。这还体现在《周易·上经》中以“恒”字命名的这一卦中。“恒”这一卦名的意义就是永恒，即在《周易》的变动中见出稳定、持久的东西。对此，《周易·彖传》用“天地之道”来加以解释：

> 恒，久也。刚上而柔下，雷风相与，巽而动，刚柔皆应，恒。《恒》：“亨，无咎，利贞。”久于其道也，天地之道恒久而不已也。“利有攸往”，终则有始也。日月得天而能久照，四时变化而能久成，圣人久于其道而天下化成。观其所恒，而天地万物之情可见矣！

可以说，“天地之道”就是一种永恒的关怀，也就是《周易·象传》所说“君子以立不易方”中的“方”。人类自古以来的终极追问，在今天仍然能够与现代人获得心灵上的沟通与启示。这种精神不是仅仅有时效性约束的制度或规范，而是一种形而上的哲学问题。它经得起时间的检验，形成中国文化赓续不断的传统。只有体现这种反映永恒问题的艺术创作，才能在艺术史上具有价值。与这种人文的价值相比，局限于当下时代的“时尚”“潮流”等，都是极其容易过时的东西。一味地追求这些东西，对于艺术史将没有更有价值的贡献。所以，在设计教学中强调对于传统文化精神（而不是形式）的理解与学习，是有实践中的意义的。“设计”虽然是一个新名词、新学科，不能脱离市场、营销这些现实的因素，但如果在教学中强调的是设计的艺术成分而不是功利成分的话，无疑可以更多地追求作为一种人文宿命来承担的“天地之道”；“设计”虽然是与时代精神密切相关的一种行为，但如果用永恒的艺术标准来要求它，完全也有可能为后人留下一些进入艺术史的经典作品，它们是对人生存在基本问题的终极追问。这是大文学家、大艺术家、大设计师的共同境界，而不存在艺术类型之间的等级差异。

也正是在这个意义上，能够真正做到才是“不容易”的。通过上面的论述已经可以看出：理想地看，较之一般的纯美术教育，设计学科的学生应该在胜任美术训练之外，额外地进行社会学科（传播、营销、社会学）方面的学习与训练；比较纯粹的社会学科，高等设计教育作为一门艺术教育，学生又必须在人文学科（文学、历史、哲学）方面具有扎实的基础。对一般中等专业学校培养的职业设计师当然不需要作出这样的规定，但设计专业高等教育中的学生和专业教员必须兼备艺术、一般人文学科和社会学科三方面的技能准备和学术背景，不可偏废，因而也必须进行加倍严格的训练。②

② 祝帅：《论设计研究的“学科间性”》，《南京艺术学院学报（美术与设计版）》，2019年第1期。

《周易》之象及其思维方式与艺术精神有密切的关系，对设计中图形意象的创作更是有直接的启示。以下将就具体的卦象进一步

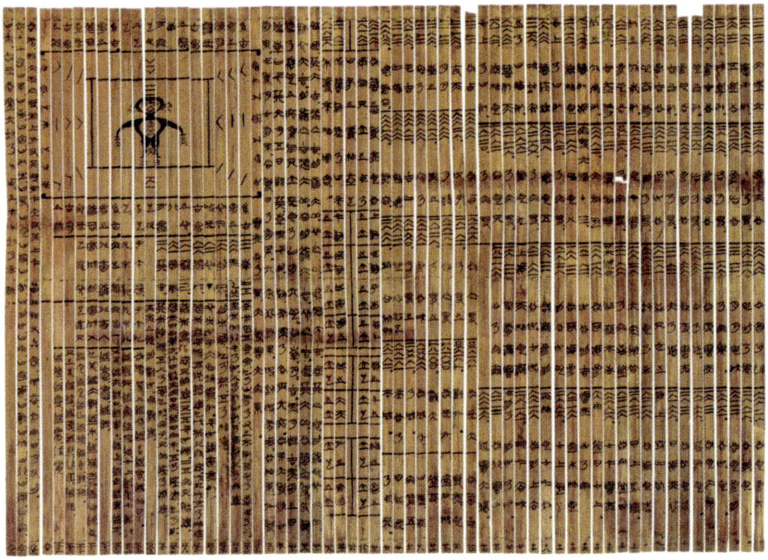

图 1-6 战国 筮法 简牍 清华大学藏

讨论《周易》中的“象”的视知觉结构及其与设计中图形语言的关系。可以负责任地说，即便是在学术研究中，想真正深入地理解《周易》这种图形化、符号化的思维方式，如果没有艺术形象思维方面的训练，没有对设计图形的知觉和理解能力，也会在某些层面产生隔阂、捉襟见肘。这正是《周易》“不（容）易”之所在。

第二节 “象”：在“言”与“意”之间

关于《周易》的学术研究，历来分化为义理和象数两派。现代学术兴起以来，义理一派被认为是中国哲学和思想史的正脉，而象数一派则彻底成为“隐学”受到正统派学者的排斥和鄙夷。客观地说，象数一派的确有其穿凿附会乃至故弄玄虚之处，但倘若完全不考虑“象数”，尤其是“象”，那么也不可能完全参透《周易》的哲理。

不妨摒弃《周易》研究中的门户之见，适当调和“义理”与“象数”两种研究思路。

“象”是中国思想史的一个独特范畴，日本人中村元在《东方民族的思维方法》一书中更曾指出中国思维方式中重视视觉知觉的特点。[①]在中国，“象”思维不仅仅体现在文人士大夫阶层的经典著述中，也渗透到人们日常生活的几乎各个方面。比如，中国的文字本身就是通过“象”而不是音的形式存在的，以至于在很多人看来，中国文字本身就天然地带有美学的意味，而中国的语言也因为文字的关系而具有一种“模糊性”。[②]再如有着“烂柯”典故的古棋类游戏中的“象棋”，尽管有学者把“象棋”这一名称的来历解释为“以象牙为饰”并以此作为象棋起源于印度的佐证，但笔者认为“象”可能更多地具有中国式“象”思维的集体文化心理。不过，这种“象”更接近于“抽象”而不是“具象”艺术的思维方式，因此比较国际象棋，中国象棋就显得抽象多了。而《周易》的象系统更是将这种思维方式推向一个极端。[③]

诚然,《周易》的卦象与中国文字在起源和结构上都有相似之处，但无疑前者更抽象，因而也更加神秘。《周易》中的爻辞与象的对应，更是一个困扰学界的问题：“这些筮辞偶尔显示出某些哲理意思，比如讲‘亢龙有悔’‘无平不陂，无往不复’等，但在更多的地方则似乎是在东说一句、西说一句，迷离散乱几乎理不出个头绪。如果将这部分文字与易象联系起来，情况就有所改善，可以看出一些辞是在说象，其中包含了一些‘取象之法’。……然而，一来这种对应并不完全，二来如何在这种对应或其他的取象之法中看出重要的哲理含义，也还是个问题。……为了建立更有理可循的解释框

① 参见〔日〕中村元：《东方民族的思维方法》，林太、马小鹤译，浙江人民出版社，1989年。

② 这一特点尤其体现在不同文化语境间的文本传译中。例如，在基督教语境中，“sin”特指人先天就与上帝隔绝（从一出生就不认识上帝）的状态，此词不同于违犯人世间的法律之“crime”，但这两个义项在中文中却只能都用“罪”这个字来表示。与此不同的是，汉语中关于“观看”的词汇却极其丰富。在甲骨文中表示各种各样“看”的字有超过二十个，而在《说文解字》中“视觉活动多达105种，分别以150个词来表明”。（参见龚鹏程：《文化符号学导论》，北京大学出版社，2005年，第22页。）

③ 杭间：《从“道”“器”关系看中国古棋的设计思想》，《手艺的思想》，山东画报出版社，2001年。

架，就需要发现《易》的辞与象之间更多的对应方式，也就是要找到更多的取象之法，或对于卦画与爻画的‘语义赋值法’。”①

研究卦象与所对应之“辞”（“言”和“意”）的意义，对于哲学界即便不是一项可有可无的工作，至少不是建立“易学哲学”体系的根本障碍，但对于从事艺术的研究者来说，这种“取象之法”可谓是不能回避的重要研究内容。更何况，《周易》中的“象”，并不一定是朱熹所特指的“卦象”，《象传》中所提供的种种“意象”，也都是“象”的范畴。从《周易》而不是道家或玄学的基础上审视“言意之辩”，理清形象思维区别于语言思维的特点以及先人在把握文字与图形互相阐释这一点上的根本做法，才有可能真正地把《周易》的取象及图形解析方式演化成一种独特的设计语言和思维方法。

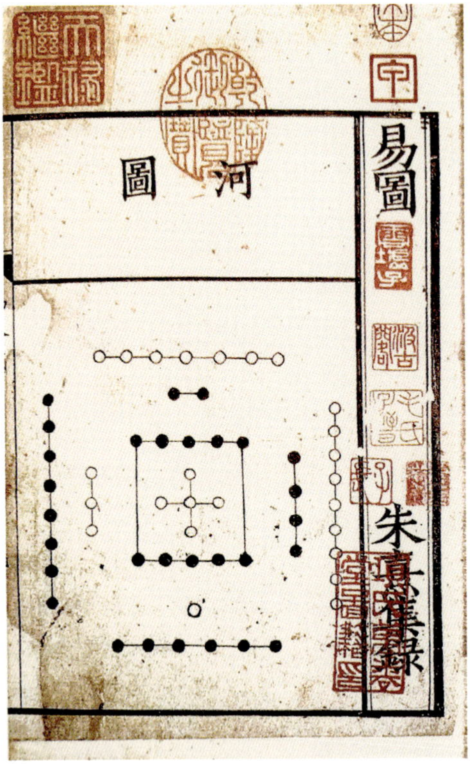

图 1-7 南宋 朱熹集录 易图

《周易》六十四卦，可以说都包含着深刻的思想，这里显然不能面面俱到，我们还是从几个有代表性的卦象说起。这几卦在中国现代设计研究的不同阶段都曾经引起研究者的重视，因而可说是在前人基础上所作的进一步的研究。在这一方面，注重设计

① 张祥龙：《象、数与文字——〈周易·经〉、毕达哥拉斯学派及莱布尼兹对中西哲理思维方式的影响》，王博主编《中国哲学与易学——朱伯崑先生八十寿庆纪念文集》，北京大学出版社，2004年。

研究并且有着良好的视觉艺术和审美训练的学者，在相关的研究领域中具有难得的优势。

一、鼎

作为《周易·下经》的第五十卦，“鼎”卦（巽下离上）在构成方式上是有些特别的。之所以选择这一卦加以论述，不仅仅是因为“鼎”本身就可比作一种“产品设计”，而且在卦象方面，作为一种抽象的图形，“鼎”卦给人以具体物象的联想，是对现实中“鼎”的形象的抽象。唐人《周易正义》称：“鼎之为器，且有二义：一有烹饪之用，二有物象之法。”朱熹《周易本义》称：“鼎，烹饪之器。为卦下阴为足，二三四阳为腹，五阴为耳，上阳为铉，有鼎之象。”今人黄寿祺、张善文也明确指出，此即谓“卦画象鼎之形”“鼎字……正像下足、中腹、上耳之形”。[②]从这一点上说，似乎又很接近于平面设计（特别是标志设计）的某些特征（类似的取象方式在《周易》中还有一些，比如“坎”卦的卦象对于象形文字“水”的模拟等，但无疑“鼎”卦在讨论设计问题的时候具有“产品”和“平面”的双重代表性）。因而对这个卦象的深入探讨，有利于呈现出中国古人在抽象思维方面的一些特性、一些有代表性的进行图形思维和创作的方法。

闻一多在《〈周易〉义证类纂》中提出了许多与通行本不同的卦爻辞解释，而在“器用”章里，闻一多对“鼎”卦爻辞的考证和解释也占有很大的篇幅（本节下引闻一多语皆出自《〈周易〉义证类纂》，巴蜀书社2003年版，不另行出注）。“鼎”卦的初六爻

① 黄寿祺、张善文：《周易译注》，上海古籍出版社，2001年，第413页。

辞是“鼎颠趾，利出否”。对此，通行的解释是“鼎的脚颠倒在上，利于倒出鼎中坏物”。这就令人产生疑问：既然是“颠倒”，为何不把这句爻辞放到“鼎”的覆卦“革”的“上六”爻辞中去解释？而对于接下来的一句“得妾以其子，无咎”，通行的译本作“得到妾（用作正妻），因她的儿子，无害”[①]。这种“因果关系”更是只能令人心生疑惑。面对这样充斥通行本《周易》的解释，难怪张祥龙会有“东说一句，西说一句，迷离散乱几乎理不出个头绪”[②]之叹。但是考虑到《周易》去今已有数千年，唯有从当时的社会风俗和生活方式出发，才能够看清其这种安排的“本来面目”。经过传统经学方法中严格的名物考证，闻一多论证了他关于“否可通陪”这个“大胆的假设”。这样，“‘鼎颠趾，利出陪’，谓正鼎折毁，则当出陪鼎以代之”，因而“得妾以其子，无咎”也就得到了更加合理的解释：“犹陪鼎之于正鼎，故出陪鼎为得妾之象。”

“鼎”卦与“革”卦相对，正是一对意味着“去故取新”的卦象，这也是《周易》的流变和创新精神之体现。虽然“纳妾”这种思想在今天已经时过境迁，没有什么时代意义，但在艺术和设计创作中，“推陈出新”永远是激励艺术家和设计师创造能力发挥的一种动力，无论什么时候也是应该提倡的。至此，“鼎”的本义终于逐渐清晰。可以想象，经过这样的还原，《易》象与《易》辞的“迷离散乱”的结果终会有所改观。

① 此译文系采自周振甫：《周易译注》，中华书局，1991年，第177页。从考证的角度来看，今天仍然不能保证闻一多的解释一定应该被“定于一尊”，但是本《周易译注》牵强附会之处比比皆是，舛误明显。相比较之下，由黄寿祺、张善文所编纂的《周易译注》（上海古籍出版社）中的一些说法尽管也取通行释义，但似乎更值得参考一些。

② 张祥龙：《象、数与文字——〈周易·经〉、毕达哥拉斯学派及莱布尼兹对中西哲理思维方式的影响》，王博主编《中国哲学与易学——朱伯崑先生八十寿庆纪念文集》，北京大学出版社，2004年。

二、革

“革”卦本来所讨论的问题也跟工艺美术息息相关，但由于后世的研究者过于轻看“工艺美术”“设计”作为学科的人文含量，以至于不相信“群经之首”的《周易》所大量谈论的正是与日常生活密切相关的“实用美术”，而这是由工艺美术在日常生活中不可或缺之地位所决定的。《周易》“革”卦的九五和上六爻辞中分别提到的“大人虎变”“君子豹变，小人革面”，如果不考虑到实用设计的因素在内，可能无法获得通顺的理解，或许只能像周振甫那样牵强地解释为令读者感觉受到智力上的愚弄的“大人变得像老虎发威”“君子变得像豹发威，小民脸色变了”。就连《象传》中明显在谈文饰的“其文炳也”和“其文蔚也”，竟然也被解释为“文采鲜明”和“文采丰富”！[③]但闻一多综合《庄子·逍遥游》和《周易·贲》的《释文》和《广韵》的解释，认为“变”即“辩”，通作“斑”，而“贲”亦“变也，文饰之貌”。这样，“虎变豹变”，意即“虎文豹文”，“‘大人虎变’即《玉藻》之君车以虎皮为饰，‘君子豹变’即大夫士车以豹皮为饰”，“小人革面”即“无他饰”——“未命为士者不得乘饰车”。这简直就是儒家“器物——等级对应”思想的另一个版本！这样才能更进一步地明白为什么孔子如此喜好《周易》，《周易》的确属于儒家思想体系似也可以定谳了。

③ 周振甫：《周易译注》，中华书局，2001年，第172页。

三、涣

“涣奔其机”（《周易·涣》九二爻辞）这句话，在传统的解释中由于忽略了设计的史料价值，注者也只能用“散流的水奔冲他的台阶（冲洗院内脏秽）”[④]这样牵强的字面意义来翻译。但有着良好的工艺美术史修养和美术训练的闻一多，大胆地把“奔”释为

④ 同上，第210页。

“贲”（突出其“装饰”意），读涣为“焕”，这样，“焕贲次叠韵连语，故二字同义。‘焕贲其机”，犹言文饰其几也”，并引出郑众对《周礼·司几筵》中“吉事变几，丧事仍几”一句的“注”（“变几，变更其质，谓有饰也……仍，因也，因其质，谓无饰也”），提出“变贲音近”“‘涣奔其机’，盖即《周官》所谓‘变几’”。这样也更能够凸显工艺美术在上古人民生活中的重要地位。

四、贲

在对“贲”卦的阐释中，宗白华明确指出：“总的来说，贲卦讲的是一个文与质关系的问题。”[①]他把“贲”训为“饰”，这与闻一多的观点也是相同的。在此基础上，宗白华对《贲》卦作出了第一层意义的解说：

> 王廙（王羲之的叔父）曰：“山下有火，文相照也。夫山之为体，层峰峻岭，峭崄参差，直置其形，已如雕饰，复加火照。弥见文章，贲之象也。”（李鼎祚《周易集解》）美首先用于雕饰，即雕饰的美。但经火光一照，就不只是雕饰的美，而是装饰艺术进到独立的艺术：文章。[②]

根据刘师培的考证，“文”是一切“英华发外秩然有章”之物的总称[③]，它可以泛指一切艺术类型（区别于杂乱无章的非艺术日常应用体裁——“笔”），而不仅仅是通常理解的“装饰”。可以这样认为，在宗白华看来，所谓“独立的艺术”，如绘画等，最早

① 宗白华：《艺境》，商务印书馆，2011年，第405页。

② 同上。

③ 刘师培：《文说·耀采篇第四》，《国粹学报》，1906年第2号。

起源于对工艺美术器物的雕饰，是从器物这种原始的“设计”本身逐渐分化出来的。在这个意义上，今日美术史撰写中所称的“原始美术”实则是设计（Design），因而今日“一切‘纯美术’作品都起源于人类最原始的‘设计’”[④]。

宗白华对“贲”卦的第二层解说是：“艺术思想的发展，要求像火光的照耀作用一样，用人的精神对自然山水加以概括，组织成自己的文章，从雕饰的美，进到绘画的美。”[⑤]这一点主要是讨论“纯艺术”的创作，重视对客观现象描绘过程中的主观能动性，但对设计创作来说也是具有一些启发的。作为一门艺术，设计也应该体现出创作者的情感和主观意识，用创意“唤醒”生活中本来默默无闻的一些东西，并用艺术的手段大胆地去改造它们。

对我们启发最大的是“贲”卦的第三层意义：极饰反素。《周易·贲》的上九爻辞说：“白贲，无咎。”正是宗白华所谓“绚烂又复归于平淡”“要自然、朴素的白贲的美才是最高的境界”。[⑥]他进一步解释说：

> 有色达到无色，例如山水花卉画最后都要发展到水墨画，才是艺术的最高境界。所以《易经》杂卦说：“贲，无色也。”这里包含了一个重要的美学思想，就是认为要质地本身放光，才是真正的美。所谓“刚健、笃实、辉光”（《周易·系辞传》语——引者注），就是这个意思。[⑦]（着重号为引者所加）

此真可谓是中国思想的一大特色，这种回环往复的运动方式对西方人来说可能是很难理解的，但的确造就了书法、易象这样一些

④ 祝帅：《原始设计简说——对“纯美术”开端的一种分析》，《青岛教育学院学报》，2001年第2期。

⑤ 宗白华：《艺境》，商务印书馆，2011年，第406页。

⑥ 同上。

⑦ 同上。

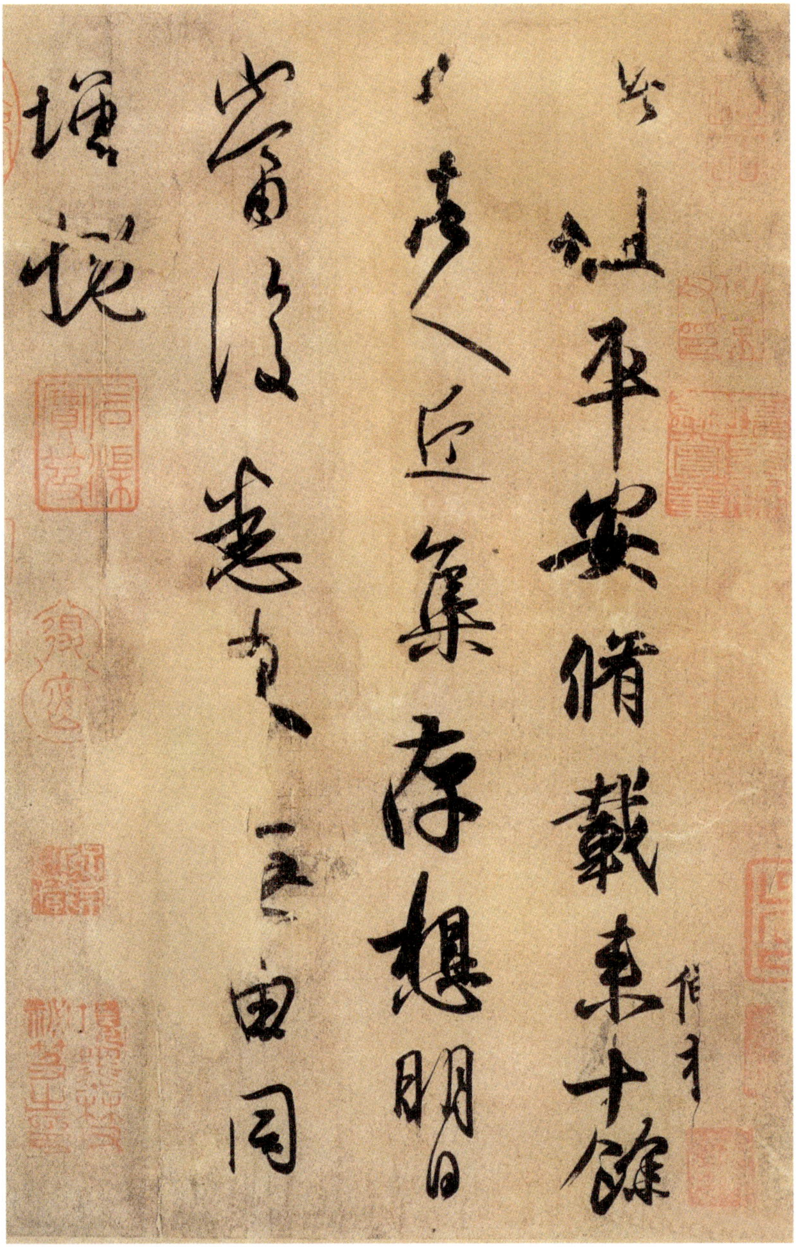

图 1-8　东晋　王羲之　平安帖　唐摹纸本　纵 24.7 厘米　横 13.8 厘米
台北故宫博物院藏

中国独有、境界很高的艺术形式。其实不仅仅是“贲”卦，从“乾”卦开始，很多周易的爻辞从“初”到“上”的运动过程中，都体现出了这种“物极必反”的东方思维方式。不但如此，在道家的老子和禅宗的一些禅师那里，这种思维方式运用得也都十分自然。在这种思维方式的基础上，我们可以认为最高级的设计就是事物本身自在的呈现，而不需要任何的“装饰”，更不是矫揉造作的“形式扭曲”、人为的“变体”或刻意强化设计中的所谓“形式感”。当然，这些也许都是在经历了必不可少的“绚烂之极”的阶段之后才能深入领会的。关于文质关系的问题我们讲到儒家的时候会专门涉及，这里就不展开论述了。

五、离

相比较“贲”卦，在宗白华看来，“离”卦与古代工艺的关系更为密切。他明确地指出：“离卦和中国古代工艺美术、建筑艺术都有联系，同时也表明了古代艺术和生产劳动之间的联系。……离卦的美是同古代工艺美术相联系的。工艺美术就是器。器是人类的创造。”[①]因此，讨论《周易》同中国设计的关系，与古代工艺创造结合得如此紧密的“离”卦，无论如何是绕不过去的。大约是在与《中国美学史中重要问题的初步探索》一文写作的同时期，宗白华还写有《建筑美学札记》这篇研究提纲，后来为《宗白华全集》的编者发现并收录，此文也用了很大篇幅讨论“离”卦与中国建筑的关系，主要思想与《中国美学史中重要问题的初步探索》基本上是接近的。但是必须承认，在对“离”卦的解释中，宗白华似乎有

① 宗白华：《中国美学史中重要问题的初步探索》，《美学散步》，上海人民出版社，1981年，第39页。

些落入了当时人们对“工艺美术”理解的俗套。

宗白华首先为“离”赋予了“丽”的含义。“丽”有“附丽”和“美丽”的双重含义。就前一层意义而言，他把“丽”理解为对器物的雕饰和审美加工（“离者丽也”）：“古人认为附丽在一个器具上的东西是美的。离，既有相遭遇的意思，又有相脱离的意思，这正是一种装饰的美。”[1]这样的解释有一些牵强。过分突出“装饰”的地位，与前面在讨论“贲”卦“白贲”时的分析有一些矛盾之处。片面强调装饰，容易忽视“制器”和“设计”的过程中一些更为本质的东西。即便把“离”训为“丽”，也应该突出地强调作为审美

① 宗白华：《中国美学史中重要问题的初步探索》，《美学散步》，上海人民出版社，1981年，第39页。

图 1-9 商 四羊方尊 青铜 中国国家博物馆藏

对象整体的艺术创造，而如果把“物本身”和“（附着于物的）装饰”分离开来，是对“丽”的一种狭义化的理解。

在后一层意义上，他把“丽”解释为“骈俪”（“丽者并也”）。在他看来，中国古人认为“对偶、对称、对比”是一种特殊的美。事实上，六十四卦中的“离”，正是由两个八卦中的“离”重合而成，正是在这个意义上，“离”的卦象本身就有一种对偶之美，而这种美在中国古代的园林建筑中体现得尤其明显。这种论述在形式美本身的层面，只能解释宗白华自己所强调的“初发芙蓉”和“错采镂金”的美中的后者，而对前者为什么能够出现大量优秀的艺术作品无法提供合理的解释。也就是说，“离”卦支持的仅仅是中国艺术中的六朝骈文，而对解释以韩愈为代表的旨在复兴秦汉古文的“散文”为何能够同样被中国人所欣赏无能为力。

相对于“丽”而言，宗白华还把“离”解释为“明”，其理由可能更充分一些。这不仅仅是因为“离”是八卦中指示自然界“火”或者“日”的卦象，而且“离卦本身形状雕空透明，也同窗子有关。这说明离卦的美学和古代建筑艺术思想有关。人与外界既有隔又有通，这是中国古代建筑艺术的基本思想。有隔有通，这就依赖着雕空的窗门。这就是离卦包含的又一个意义。有隔有通，也就是实中有虚。……这说明离卦的美学乃是虚实相生的美学，乃是内外通透的美学”。[②]在八卦中，“离”卦的中爻（第二爻）恰恰是夹在两个阳爻之间的阴爻，是“实中有虚”，强调的是其“通透”意。对此宗白华的解释是合乎实际的。不只是中国古代建筑，甚至是一切艺术中，都在突出实体的同时强调了“虚实”和“空白”的重要。设计中有了“虚”和“空白”，才能让作品整体呈现“通明”的感觉，

② 同上，第39—40页。

与画面或产品之外的整个宇宙融合为一。

第三节 “观物取象”与“观象制器”
——《周易·系辞传》的工艺观念

《周易》，尤其是《易经》和《系辞传》，是值得设计学者深入研究的古代典籍。这不仅仅是因为它“群经之首”的重要文献地位，还因为《周易》中以“象”为代表的独特的哲理思维方式，与重视语言、推理、逻辑的西方传统有很大的区别。20 世纪以来，由于鲁道夫·阿恩海姆的创见，“视觉思维”的提法在心理学界流行开来，有越来越多的西方人对古老的《周易》产生了兴趣。无论人们如何否认“文化间性”这种提法，但在西方主流的思想史中，的的确确没有发展出一部像《周易》这样重视图形的文献（当然中国也没有达到毕达哥拉斯、莱布尼兹对“数”的思维的兴趣和研究深度）。《周易》的特殊性还不仅仅是在文字之外开辟了“图说”这种补充方式，而且作为一套独立思维体系的“图”，正承担着西方哲学中的语言文字所起的作用，并不是文字的附庸。从《周易》的“圣人立象以尽意，设卦以尽情伪，系辞焉以尽其言”（《周易·系辞上》）的这种代表价值判断的顺序来看，我们的假设是《周易》有重“象”而轻“言”的倾向。如果《周易》中涉及“制器”的几个重要问题能够得到合理解释的话，那么建设中国特有的艺术设计理论体系，是无论如何不能够忽视《周易》的基础性作用的。然而，现有的对《周易》与设计的相关研究还远远没有触及一些更根本的“设计思想”。即如对“观物取象”和“观象制器”（《周易·系辞传》自己的说法是“制器尚象”）这样带有根本性质的思维方式，基本上没有深入的阐发和辩难，因而一些非常细致的研究也仅仅停留在理论附属阶段，无法达到应用于当代中国设计实践的目的。在这样的情况下，必须开辟新的研究角度，寻找一些有价值的理论问题，通过材料追问“观物取象”和“观象制器”这种说法究竟有什么样的（还是根本没有）设计创作论上的启示。

为论证上述假设，笔者想到了一系列的问题。第一，同是出自《周易》，“观物取象”和“观象制器”明显在时序上是互相颠倒的两种运动，那么在《周易》的时代，究竟何者为普遍的“制器”方法？二者明显的矛盾如何解释？中国的“设计”究竟是“来源于生活实践”还是“观念先行”？第二，在《世本·作篇》和《周易·系辞传》中都记载了一些圣人制器的传说，可是为什么两部文献在对同一制器活动的记载中，无论是制器者还是制器方式都有巨大的不同？对于这种“张力”又该作如何解释？第三，为什么在如此重视“制器”（如把各种器物的创造都记在“圣人”的名下）活动的中国，会在后世似乎是很自然地演变出“奇技淫巧”等一些对“器物”有明显贬损意味的说法？为什么“设计”这个专业在今天的社会公众和其他人文学科的学者那里往往被轻视？

以上所提的第一个问题，在现有的设计领域研究中还仅仅是停留在“道器关系”这样容易对《周易》和道家“去异求同”的先入之见中，因而长期以来仍然只是复述而提不出新问题。而基于国人对《周易》普遍的尊崇心理，大概是不会直面其中一些看似有矛盾的论述的。当然笔者也不认同宗白华简单地将“制器尚象”判定为“这是一种唯心主义的颠倒，我们把它倒转过来”[①]的这种做法。第二

① 宗白华：《中国美学史中重要问题的初步探索》，《美学散步》，上海人民出版社，1981年，第40页。

个问题在笔者读到顾颉刚的相关论述之前，曾经一度认为是自己所发现的一个“新问题”，因此也不得不敬佩前辈学者“古史辨”的胆识与学力。[1]顾颉刚的成果省去了我们作进一步复杂考证的必要，当然还有必要联系设计创作实践作进一步的研究与阐释。而第三个问题则完全是从当代社会中“轻视设计”的这种现象出发的，也是为了回答为什么不存在“中国古代设计”的提法这个问题。

① 顾颉刚：《中国上古史研究讲义》，中华书局，2002年，第133—154页。亦见《古史辨（第三册）》。《古史辨（第三册）自序》中，顾氏指出在清人笔记中已经有了对“观象制器”的怀疑。

一、“观物取象”辨

“观物取象”的说法在《周易·系辞上》两度出现：

圣人有以见天下之赜，而拟诸其形容，象其物宜，是故谓之象。

图 1-10　新石器时代　人面鱼纹盆　彩陶　中国国家博物馆藏

在《周易·系辞下》第二章谈论“观象制器”之前，所说与上面的说法也并没有矛盾。后来东汉的许慎在著《说文解字》的时候还引用了这段话（本节的讨论暂不包括文字方面的内容），只不过文字上稍有出入：

古者庖牺氏之王天下也，仰则观象于天，俯则观法于地，观鸟兽之文，与地之宜，近取诸身，远取诸物，于是始作八卦，以通神明之德，以类万物之情。

八卦的起源——“数字卦”的起源和形成过程可以暂且存而不论，几乎没有疑问的是，“象”（在这里可以对应为朱熹所说的“卦象”）正是一种“师法造化”的结果。至少就“八卦”而言，无论其所代表的是“天、地、山、泽、雷、风、水、火”八种事物，还是庞朴所归纳的“气、水、火、土”四种本原[②]，都无一例外是自然界中先于“卦象”的实体。自然界的“美”是一种“全美”，此是上帝的创造还是康德所说的先验的存在并不影响我们的讨论。古往今来，多少人试图用语言去描述或把握这种美，都只能照亮或唤醒自然美的某些侧面，而无法穷尽它的博奥，而《周易》的作者却能够用阴阳爻这样两个简单的符号模拟它（这显然要区别于《周易·说卦传》中那种具象的对应），并且使“《易》简而天下之理得”。这种用“艺术语言”对自然界的模拟尽管不能取代自然界的存在，却的确比试图用理论、逻辑语言把握自然的做法要高明许多。即便我们同意钱锺书在《管锥编》里的说法，即不把《周易》中的“象”直接等同于“审美对象”，而且并没有人（包括笔者自己）把创造《易》

② 参见庞朴：《八卦卦象与中国远古万物本原说》，转引自周振甫《周易译注》，中华书局，1991年，第6—7页。

之“象”的人当作艺术家，但这并不妨碍我们从抽象艺术的角度去欣赏《易》卦本身的视觉形式感。而且对于设计专业的研究者来说，更重要的则是仔细研究将自然界的事物转换成抽象符号过程中所使用的抽象、简化、类比等思维方法，并将其作为一种创作手法运用于某些设计。

按照张孟常的分析，“人取得的最高自由，应是尽量少破坏自然环境，又能使自己的生存生活的质量（精神、物质）更高。可以用‘天人合一’这样一个简洁而概括的词组来概括人与自然的协调状态、境界”[①]。自然，“观物取象”在这里被理解为“师法造化”比较早的一种说法。尽管在设计仿生学、人体工程学等领域，这也是非常有实践意义的，但张孟常的论述，显然是建立在这样一个区别“物”与“器”的认识论的基础之上：“‘器’的根本含义和基本含义，都是‘制器’和‘器用’，而不是以后也可泛指物。《道德经》和《周易》，是中国最早的文字典籍，足以为据。”[②]这个前提很可能是假的。

这样的“器”（人为）、“物”（自然）的二分法并不是十分严密，至少在《周易·系辞传》的“观物取象”这里，“物”很明显已经兼有“器”的意思。实际上，更晚出的《周易·说卦传》中，更是把“物”和“器”并举。如果把“卦象”从八卦扩展到《周易·经》中实际运用的六十四卦，即把视角从庖牺逐步拉进到更现实一点的周文王，问题也就马上暴露了出来。六十四卦虽然大多是“两两相重”，但毕竟也依据着客观的规律或事物。然而，此时的“客观”却已经并不仅仅代表非人力的“自然界”了。比如“鼎”这样的卦象，所描摹的恰恰是作为人工物之“器”的“鼎”的形状。在前引

① 中央工艺美术学院工艺美术系：《设计艺术学研究（第一辑）》，北京工艺美术出版社，1998年，第406页。

② 同上，第399页。

图 1-11　商　后母戊方鼎　青铜　中国国家博物馆藏

朱熹、黄寿祺、张善文的基础上，王树人进一步明确地指出这种“取象”的途径：“巽下、离上的图像，使人很容易从中想象出鼎的形状。离上稍微变动一下，则很像鼎的上半部分。……就是说，鼎卦的卦象，已经使人想象到鼎的具体形象。”[③]

③ 王树人、喻柏林：《传统智慧再发现（上卷）》，作家出版社，1996年，第106页。

这样看来，“观物取象”说不能仅仅被理解为“师法造化”，其更多是代表一种“象思维”。“取‘象’之‘象’蕴含着中国传统思维方式全部基本特征，或者说，中国传统思维方式的其他特征，都是由这个‘象’的性质所决定的。因此，这个‘象’构成了独具特色的中国传统思维方式的‘基因’。”[①]但在此基础上，我们还需要进一步思考的是既然“取象的对象，则天地间一切物事，无所不包”[②]，这就和后面所说的“观象制器”正好相反了，因为所观之“物”不仅仅有天然事物，还有像“鼎”这样的人造器物。为解决这一矛盾，我们需要深入追讨一下所谓“观象制器”（即“制器尚象”）这种说法的可信度。

① 王树人、喻柏林：《传统智慧再发现（上卷）》，作家出版社，1996年，第189页。

② 龚鹏程：《文化符号学导论》，北京大学出版社，2005年，第23页。

二、“观象制器”辨

关于“圣人造物”的传说，较早的文献记录见于《世本·作篇》（在《越绝书》等文献中也有类似的造物传说）。《世本》这部文献在宋朝的时候就已经亡佚了，今天能够相对完整地看到它的《作篇》，很大程度上要得益于清代辑佚学者们的努力。但即便是这样，《世本》的作者和创作年代在学术界依然没有确定的结论。《世本·作篇》中，记载了网、罗、琴、瑟、书、衣、裳、宫室等物质文明的创造者，而这些创造者正是伏羲、神农、女娲、黄帝等传说中的“圣人”。其中的记载，很多是虚假的传说，这是当代人能够一望便知的。当然我们也不一定非得像顾颉刚那样宣称：“《世本》……乃是一部整理伪史的书，为伪史作宣传的书，使伪史成为史实的书。”[③]这部文献之所以引起了笔者的兴趣，有两个原因：其一，关于器物的制作能够被记入历史文献（后来又进一步为《考工记》这一系统所接纳）并附以众多“圣人”的名字，足以说明中国学术思想中也有重视实用器物制造的传统，绝非所谓“重道轻器”。其二，与《世

③ 顾颉刚：《中国上古史研究讲义》，中华书局，2002年，第101页。

本》类似的是，《周易·系辞下》的第二章中，恰恰也有这样一个制造器物的记载。它与《世本》有互相印证的地方（如《世本·作篇》“尧使禹作宫室”和《周易·系辞下》“后世圣人做宫室”），但更多的地方两者互相矛盾，而且关于“观象制器”的这种说法在《世本》中并没有得到任何的支持。

对此，后世的研究者不乏积极的思考。如诸葛铠曾推测“观（卦）象制器”是一种比较古老的说法，只是在后世的流传中“卦象”这一中介才逐渐退隐，形成“圣人则天”的观念。在他看来：

> 古代哲人对于“圣人创物”的认识是根深蒂固的。……但圣人创物并非突发奇想，只是接受了“天”这个“至上神”的启示。……“制器尚象”就是“圣人创物”原本的意义。也就是说，圣人受天的启示，是通过卦象来认识的。卦象是伏羲从宇宙万物的观象中抽取出来的意象，其内涵之大无所不包。……然而，哲理之道并不能指导一般器物的形制与装饰，但上层社会的礼祭之器又不能脱离与天道的相关性，所以，“制器尚象”的本原思想逐渐为“俗化”的“圣人则天”所取代，法象之“象”由卦象转向于自然现象，“法”也变异为“取象比类”。可见，“制器尚象”和“圣人则天”处于不同的层面，后者是前者的演变。④

④ 诸葛铠：《中国早期造物思想的朴素本质及其与宗教意识的交织》，《东南大学学报（哲社版）》，2003年第6期。

这种说法虽然看似能够“自圆其说”，但显然无法解释《世本》与《系辞传》孰先孰后的问题，而对“制器尚象”究竟如何、在多长时间内转变为“圣人则天”，解释也颇为含糊。更为重要的是，诸葛铠此文旨在强调宗教意识对中国早期制器思想的影响，却恰

图 1-12　西汉　鋗镂　青铜　北京大学赛克勒考古与艺术博物馆藏

恰在宗教学学理基础上有一些混乱。一方面，他接受犹太教、基督教等一神论宗教传统的影响，承认作为“至上神”的“天”赐予“人”智慧和启示（参见《希伯来圣经·出埃及记》31 章 3—6 节、《新约全书·雅各书》1 章 17 节等，这一点我们在本章最后一节中会专门讨论）；另一方面，“卦象是伏羲从宇宙万物的观象中抽取出来的意象”这种说法，却恰恰又抬高了作为“人”的伏羲的主观能动性而否认了外在力量的作用。因此总的说来，诸葛铠“圣人则天”是对“制器尚象”演变的“大胆假设”，恐怕是不符合历史事实的。

龚鹏程则提出了“意象的循环”这一明显受到解释学影响的思路。他说：

每个人都能仰观俯见天地间的物象，但能由此观象取则的创造性思维者却甚少。此所以《易》推崇能观象取则的是圣人。圣人是创造者，……观察物象，而寻找到该物所代表的意义，选择且建构一个与此意相符的象（源于物象但不同于物象），正是伟大的创造性活动。……观象取象，是由象见意。如何见意、见什么意，则是创造性的思维。推此创意，乃又能"由意显象"，将某一意表现或构创出一物象来，尚象制器，创立各种世上原先没有的东西。[①]

① 龚鹏程：《文化符号学导论》，北京大学出版社，2005年，第27页。

龚鹏程借用格式塔心理学及阿恩海姆的"视知觉"理论，并参照"意象"的概念对"观物取象"的解释颇有独到之处。但显然，这里对如何"由意显象"完成"否定之否定"的创造性循环活动的阐释仍然显得过于简单，几乎没有给出一个在艺术实践中可以印证的操作方案。

其实，早在"古史辨"的热潮中，顾颉刚已经以他敏锐的"疑古"眼光指出《周易·系辞下》关于"观象制器"的这一章很可能是后人敷衍伪造的。他"断说"："《系辞传》中这一章是京房或是京房们的后学们所作的，它的时代不能早于汉元帝。因为它出在西汉的后期，所以《世本》的作者不能见它，……可以抢夺了《世本·作篇》中的许多人的制作来献与伏羲、神农等几个最有名的古帝王。"[②]时至今日，国内一些学者喊出了"走出疑古时代"的口号，我们也不一定要完全认同顾颉刚所得出的某些具体结论，但一味地"信古"，也容易规避许多重要的问题。顾颉刚对《周易·系辞传》的这种怀疑与笔者的想法非常接近，而有他作为文史学家的严格考

② 顾颉刚：《中国上古史研究讲义》，中华书局，1999年，第152页。

证，本节也可以很自然地引用他所得出的比较严格的一些结论。

不妨先来看看引起争议的《周易·系辞下》第二章关于“观象制器”是如何记载的：

作结绳而为网罟，以佃以渔，盖取诸《离》。包牺氏没，神农氏作，斫木为耜，揉木为耒，耒耨之利，以教天下，盖取诸《益》。日中为市，致天下之货，交易而退，各得其所，盖取诸《噬嗑》。……黄帝、尧、舜，垂衣裳而天下治，盖取诸《乾》、《坤》。刳木为舟，剡木为楫，舟楫之利，以济不通，致远以利天下，盖取诸《涣》。服牛乘马，引重致远，以利天下，盖取诸《随》。重门击柝，以待暴客，盖取诸《豫》。断木为杵，掘地为臼，臼杵之利，万民以济，盖取诸《小过》。弦木为弧，剡木为矢，弧矢之利，以威天下，盖取诸《睽》。上古穴居而野处，后世圣人易之以宫室，上栋下宇，以待风雨，盖取诸《大壮》。古之葬者，厚衣之以薪，葬之中野，不封不树，丧期无数，后世圣人易之以棺椁，盖取诸《大过》。上古结绳而治，后世圣人易之以书契，百官以治，万民以察，盖取诸《夬》。

而关于“制器尚象”的说法，则直接出现在《周易·系辞上》第十章：

是有圣人之道四焉，以言者尚其辞，以动者尚其变，以制器者尚其象，以卜筮者尚其占。

后面这一段话，顾颉刚虽然引用了，但如果按照他的结论——《系辞下》第二章是后人补入的话，他并没有解释《系辞上》中为什么也会出现这样一句与那一章互相印证的话。这虽不致动摇他的结论，但怎么说也成了他精彩论述中的一个遗憾，也成为后人必须处理的一个难点。在《系辞上》的这一章里，作者假托孔子的话，试图证明“《易》有圣人之道四焉”这种说法。之所以说其系“假托”，是因为其所引“孔子”这句话并不见于今本《论语》，在马王堆帛书中已整理出的《要》等文献残篇中也没有记载类似的说法（甚至后者中的孔子只提出了“安其用”和“乐其辞”两种对《周易》的解读方式，明显与“圣人之道四焉”这种说法相矛盾）。由于汉代以后《易传》和《易经》被捆绑在一起，使得没有人敢怀疑《易传》的儒家经典地位。尽管从思想方式上讲《易传》的确更接近于儒家而不是陈鼓应所说的道家，但《系辞上》第十章这样对《易经》的切割还是令人感到不符合《周易》的整体观。须知《易经》之所以代表中国人的哲理思维方式，正在于其图形语言的“多义性”——可以出于多种角度的阐释和理解，但不可出定于一尊的庸俗解释而抽空其意蕴。

因此，且不说这一章和后面的《系辞下》第二章是否均是伪作，但可以判断这种对《易经》的解释的确有机械之嫌，未必与《易经》作者的思路一致。但是，对“器”作出一种形而上的解释和规定的确体现出中国人思考“器”时的一个特点。这样看来，相比较被顾颉刚断定为晚出的《周易・系辞下》第二章，很难说《周易・系辞上》第十章没有正面的价值，只是需要寻找新的阐释角度。在宗白华《形上学——中西哲学之比较》这篇文章的论述框架中，“制器尚象”

得到了较之《周易·系辞下》第二章更加合理的解释，在某种程度上弥补了顾颉刚的遗漏：

> 象是有井然秩序之结构，可以取正者也。故“以制器者尚其象”，以象为有结构之型范也。“象”是亚理斯多德所谓“创造的技术的（美术的‘诗学’）的知识之对象”（中国之象数即亚理士多德之“创造底知识”——作者旁注）。三种知识：一、感官经验之实用知识；二、创造的发明实用技术、发明审美器物的知识；三、纯理论的知识。最后者求“根本原理”“充足理由”“证明的知识”三段论式之推理活动。[1]

[1] 宗白华：《宗白华中西美学论集》，南京大学出版社，2009年，第332页。

宗白华首先把“象”看作一种结构，但他旋即把这种结构上升为一种“创造的技术的知识之对象”，这样就将“象”直接等同于对“器”本身的要求。因而，“器”也必须包含“象”的“三种知识”，这与上面所得出的结论是一致的。而他把“制器尚象”这种创造性活动本身看作由感性认识过渡到理性认识之间的一个必不可少的环节，并大大提高了“发明审美器物”的重要性。这样的论述对今天的设计研究者来说更是不可忽视。即便像顾颉刚所指出的那样，《周易·系辞下》第二章的作者是为借“百姓日用而不知”来“抬高《易》的地位，扩大《易》的效用”[2]，也足以证明在人们心目中，“器”这种与生活密切相关之物的重要性。因此，对所谓“制器尚象”这种说法，我们现在应该有这样几种阶段性的结论。

[2] 顾颉刚：《中国上古史研究讲义》，中华书局，1999年，第153—154页。

第一，后世的“制器者”的确有可能“尚其象”，但并不能要求“制器必尚象”，因而并非是中国古代器物制造中的垄断性模式。

图 1-13　明　青花碗　景德镇官窑　北京大学赛克勒考古与艺术博物馆藏

因为“制器尚象”这种说法无法解释在“观物取象”前就已经存在的大量的“器”（如《世本》和“鼎”卦中所记载的）。对于这一点，无论把“象”理解成朱熹所说的“卦象”还是顾颉刚所说的《周易·说卦传》中之“象”，都难以否认。

第二，“制器尚象”是一种显而易见的“观念先行”的器物创造手法。但如果说制器的“观念”（类似柏拉图的“理念”）仅仅且必须从《周易》的卦象及其相关联想中产生，就未免有些武断而限制人的思维框架了。宗白华将其理解为“一种结构规范”，较之《周易·系辞下》第二章，可能更接近于《周易·系辞上》第十章的著者本意，而且他所提供的思考角度显然也更符合设计创作的法则。

第三，“象”之“玄”表现在“可由人颠之倒之地瞎讲，讲的头头是道”[1]，这是一种容易被人利用的图形思维。但如果抛去这种判断中的贬义成分，作为艺术和设计作品的“器”，也正需要更多地借鉴这种“图形思维”的方法，把设计作品还原为艺术意象本身，使其具有多义性和可阐释性。只有在这个意义上，才能比较彻底地解释“观物取象”与“制器尚象”两种说法的内在矛盾，而在其各自积极的一面上吸取其对当代设计创作可能产生的启示。

① 顾颉刚：《中国上古史研究讲义》，中华书局，1999年，第147页。

三、有关道器关系的进一步思考

按照学术界的通见，与西方传统学术的主流相比，中国人整体思维模式更偏重于形象、图形化，中国人更擅长用图像（艺术语言）模拟自然界的宇宙万物之“法”而不是用逻辑的语言去试图穷尽它。无论是说中国人的逻辑思维能力不足，还是说中国人不屑于使用苍白的语言完成僭妄的理想，至少如很多人所看到的那样，中国人很早就通过一种与自然界“异质同构”的方式去“师造化”，而不是将自然作为一个科学生命的研究对象去试图揭示之。在这样的过程中，中国人养成了亲近自然的性格，也孕育了图形化的哲理思维能力。这种思维能力至少在两个方面天然地为艺术和设计的发展提供了独特的土壤。

美国当代心理学家鲁道夫·阿恩海姆认为，西方哲学传统事实上是建立在“知觉与思维的割裂”和“对感觉的不信任”的基础上，这使得西方传统中有着严格的感性和理性的分裂。他也注意到了中国古代思想世界的一种不同的面貌：“处于同一文化期的中国道家学派和阴阳学派的思想家们就认为，感性世界处处有宇宙中各种力的相互作用的侵入……与之相悖的行为固然会导致混乱和冲突，但人的感官并不是生来与之相悖的。”[②]在他看来，这种知觉本身就是一种思维活动、“一种积极的理性活动”，其重要性绝不在推理思维之下。这样，重视图形和视觉知觉的艺术活动就在他的论述中占据了主要的篇幅，他甚至对西方传统的教育中“通过艺术对眼睛和手的创造能力的培养，并不被承认是取得学士和硕士资格所必需的高等教育的组成部分”[③]感到遗憾。然而，中国的哲学却为艺术和图形的高度发达建立了重要的基础。

② 〔美〕鲁道夫·阿恩海姆：《视觉思维》，滕守尧译，光明日报出版社，1987年，第45页。

③ 同上，第43页。

不难看出，阿恩海姆虽然在批评西方传统轻视视觉思维的倾向，但他所针对的只是“感性—理性”二分法的不良后果而不是否认理性的重要性。他恰恰不赞成（甚至否认存在）一种仅仅停留在“被动接受”的感觉，而是承认感觉（艺术）本身正是（或包含了）一种理性思维活动。在“感性—理性”相分裂的西方艺术史中，即便不说其在相当多的地方还被阿恩海姆用作例证，但必须承认艺术家与哲学家承担的是两种不同的分工。艺术家不应该也不可能通过写实的艺术作品代哲学家立言。但在中国却并非如此。就其主流而言，中国艺术没有发展出严格写实的一路，这正有利于通过图形的方式表达一种形而上的思考。作为实用艺术的一种，设计在满足其实用性的同时，自然也肩负着传达“形而上”之道的功能，按照中国哲学的要求，就是“器必有道”。

在《形上学——中西哲学之比较》一文中，宗白华与阿恩海姆注意到了同样的问题：“中国哲学终结于‘神化的宇宙’，非如西洋之终结于‘理化的宇宙’，以及对‘纯理’之‘批判’为哲学之最高峰。”[④]（着重号为原有。有意思的是，后来宗白华恰恰成为

④ 宗白华：《宗白华中西美学论集》，南京大学出版社，2009年，第328页。

康德《判断力批判（上卷）》的中译者。）按照他的说法，中国人尤其注重“于形下之器，体会其形上之道。于‘文章’（泛指一切艺术——引者注）显示‘性与天道’（这正是孔子在《论语》中避而不谈的东西）。故哲学不欲与宗教艺术（六艺）分道破裂”[①]。与西方传统中的哲学家相比，“中国哲人则倾向于‘利用厚生’之器，及‘观其汇通以行典礼’之器之知识”[②]。宗白华的这一段论述尽管对“三段论”的严格区分还是体现了他深受西方哲学的影响，这种思考方式本身未必与阿恩海姆的设想一致，但无疑为中国当代设计的发展找到了重要的传统哲学基础。

① 宗白华：《宗白华中西美学论集》，南京大学出版社，2009年，第328页。

② 同上，第333页。

《系辞传》中“形而上者谓之道，形而下者谓之器”的说法蕴含着重要的制器思想，但是人们总是习惯于用简单的“二分法”将其曲解。事实上，这里并没有丝毫“重道轻器”的意思。推崇道家的中国台湾学者陈鼓应着重发挥“形而上者谓之道，形而下者谓之器”的道家哲学背景，得出这样的结论：

> 道与器成为一对独立的概念，始于老子。《系辞》的“道”“器”观念当系来自老子。《老子》说：“道常无名”（32章）、“朴散为器”（28章）。通行本《老子》51章：“道生之……势成之。”马王堆甲、乙本均做“道生之……器成之”，是则，《老子》“道”“器”又增一例。老子以“无形”“无名”形容道体之超越形、名（《老子》41章：“大象无形，道隐无名。”），《易传·系辞》作者继承老子思想脉络，将“道”“器”界定为：“形而上者谓之道，形而下者谓之器。”[③]

③ 陈鼓应：《论道与物关系问题——中国哲学史上的一条主线》（上），《哲学动态》，2005年第7期。

无论“观象制器”这一章是什么时候被补入《系辞传》的，至少也代表了古人对“器”的普遍性的一种理解。所谓“重道轻器”的说法恐怕还要滥觞于晚清东西方文明碰撞的这一特殊时期。“洋务运动”的一些倡导者将“道”“器”对立起来，主张在持守中国之“道”的同时，接受西方器械、科技等被认为是“器”的东西。如郑观应在《盛世危言·凡例》中说：“道为本，器为末；器可变，道不可变。”虽然“洋务运动”后一些思想家提出了器由道生，主张学习西方亦应“因器求道”——学习西方的政体、民主、自由等观念，但始终是把中西对立起来看的。

然而需要我们进一步追问的问题是：中国的制器传统何以失落？抑或“制器”在中国根本没有形成传统？对这个问题，笔者的“大胆假设”倾向于后者。《周礼·考工记》云：“知（智）者创物，巧者述之守之。”这句话正是理解的关键。在中国，制器的是“智者”，也就是《世本》和《周易·系辞下》第二章（尽管这一章如顾颉刚所说是后出，但就其通过制器的传说“有意抬高《周易》的地位”这一点，还是能够佐证时人对“制器者”的高度重视）所记载的那些圣人（尽管二者的记载有一些出入）；然而，在中国真正配得上被称为“制器（创造）者”的，大概仅仅是这些圣人而已，而后世的人只是“述之守之”的“巧者”！如果承认“巧者”就是今天所说的工匠（从“巧”这个字不难推想到“奇技淫巧”这种说法），那么“智者”和“巧者”之分是否就犹如今天的设计师和实现设计师意图的人（如建筑师和建筑工人、服装设计师和裁缝）的区别呢？

不妨承认，“智者”的制器所依据的仅仅是模拟天地秩序和规范的“象”，其创造是在全新的基础上展开的，并且要承担“器必有道”这样崇高的价值规定性，而“巧者”的工作则仅仅是在智者设定的框架内的微调而不是“范式”转换。在中国的先秦时期，各种重要的“器物”基本上都已经出现，此后历代的工艺美术作品，基本上没有功能、创意上的革新，而大多为装饰、工艺美术的变化。所谓中国古代的工匠“想做合一”，其实其主要任务只是“做”，只是“述”和“守”而已，至于其“想”，则已经是在“圣人”所规定好了的范围之内进行形式上的重复。重复久了，自然就如庖丁解牛，只有技术上的熟练，即便能“体道”，也只顾“养生”，而没有真正创造的机会和欲望。这也难怪在如此重视真正的“制器尚象”（Designing）的中国，会对名副其实的“器物制造”（Making）斥之为“奇技淫巧”了。中国人对器物的创制者（Designer）相当重视，认为他们暗合了“天理”，甚至认为他们本身都是一些超凡的圣人，因而所创造的器物也包含深刻的哲理；中国所轻视（也只是相对而言）的，只是后代缺乏创造精神的巧者、工匠、技师（Maker），尽管工匠技巧熟练之后也能有“游刃有余”这样的哲理式体会，但终究技巧性高于创造性。

龚鹏程也比较清楚地概述了“作”与“述”的区别：“依古人之见，创作是圣人的事，具有创造性能力的，才叫圣人。中国古代的那些圣人，都与创造神话有关，黄帝作车、仓颉造字、大挠作甲子，斯即所谓‘作者之谓圣’。周公创制或说周公制礼作乐，就是推崇他的创造之功。但创造是无中生有、前无所承的。若说周公之事功乃集大成而来，那就不是创而是述，是‘善继人之志’，以绍述、传承为主，把前人的东西予以发扬光大，使其昌明于天下。此可称为‘明’，是‘述者之谓明’，但不是圣。……汉唐以前，以周公为‘圣’、孔子为‘师’，就是以周公为作者、孔子为述者。韩愈、章学诚以周公为集大成者，则是以他为述者。”[1]当然，这样的论述仅仅是就最主流、最一般的情形而言的。

图1-14　新石器时代　良渚文化琮　玉　中国国家博物馆藏

设计的对象虽然是“器物”本身，但其根本目的是实用。从根源上说，设计的起点应该是对行为本身的思考，而不是对既有物的因袭模仿。对此，今人柳冠中对这种工业设计的思维方法曾经有很精辟的分析。[2]如果用《考工记》里的描述，从“物”出发顾及觚必须“觚”的，只能是制作的工匠即“巧者”；只有“创物”者，才配称得上是“智者”即“设计师”。制造器物的工匠其实只是“巧者”，真正的设计行为在他们的工艺作品制作过程中是不在场的。但如果非得对应的话，那么这个创物的“智者”大概相当于今天产品设计师的角色。这些创物者在古代的地位不仅不像工匠那样低，反而尤其被尊崇，

① 龚鹏程：《中国传统文化十五讲》，北京大学出版社，2007年，第201页。

② 参见祝帅：《设计“创造”的限度》，《美术观察》，2004年第6期。

在某种意义上甚至被圣人化了。之所以这样强调上古时期“作者”之于历代“述之守之”的“巧者”的作用，正是立足于当代设计创作的立场，希望中国的设计师更多地从根本上进行范式的革命，以创新为己任，回到原点进行思考。这样的工作才更接近于“设计”的奥义，而不仅仅是做一些“装饰”或狭义的“工艺美术”活动。

第四节　与希伯来民族造物与工艺思想的初步比较

相信很多人对马氏传统相声《卖五器》记忆犹新。经过相声表演艺术家马志明惟妙惟肖的演绎，人们更会对相声中那个卖祖产的主角——特别是他所谓的铜、铁、瓷、锡、木五样传家之宝即“五器”——留下深刻的印象。尽管相声本身最终以闹剧收场，但这种器物世代相传、“子子孙孙永保用”的传统观念的确在中国传统的民间社会中深入民心。如果说中国古代的上层社会还在讨论“道器之辩”的话，那么在民间，对器物的重视与宝爱至少在青铜时代的铭文中就已随处可见。与人类衣食住行密切相关的器物的生产、制作与传播几乎在任何一个民族的日常生活中都有重要的地位，古代东方文明发祥地之一的希伯来民族当然也不例外。由于宗教信仰的影响，记载希伯来文化的古老经典《希伯来圣经》更是给予了“造物”以特殊的重视。

首先需要加以解释的是，这里所说的《希伯来圣经》，即后来的基督教——包括公教（天主教）、正教（东正教）和新教（基督教）——《圣经》中的《旧约》部分。这一部分所包括的 39 卷经书是基督教与犹太教共同接受的经典。分歧在于，犹太教只认可这

39卷经书为《圣经》而不承认《新约全书》，但基督教认为它们只是《圣经》中的《旧约》部分。因此经过慎重考虑，笔者采用了《希伯来圣经》的提法，这样也许更有利于进行一种双方都认可的超越教派的叙述，尽管事实上《希伯来圣经》和《新约全书》的对立并不像某些学者所夸大的那样尖锐。[①]

① 无论是犹太教还是基督教都起源于古代东方地区，而基督教（“景教”）早在唐朝就传入了中国。把基督教视为“西方宗教”的说法是有悖常识的。

《希伯来圣经》中记载的两次集中的大型器物制造活动都是与宗教仪式密切相关的。其中一次是在出埃及进入迦南的路上，希伯来民族的宗教领袖摩西和亚伦带领在旷野的以色列人为耶和华上帝建造移动会幕（帐幕）的过程中所吩咐的各种器物、建筑、装饰的制造，而另一次则是统一的以色列国民在政治首领所罗门的带领下在耶路撒冷正式圣殿建造过程中相关圣物的制作。此外，在《尼希米记》《但以理书》《以西结书》等历史或先知著作中也多次记载了有关宗教和政治建筑和物品的设计制造。尽管这些比较明确的关于设计制作的记载多是与上层社会的政治和宗教生活相关，而并非直接反映当时以色列人日常生活器物的形制状况，但其在很大程度上可以反映出希伯来造物思想的一般状况，是希伯来劳动人民思想意识领域的经验总结。

将这一古代东方世界文明与中国古代的工艺与造物思想相比较，可以更清楚地见出不同文化的特色。尽管经过张道一的倡导，比较谨慎的中国学者对古代文献所进行的设计艺术研究往往称之为“造物思想”而不直接称为“设计思想”，但实际在中国文献中，“造物”是“造物主”即“天”的代名词（如《庄子·大宗师》），用于“人”的造物更多则对应于“制器”这一观念。这就具备了中国古代文化与希伯来文化在“造物”到“制器”这一点上对话的平台。但由于我国设计艺术学界对希伯来文明造物思想的研究几乎是空白，而整个中国学术界（宗教学界）对《希伯来圣经》的宏观研究还处于起步和模仿阶段而缺乏原创性，[①]因此，这里只能用自己初步阅读的粗浅体会在与中国制器思想的比较中尝试分析希伯来文明的造物观念。

① 从目前国内已出版的两部代表国内学者较高水平的《希伯来圣经》研究专著——陈贻绎的《希伯来语圣经——来自考古和文本资料的信息（至公元前586年）》（昆仑出版社，2006年）和游斌的《希伯来圣经的文本、历史与思想世界》（宗教文化出版社，2007年）中，均可以看出两位作者在介绍国外最新《希伯来圣经》研究方面做了详细的译介工作，但也并没有提出中国研究者原创性的理论研究范式。这些作者均具备阅读希伯来文原文文献的能力，但国内整体宗教学研究现状缺乏支持这种新范式的学术环境是一个重要的原因。

与中国古典文献如《周易·系辞传》《世本·作篇》等相类似，《希伯来圣经》也赋予了器物的设计制造者——工匠及其设计制造的才能以神圣崇高的地位。但与中国文献往往把器物制造者的设计才能归于像黄帝、神农、仓颉这样一些传说中的“圣人”乃至“神人”不同的是，《希伯来圣经》把这种发明创造的才能与独一的创造主——耶和华（YHWH，“耶和华”是对这四个字母拟想中的一种发音，而古希伯来人是不直接称呼神名的）的恩赐直接联系在一起。这个古代东方民族的劳动人民相信，人的身体和形象是神所创造的，同时神也赐予人智慧和聪明。换言之，人的造物智慧和设计发明的才能并不是知识积累和生产实践的结果，而是直接从神的启示领受而来的。

这种思想的集中表述出现在《出埃及记》第 31 章第 1 节到第 11 节中。在这些节里面，记载了耶和华神以一种在旧约时代与自己的选民以色列人特殊的沟通方式——“晓谕”与以色列人的首领摩西说话的经历：

耶和华晓谕摩西说：“看哪，犹大支派中，户珥的孙子、乌利的儿子比撒列，我已经题他的名召他。我也以我的灵充满了他，使他有智慧，有聪明，有知识，能作各样的工，能想出巧工，用金、银、铜制造各物，又能刻宝石，可以镶嵌，能雕刻木头，能作各样的工。我分派但支派中亚希撒抹的儿子亚何利亚伯与他同工。凡心里有智慧的，我更使他们有智慧，能作我一切所吩咐的……他们都要照我一切所吩咐的去作。”[②]

② 以下除非特别指明，所引《圣经》经文均参见中国基督教协会出版的新标点和合本。

此处耶和华是通过何种传播媒介（如新约《希伯来书》的作者和有神学家所认为的天使）“晓谕”摩西的已无从知晓，但可以看出希伯来民族对“神”的一种独特的体认，即相信一切都来自神，而创造万物的智慧更是效仿了神创造世界时的模样。如果说希伯来民族相信“上帝是第一位设计师”，可谓毫无夸张。但是，上帝的创造尽管是“无中生有”，却并非毫无依凭，而同样是靠着某种“工具”来实践的。

在《希伯来圣经》中，历史律法传统与智慧文学传统是耶和华对以色列人进行启示的两种方式。前者更多体现出来的是以色列民族作为“上帝之选民”的“这一个”部类（如律法书、历史书、先知书等记载的耶和华与以色列人的立约），而后者更多则是与创造神学——上帝不仅是以色列的民族神，也是整个宇宙和人类的创造者——结合在一起（如约伯记、箴言、传道书、雅歌等所体现出来的一种宗教精神）。根据希伯来智慧文学所提供的传统，上帝创造、设计万物所凭借的工具正是“道”或曰“智慧”这个难以描述但又的确存在的精神实体。《箴言》第 8 章以一种拟人的修辞方法描绘这个具有创造才能的“智慧”：

耶和华还没有创造大地和田野，并世上的土质，我已生出。

他立高天，我在那里；他在渊面的周围划出圆圈，上使穹苍坚硬，下使渊源稳固，为沧海定出界限，使水不越过他的命令，立定大地的根基。那时，我在他那里为工师，日日为他所喜爱，常常在他面前踊跃，踊跃在他为人预备可住之地，也喜悦住在世人之间。

这里的“工师”（master worker）一词，在其他《圣经》译本中分别被翻译成“工头”（如吕振中译本）、“建筑师”（architect）（现代汉语译本 / 佳音圣经）、“技师”（天主教思高译本）等。可以看出，无论哪一种提法，都旨在体现两方面的信息：一是在上帝创造的过程之前就已经有了“智慧”的存在；二是“智慧”本身参与了上帝创造世界的过程，并在其中扮演了不可或缺的角色。

尽管受到希腊文化和哲学的影响，用希腊文写作的基督教《新约》还是延续了《旧约》即《希伯来圣经》对“智慧”在创造过程中的地位的肯定，并进一步用“灵意解经法”把这“智慧”阐释为弥赛亚——耶稣基督的预表。基督徒相信，《箴言》中这种人格化了的“智慧”就是“逻各斯（logos）”，即后来成为肉身之“道”或“圣言”。①这种创造性的诠释是符合一神论宗教的创造理论的。如果不是在创造世界之前就与神同在的“道”，其他一切的受造之物在逻辑和时间上都是不能够符合《箴言》第 8 章里的说法的。对此，使徒保罗早在写给哥林多教会的书信中表达了类似的观点：“在那蒙召的，无论是犹太人、希腊人，基督总为神的能力，神的智慧。”（林前 1：24）而若干年后，这种基督论的解经更是集中地体现在《约翰福音》的第 1 章中：

① 关于《约翰福音》第一章“logos”汉译的问题讨论，参见祝帅《“道”与“圣言”的张力——现代汉语语境下〈约翰福音〉“logos”的几种解读》，《金陵神学志》，2007年第1期。

太初有道，道与神同在，道就是神。这道太初与神同在。万物是借着他造的；凡被造的，没有一样不是借着他造的。

但这里人格化了的“逻各斯”只是参与上帝创造世界的过程，而不可能事无巨细地参与每一次器物设计与制造的过程，这一点与华严宗的“理事无碍”“事事无碍”以及中国宋明理学所倡导的“理一分述”既有类似之处又不乏细微的区别。但与上帝创造的过程类似，希伯来民族的劳动人民并不否认其他事物的创造过程却又的确需要“智慧”或曰“创意”“意匠”的参与，只不过这时的“智慧”已经不是成肉身的“道”，而是一种人类的智慧。特殊之处在于希伯来民族肯定这种人类的智慧并非人类自我学习或经验总结的产物，而是神赐予他所拣选的某些特定的人（工匠）的。换言之，工匠只充当一个建造者的角色，而真正的设计师是上帝本身。

这种对神的尊崇并不构成对人的能动性和地位的彻底否定，在承认人在神面前的有限性这一点上，似乎《希伯来圣经》的确反映出这种倾向，但《希伯来圣经》还是在神的各种创造物之中赋予了人优先的地位，并且这种人的“神的管家”的角色被基督教《圣经》毫无保留地继承了下来。16 至 17 世纪的人文主义和文艺复兴的思想资源正是基督教教义。对中世纪的改革并非如很多中国学者所臆想的那样是“对神权的否定”，相反，文艺复兴恰恰是重新肯定了“人”在神的各种创造之中最崇高的地位。换言之，“人作为神的创造物”这一点无论是在中世纪还是文艺复兴中都没有被颠倒甚至被触及，只不过文艺复兴通过强调“人是神创造的各种物中地位最特殊也最荣耀的一种”而肯定了神所赋予人的这种高于一切的价值。

在这个意义上，“人本主义”和“神本主义”并不是对立的两极，而是同一个架构中的两个不同侧重点。对人类在创造活动中所充当的角色，《新约》中的《雅各书》第1章17节这样解释：

> 各样美善的恩赐和各样全备的赏赐都是从上头来的，从众光之父那里降下来的，在他并没有改变，也没有转动的影儿。他按自己的旨意用真道生了我们，叫我们在他所造的万物中，好像初熟的果子。

因此，基督教在为文艺复兴中的人文主义提供思想基础的同时，实际上也蕴含了此后西方自由、平等的政治制度或思想。与佛教强调人的生命与其他一切动物的生命平等的“众生平等”不同，基督教则是以人为本，强调人高于其他受造之物的独特价值，并且人作为上帝创造活动的“初熟的果子”，被赋予了管理、支配其他一切动物的权利与职责。因此，我们可以说《希伯来圣经》中对器物制造者从上帝那里得到特殊的智慧这种说法是对器物创造者自身神圣地位和职责的一种重视和体认，正因为人在神的一切创造物中的尊贵地位，上帝才把如此重要的圣物制作的特权交给了人类。在希伯来人眼中，能够作为上帝亲自拣选的工匠服务于上帝、为上帝做工，自然也是一件荣耀无比的事情。

中国古典文献把器物的设计原创归于“圣人”，希伯来人民则把器物设计的原创权归于神。所不同的是，在中国古代造物乃至建筑思想与实践中并没有“设计者”和“制造者”的严格分别，所谓“黄帝造车”“禹作宫室”这一类的说法并没有明确地告诉我们黄帝或者禹这些圣人们究竟是只画了蓝图还是同时也把“车”和“宫室”亲手制造了出来。尽管笔者个人的推测倾向于前者，但文献中的确没有明确地将其作为一个“问题”而提出来。中国古代做工精美、匠心独运的陶器、青铜器、玉器，除了“物勒工名”这一监督制度外，都无一例外地没有记载下它们原初设计者的姓名。

然而希伯来文化与此不同。《希伯来圣经》一方面肯定了上帝作为蓝图提供者的独特身份和地位，另一方面并没有忽视具体制造者——工匠本身的地位。在前引的《出埃及记》第 31 章的经文中，甚至在“晓谕”中与摩西交谈的上帝竟然亲自提到了他所拣选的这位工匠的支派、身世和姓名——“犹大支派中户珥的孙子、乌利的儿子比撒列”以及与他一同工作的“但支派中亚希撒抹的儿子亚何利亚伯”。并且，在《出埃及记》此后 36 章至 39 章的经文中，“比撒列”和“亚何利亚伯”两个希伯来人的名字多次反复出现。他们的工作是严格按照耶和华在西奈山“晓谕”摩西的各样器物制作方法进行实践，从《希伯来圣经》的记载看，他们可谓“不敢越雷池半步”。今天，比撒列和亚何利亚伯在出埃及的路上为耶和华的帐幕所制作的约柜、灯台、祭坛、香坛、铜盆以及基路伯（希伯来传说中的一种长有翅膀的特殊天使）都只能存在于《希伯来圣经》的文献之中了，但是它们的创造者的名字却长久地被保存在这一民族的古老经典之中。

相比较而言，在中国古代文献《考工记》中，有“天有时，地有气，材有美，工有巧。合此四者，然后可以为良”的关于制造思想的系统表述。值得注意的是，在肯定了圣人的意匠之后，《考工记》并没有忽视“材美”这一“得器”的层面，与此同时，也对“工巧”提出了要求。尽管深受道家相对主义哲学影响的中国艺术强调“与天为徒”，但“工师”在制造活动中的必要性是无法忽视的。天然的材料如果不加以人工的修饰，不会自然而然地变成实用之器，正所谓“玉不琢不成器”。这个道理看来谁都晓得，可是具体到生产实践中，中国“工师”的地位究竟如何，就是另外一个问题了。毕竟《考工记》只是一种官方的理论总结，而理论与实践之间的实际距离往往容易被治古代思想史的学者所忽略。中国古代的种种陶器、青铜器、玉器、瓷器，我们今天仍然能够见到实物，但我们只知道一些“圣人”意匠的传说，而对它们实际制作者的姓名可谓一无所知。或许是因为种种产品和建筑都有了“圣人”的署名，使得工匠本人的“冠名权”变得无关紧要。无论如何，这不能不说是一点小小的遗憾。

当然，与中国的物质文化史相比，犹太教、基督教传统中的设计和造物思想最为重要的一点，还是对器物创造过程中象征含义和预表（typology）含义的重视。这与中国礼器所承载的社会伦理性内容也是很不一样的。由于这已经不是本书所探讨的内容，这里就不再展开论述了。

《易》之“象”是中国哲学善于用具象物体（如《说卦传》之“象”）和抽象图形（如卦象）进行哲理思维的表征。《周易·说卦》中的“象”在笔者看来更多是一种机械的比喻，不如《庄子》中的“象罔”更具有美学方面的可解读性，但这种“象思维”本身是值得分析的。通过这种方式，中国人发展出了一套与西方的逻辑学平行的哲学系统。对此该如何评价？学术界长期以来形成了两派意见：一派立足于传统的西方哲学，认为这是中国人缺乏深入的逻辑思维

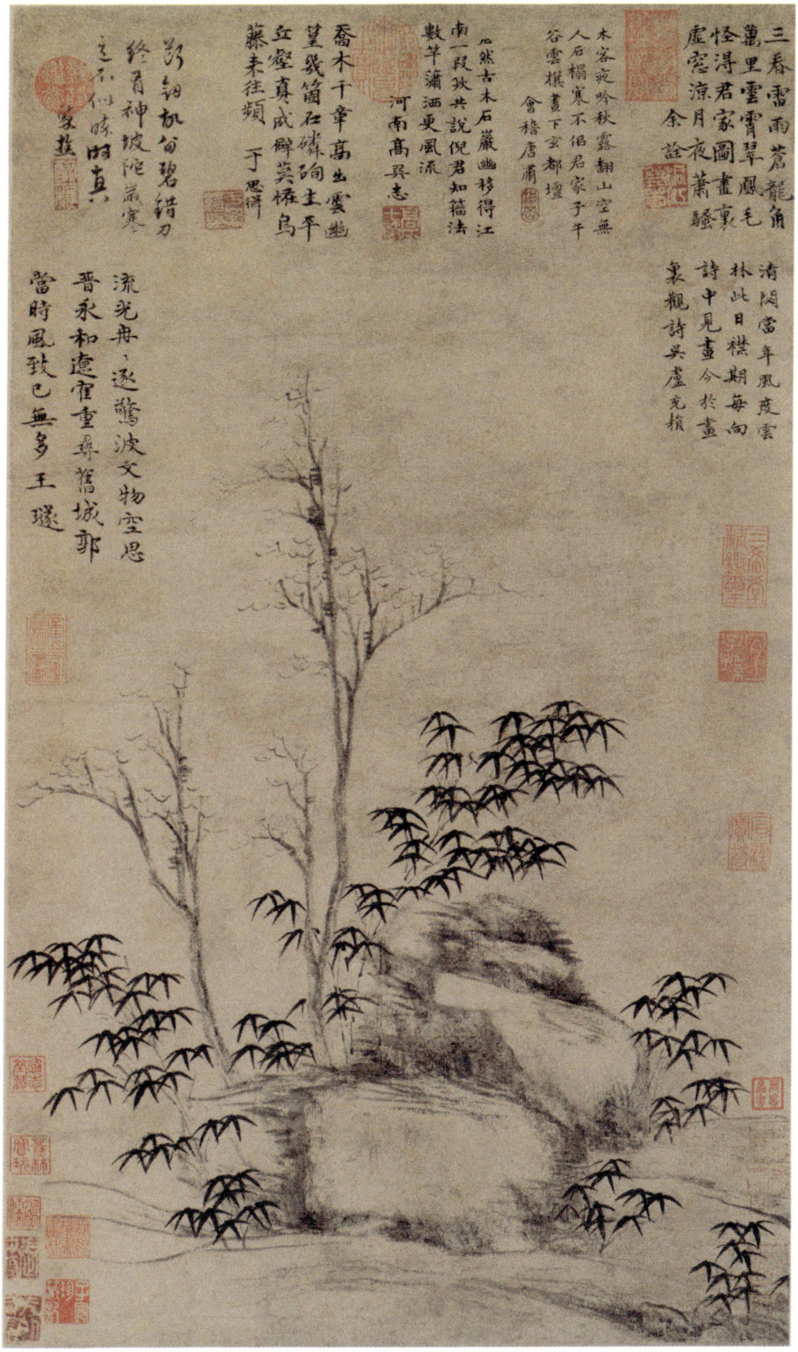

图 1-15　元　倪瓒　古木竹石图轴　纸本　纵 64.3 厘米　横 37.3 厘米
故宫博物院藏

能力的表现；而另一派则认为中国人之所以选择形象表现自己的哲理思维，恰恰是因为不屑于用贫乏的语言表达复杂的世界。对理论家来说，没有必要得出定于一尊的答案。但设计应用的研究者有必要分析这种中国独有的图形思维并将其转换为一种今天能够加以反复应用的设计方法。这不仅与设计创作有关，也与当代设计研究，尤其是关于“视觉文化”的讨论有着密切的关系。

21 世纪以来，许多从事文化研究的学者描述了“视觉文化时代的来临”这种文化景观。对此，笔者认为不能走向极端：第一，应该注意到古代有“图文互释”的传统，即文字和图像各自适合于表现不同的内容，并不是所有的文字都能够用图像来表现，一定要保证图像表现的内容是不能够或不适合用文字来表现的；第二，图像作为一种发轫于《周易》的思维方法，并不能够简单地等同于今天的插图、影视艺术，如果真的想要复兴中国的“图像思维传统”，还有大量的工作需要做；第三，图像表达思想甚至比语言、文字具有更大的难度，一般公众由于普遍缺乏造型能力的训练，势必在图像表现方面困难重重；第四，也是最重要的一点，当代文化不应该仅仅定于“视觉”一尊，而应该是一种视觉、听觉、触觉……全方位都有进步的“新”文化。德国当代较有影响力的美学家沃尔夫冈·威尔什就在其著名的《消解美学》（*Undoing Aesthetics*，中译本名为《重构美学》）一书中将当代文化定义为“听觉文化的来临”，其论述亦有见地。就传统的视觉设计而言，受到各种新媒体的影响，也大有“走出视觉”的倾向。因此，笔者不太赞成把艺术设计称作“视觉传达”，更遑论国外已经有了针对弱势群体的“听觉传达”。对于“图像文化”“视觉传播”或“读图时代”等概念，同样也没有必要过分炒作。

但笔者当然也不能苟同“看一百本书和看一百条广告的人是不一样的”这种重彼轻此的论述。笔者认为，没有任何理由认为“看一百本书的人”一定比“看一百条广告的人”接受了更好的文化启蒙和思维开发。且不说书和广告的内容各自内部都有高下之分，即便在各自领域之内都是最顶尖的学术著作和世界一流广告艺术，彼此之间都很难以高下论。好的广告设计绝不是迎合消费者，而是一种启蒙——对公众审美能力、欣赏水平和理解能力的教育。同样没有任何理由能保证一个学者在不经过任何审美教育和训练的前提下能够很好地欣赏并理解广告这门综合的艺术，许多世界广告界的获奖广告都有可能让学者“看不懂”。这是因为视觉和文字分别启发的是人类两种不同的智能。对一个当代人来说，二者都是重要的，并没有高下等级之分，更何况有美国当代艺术心理学家鲁道夫·阿恩海姆深入的研究，其对图形所能提供给人类的“视觉思维”能力与知觉、智力发展的关系在心理学界也基本上得到了重视和公认。而《周易》中“象”的视觉思维方式和图形语言，毫无疑问是值得设计师深入研究的。

第二章

尽善尽美
——儒家对中国设计的启示

进入21世纪以来，许多关于《论语》的文化实践相继引人注目：先是从2007年开始，北京师范大学艺术与传媒学院教授于丹在中央电视台《百家讲坛》开讲《论语》，后有北京大学中文系教授李零推出了为把孔夫子拉下“圣人”神坛的专著《丧家狗——我读〈论语〉》。一时间，《论语》成为“快餐文化”，坊间涌现“营销论语”一类著作，孔子本人则成为一种“时尚”的符号，好不热闹。

我们无法简单地判定这种“论语热”对文化传播的利弊，笔者个人的阅读感受是：比起于丹，李零出入古文字与古文献显得相对严谨，而比起李泽厚同文体的著作《论语今读》，《丧家狗》则有一种“少年情怀”，其文采和引申发挥之处令人难以释卷。尽管臆断错误偏见之处在所难免，并且作者毫不回避“我读《论语》，是为了破除迷信”[①]，也难免另外一种先入之见，自然也是难以被当代新儒家所接受。

所谓“当代新儒家”，本质上可说是把儒家当作一种精神理念来信仰的学者群体。他们延续了李泽厚对“现代新儒家”的描述，即“强调继承、发扬孔孟程朱陆王，以之为中国哲学或中国思想的根本精神，并以它为主体来吸收、接受和改造西方近代思想和西方哲学以寻求当代中国社会、政治、文化等方面的现实出路。这就是现代新儒家的基本特征”[②]。认同这一价值的当代学者群体当然容不得李零先生如此直言不讳地对孔夫子进行批判。

这里也想简单地对儒家究竟是宗教还是哲学表明一下立场，这是一个自从明代天主教耶稣会士入华以来就兴起的理论论争。[③]目前在中国，大多数时候人们还是接受在哲学系设儒家研究课程这种

① 李零：《丧家狗——我读〈论语〉》，山西人民出版社，2007年，第339页。

② 李泽厚：《中国现代思想史论》，东方出版社，2003年，第265—266页。

③ 关于学术界“儒学儒教之争”，可参见葛兆光：《穿一件尺寸不合的衣衫——关于中国哲学和儒教定义的争论》，收入葛兆光《思想史的写法——中国思想史导论》一书的“附录”，复旦大学出版社，2004年（原载《开放时代》，2001年11月号）；李申《“伪问题”与“舶来语”——中国人为什么要穿“尺寸不合的衣衫”》，王博主编《中国哲学与易学——朱伯崑先生八十寿庆纪念文集》，北京大学出版社，2004年。

约定俗成的做法，而对“儒教”的称法有所保留。其实严格地说，“宗教”“哲学”这样的学科分类本身就是西方的学术范畴。无论用哪一个学科来界定儒家的身份，都不免有“剪裁中国传统”的嫌疑。但不能因为有这样的顾虑就因噎废食，放弃在现代学术视野中讨论儒家的可能性。既然儒家是中国文化中具有深远影响的一种思想，虽然它未必符合人们基于基督教、佛教等建立的“宗教”的某些内涵，但也的确在很大程度上充当了其他文明中宗教所扮演的角色。如美国汉学家芬格莱特（Herbert Fingarette）所看到的：“整个礼的体系自身，即使在它只涉及到人类事务的时候，也在某种程度上包含了神圣的内容。”[①]因此，我们可以扩大学界对“宗教”外延的理解，但不能反过来用现有的“宗教”概念来制约或限定我们对儒家的考察。

① 〔美〕芬格莱特：《孔子：即凡而圣》，转引自〔美〕本杰明·史华兹：《古代中国的思想世界》，程刚译，刘东校，江苏人民出版社，2004年，第68页。

第一节　由“礼”触及的设计问题

经过几千年的发展和接受，儒家逐步确立了在中国主流思想中的“正典”地位。但应该承认，我们对儒家的接受并不是不加批判全盘照收的。在这两千多年的时间里，社会生活和思想领域所发生的重大变化我们不可能视而不见，而儒家思想恰恰有很大一部分是属于社会范畴之内的，在今天，其部分内容明显已经失去了积极的意义（比如一些封建宗法），对此当然不能过分坚持。因此，对当今海外“新儒家”的一些做法，可以欣赏他们对中国传统文化的热忱，但必须承认那只是一部分知识分子的精英心态，从社会学的眼光看，的确过于保守，不利于文化的创造，特别是不能适应现代艺术和设计的发展。在本节中，笔者希望区分出儒家思想中具有时代性和永恒性的内容，在对其具有时代局限性的社会伦理思想自觉进行发展的同时，对其具永恒性的内容进行当代的阐释。

道家所强调的自然、天道在儒家这里被赋予了更多人伦的色彩。如果说老子和庄子更像思考天地宇宙问题的哲学家，那么儒家关怀的中心无疑是人类的生活世界及其秩序本身。道家以“天道”为整个思考的中心，而儒家的讨论却是从与“人”的世界关系更为密切的“礼”开始的。儒家（至少在孔子那里）把天和人看成两个不同的世界，“未知生，焉知死”也表明孔子对这个世界的“不可知”有比较清醒的认识。“天”在孔子那里是一个客观存在但又难以凭人力加以把握的最高实体，很接近于宗教的世界，但不同的是孔子对这个他所敬畏的天采取的是一种颇为实用和功利的态度——“敬而远之”。对人世，孔子进行的思考还是不乏积极建构的色彩。

图 2-1　士之服　取自《三才图会》

一、“礼”

“儒”源于“陈俎豆、设礼容”之类的仪式。“礼”的观念自然是后来儒家思考的一个中心问题。先秦古典文献中的“三礼”尽管严格地说并非子学，但基本上可以看作“原儒”体系的产物。近世的研究者一般认为，儒家的美学思想也多是围绕“礼乐之美”的秩序展开的。《论语》中多次提到当时的一些器物，有很多人把这些段落当作孔子的“设计思想”来加以讨论，但其实孔子所讨论的并不是这些器物设计本身，而是借用这些器物来谈论自己对“礼”的观念的思考。如果作一个比较机械的类比，其很接近黑格尔的艺术哲学研究方法：艺术只是黑格尔阐述自己有待于演绎的哲学思想的一个例证，这个例证已经经过了哲学家很大程度的主观改造，绝不是从艺术领域内部谈论作品本身。其在哲学上的贡献固不可小觑，但坦率地说，对从事艺术和设计创作的人来说，则可说是只在很有限的意义上有所启发。从这一点上说，对作为艺术史家的贡布里希从常识的层面抓住作为哲学家的黑格尔的艺术论不放，其实真的不算是什么高明的发现。

孔子之讨论艺术（“绘事后素”和“礼后乎”）和器物，在很大程度上也是服务于自己的学术思想的。比如这样一些论述：

子曰：“觚不觚，觚哉！觚哉！”（6.25）

据朱子《论语章句》，“觚”是一种必须有棱角的酒器，“角”字旁也正说明了这一名实本应相符的特征。但随着器物的演化，在当时“觚”已经没有棱角了。孔子对这种“觚”大发感慨，认为这已经不能叫“觚”了。尽管其可能并未丧失实用的价值，但在孔子看来，至少已经“名实不符”了。这里“觚不觚”还不能够直接看出孔子语言背后的“礼”的预设，但程子对此进行了创造性的发挥

图 2-2　商　觚　青铜　美国纽约大都会艺术博物馆藏

和引申："举一器，而天下之物莫不皆然。故君而失其君之道，则不为君；臣而失其臣之职，则为虚位。"而在《荀子》中，以下这一段"借器说礼"的意味已经非常明显了：

孔子观于鲁桓公之庙有欹器焉。孔子问于守庙者曰："此为何器？"守庙者曰："此盖为宥坐之器。"孔子曰："吾闻宥坐之器者，虚则欹，中则正，满则覆。"孔子顾谓弟子曰："注水焉。"弟子挹水而注之，中而正，满而覆，虚而欹。孔子喟然而叹曰："吁！恶有满而不覆者哉！"子路曰："敢问持满有道乎？"孔子曰："聪明圣知，守之以愚；功被天下，守之以让；勇力抚世，守之以怯；富有四海，守之以谦。此所谓挹而损之之道也。"[①]

由于《论语》2.12说过"君子不器"一类的话，使得很多人认为孔子对"器"有所贬抑。的确，这句没有任何上下文的话给后人留下了各种各样的解读空间，历来注家在这句话上也极其容易"过度阐释"。如史华兹认为"孔子著名的论点'君子不是任何一种工具'并不意味他不赞成拥有——就广义的技术而言——也许可以称为技术的特殊技巧和才能。……这件事的关键是当本质性的精神道德问题还没有解决时，所有这些技巧都是不得要领的"[②]。而张祥龙则指出："这里的'器'就是指脱离了原发境域的技艺。它堕落为某种有固定形式，并因而难于彼此沟通的谋生技巧和艺能。……器对于孔子是与艺而非道德相对而言的；而且，形而上之道（德）倒是与器更接近，因为它们都具有技艺认知所没有的现成性。……任何有脱开原发境域倾向的现象，比如五音、五色、名利、功业、观念理智以及后儒讲的道德化的仁义，就都是器。天道永远先于被人的价值和观念体系造就的器。"[③]也许孔子这句话的本意并没有这么复杂，他只是在这里强调"君子"的可塑性不应该被没有生命

① 〔战国〕荀况：《荀子·宥坐篇第二十八》，清嘉善谢氏刻抱经堂从书本。

② 〔美〕本杰明·史华兹：《古代中国的思想世界》，程刚译，刘东校，江苏人民出版社，2004年，第107页。

③ 张祥龙：《海德格尔思想与中国天道——终极视域的开启与交融》，生活·读书·新知三联书店，1996年，第410—411页。

的、已经成形的“器”所限制。明显可以看出，这里的“器”与“道器”之“器”（“物”）所强调的侧重点不同，“君子”和“器”各有本身的评价范畴。

与此用法类似的还有《论语》5.3中孔子把子路比喻成“器”（朱子注：“有用之成材。”），虽然对子路有一种隐含的不满，但孔子用来比喻的这种贵重的佩玉之“器”也自有不可取代的用途和意义。无论张祥龙怎么强调孔子思想的“时机性”，《论语》的文本也毕竟为“礼制”留下了空间。孔子（以及后来的儒家）承认“器”的象征意义与等级制度之间密切的关系，强调器物与等级的对应。作为一种带有宗教律法性质的思想，儒家于“君子”或“士”所应该持守的各种礼仪规范、“礼器”等的规定在《论语》中已经萌芽，到了《礼记》《仪礼》更是登峰造极。例如，孔子对于执圭、享礼、佩饰甚至衣着的颜色都有着细致的规定（《论语》10.3—10.5），而在《礼记》中，更有诸如“天子七庙，诸侯五庙”“古之君子必佩玉”“君子无故玉不去身”一类的说法。如果不遵行这一切规定，“不语怪力乱神”的孔夫子当然没有能力行使超然的执法权去干涉，因而也就只能抱怨“是可忍也，孰不可忍也”了。

这些论述着眼点在古代的礼仪规范，而并不是艺术创作自身，因而具有时代的特征。不过这的确是《论语》包括其他一些后代的儒家文献关注“器物”的一个研究角度。要指出的是，从上面几段直接论述“器物”的文字中，基本上不能看出孔子对真正的设计师的要求，他本人也以“述而不作”自居。在这里，如果非要把“觚不觚”说成是孔子对设计和艺术创作的一般思想，那么只能说他思维方式太保守。但我们读《论语》甚至其他一些古代经典，应该从

图 2-3 汉 长乐未央瓦当 陶 山西博物院藏

字面意义背后看出这样一些深层的用意来。其实不仅仅是儒家，我们在日常生活甚至学术讨论中，有时候面对不同的听众或现象的特殊情境，也不得不针对同一个问题说不同的话。这其中所采用的种种修辞技法，并非是说话者思想中的矛盾，只是面对不同的场合，侧重点不同罢了。面对器物设计这样一个复杂的多面体，人们在发表意见的时候，往往是根据当下场合的需要发挥其某一方面对支持自己观点有利的片段。由于孔子在这里的根本目的是为了“正名”，所以这一层深刻的用意对“设计”这一学科名称的积极启发和反思恐怕远比字面意义所提供的创作方法重要得多。倘若孔子在这里希望讨论的是设计创作中的“创新”问题（儒家其实很重视这一点），当然不会死守着自己心目中的觚的造型不放。

二、“仁”

在《论语》中，与“礼”相联系的还有“仁”这个范畴：

> 颜渊问仁。子曰：“克己复礼为仁。一日克己复礼，天下归仁焉。为仁由己，而由人乎哉？”颜渊曰：“请问其目。”子曰：“非礼勿视，非礼勿听，非礼勿言，非礼勿动。”（12.1）

这里所强调的“克己复礼”，在很大程度上体现了孔子在社会伦理方面的普遍主张。笔者无法推断孔子的本义是否希望“抹杀个人性”，但在设计中，这是需要一分为二来看待的：就形式美学、构成原理、时代审美风尚等带有共性的内容来说，当然应当符合普遍的传统，但设计中的艺术个性却是不能被简单否定的。当然，孔子的“仁者爱人”对今天设计的最大启发还是在人文关怀方面。这一点过去提得比较多，也无外乎集中于环保主义、绿色设计、和平反战等众所周知的设计材料或题材方面，这里就不作详述了。需要说明的是，“人文精神”这一点也不应该过分、片面地加以强调，对美术界有些愈演愈烈的“以哲学代艺术”的倾向我们也应该保持一些警惕。这是因为一种倾向在其话语权低落的时候需要我们加以重视，而当其（已经或可能）形成一股盲目或近乎偏激的潮流的时候，我们同样需要敏锐地指出其失误与可能存在的偏颇，从而避免事情走向另外一个极端。

经典内部总是充满张力的，《论语》也不例外。更何况孔子对“礼”的规范重建的思考是基于春秋时期“礼崩乐坏”的乱世而发出的感慨，与今天所处的历史环境有很大的不同。联系到前面所说的那种“有针对性的特殊语言情境”，便不难理解这一点不应不顾历史地强调。如果过于严格按照礼的规范去行，片面强调“克己复礼”而到达另外一个极端，其实也是并不符合孔子“中庸”的本义的。后世的宋明理学提出的“存天理，灭人欲”的主张正是由于没有认清楚孔子说话时的特殊语境而作出的泛政治化的理解。在这种过分强调“礼”的环境中，艺术的秩序也是被规范化了的，可想而知，这种服从于一定时期政治与伦理的艺术秩序在今天并不是值得发扬的，也不是中国艺术和设计理论的主流。

其实在孔子那里，在他思考政治、伦理等社会问题之余，从来没有忘记无论什么时候人性中还有一种对艺术和审美的永恒追求。比如著名的“子在齐闻《韶》”和“吾与点也”：

> （曾点）曰：“莫（暮）春者，春服既成；冠者五六人，童子六七人，浴乎沂，风乎舞雩，咏而归。”夫子喟然曰：“吾与点也！”（11.24）

再如《论语》7.19所记载的：

> 叶公问孔子于子路，子路不对。子曰：“女奚不曰：‘其为人也，发愤忘食，乐以忘忧，不知老之将至’云尔！”

很难想象，如果《论语》中没有留下这样一些记载，我们认识的孔子会是什么样的一个形象。而能够让我们把这样两个表面上有些对立的孔子的形象联系在一起的，正是《论语》中所提供的那个孔子本人并没有明确加以理论化和系统化的“仁”。

尽管周敦颐等人发现了“孔颜乐处”并加以强调，又倡导“绿满窗前草不除”的人生境界（令人惋惜的是颜回和周敦颐本人都没有达到“仁者寿”的理想），但经过反复的政治化过程，后来的宋明理学（尤其是其中狭义的程朱一派）逐渐演化成为官方的思想，从一种实践智慧退化成封闭的专家之学，不再在倡导自由和个性的艺术和设计方面提出真正有价值的思想。就连早年曾经感慨曾点“胸次悠然，直与天地万物上下同流”的朱熹，晚年也悔其少作，称“悔不改浴沂注一章，留为后学病根”。[①]这在某种意义上也造成了研究中国美学史时的一个困境：宋明时期，中国的哲学思想可谓空前发达，先前只谈人世的儒家也被赋予了更多本体论、宇宙生成论的内容，但此一时期的美学思想（除了即兴的诗画评论），尤其是成体系的美学理论却并没有随之发展起来。以至于今天很多关于中国美学史的著作或是置宋明理学于不顾，或是仅仅能够发掘出“人生境界”即所谓“生活的艺术化”这样实际与艺术创作的关系极其缥缈的理论乌托邦来。

① 参见李泽厚：《论语今读》，安徽文艺出版社，1998年，第272页。

在其真实意义上的“礼”，不构成对于艺术和设计创作中形式美的限制；而由于“仁”的出现，更给今天的设计带来更多积极的启发。明朝中后期以后，人们已经从多方面展开对强加“礼”于“艺”的做法的批评。公安、竟陵小品，汤显祖戏剧的出现以及“童心说”这样创作主张的提出，都可看作是一种积极的反拨。袁宏道在《瓶史》一文中曾对花的形式构成提出了这样的要求：

夫花之所谓整齐者，正以参差不伦，意态天然，如子瞻之文随意断续，青莲之诗不拘对偶，此真整齐也。若夫枝叶相当，红白相配，此省曹墀下树，墓门华表也，恶得为整齐哉！[1]

“墓门华表”可是极其严厉的一种批评。“华表”这种形式之固定并不早于中国的明代[2]，也是应“礼”的要求应运而生的，这已经偏离了设计的艺术本体，因而也受到了艺术家们从形式角度的批评。可以说，“华表”并不属于中国艺术和设计思想的主流。这种形式批评对今天的设计者来说也不无警戒作用。国内的很多设计正是过多地因袭了欧洲“国际主义”的形式风格，但没有看到“国际主义”流行的战后欧洲重建的时代背景，不符合人性中更加体贴入微的关怀，因而也不符合更加高级的形式美的要求。重新回望中国传统的形式理论，无论是在产品设计还是平面设计中，似乎都应该更多地发扬这种“随意断续，不拘对偶”，并将其作为一种传统美学的永恒趣味。

三、“文质”与“中庸”

在《论语》中，以下这段讨论文质关系的著名论述可能从来没有被研究中国古代工艺思想的研究者所忽视：

子曰：“质胜文则野，文胜质则史。文质彬彬，然后君

① 《袁宏道集笺校》卷二十四，上海古籍出版社，1981年。

② 参见楼庆西：《中国小品建筑十讲》，生活·读书·新知三联书店，2005年。

图 2-4　汉　刘贺白文玉印　玉　海昏侯墓出土

子。”（6.18）

如果仅仅把这段话中的“文质彬彬”解释为内容与形式的合宜的话，实在不算是什么有很高思想水准的理论建树。因为在设计中间，这几个字很容易就能和“功能与装饰”之类的讨论联系在一起，而后者不过是老生常谈。对于这段话，笔者的疑问是：在美学范畴中，“野”和“史”绝对是贬义的吗？

在孔子的理解中，“野”是一个与“君子”对立的概念。比如：“野哉，由也！”（13.3）但是，这个“野”字很难说是个等同于“小人”的绝对负面的价值判断，更何况在这里需要把它转化成一个审美范畴来论述。即便是在伦理论述中，孔子对“野”也不是一概排斥的。比如《先进》篇开头的这样一段话：

子曰：“先进于礼乐，野人也；后进于礼乐，君子也。如

用之，则吾从先进。”（11.1）

历来的解经家面对《论语》此句无不需要费一番心思。按照旨在“劈掉孔子的神位，撕破六经外衣”的曹聚仁所说，对于这段话“不管朱熹（南宋）怎么说、刘宝楠（清）怎么讲，总是歪曲了事理说不通的，因为孔子用的是‘先进’，‘先进’是‘野人’，不是‘君子’”[①]，因此，很难说孔子对“野”持完全的否定态度。

在同时期的文献中，更多的时候“野”字是作为名词出现的，如《庄子》中有名的“无何有之乡，广漠之野”。但在后世中国的艺术品评里，“野”字却值得作多种不同的理解。在很多论述中，“野”有一种质朴、大巧若拙的意味。尤其是在与“甜熟”这个品评标准相对立的时候，所谓“野”，并不是今人想当然的贬义。不妨随举“黄家富贵，徐熙野逸”这样一个著名的提法为例。与“逸”这个标示较高格调的评价连在一起，可以看出“野”字在中国文化中被赋予的美学意蕴绝不是“质胜文”所能够涵盖的。

与此相联系的是对“史”的理解。由于上古“史”“巫”不分，《左传》《国语》等文献均可证实之，因此，孔子本人对“史”家之“数而不达于德”（马王堆帛书《要》）或许的确有所反感。陈来甚至认为，讲求蓍占、天数、星占的“史”与相信“人事理性主义”的儒的冲突是“春秋文化有特色的内在紧张”。[②]而按照史华兹的理解，“史”在孔子那里更是被认为有一种“文秘职员（的圆滑气质）”。[③]从文意来看，《论语》6.16和11.1中，孔子对“史”和“后进”的论述的确有对当时史家之“文过其质”乃至“粉饰太平”的批评意味在其中。

① 曹聚仁：《中国学术思想史随笔（修订本）》，生活·读书·新知三联书店，2003年，第73页。

② 陈来：《古代思想文化的世界——春秋时代的宗教、伦理与社会思想》，生活·读书·新知三联书店，2002年，第59页。

③ 参见〔美〕本杰明·史华兹：《古代中国的思想世界》，程刚译，刘东校，江苏人民出版社，2004年，第82页。

但春秋以降，就其主流用法而言，“史”在中国并无贬义。中国是一个史学大国，梁启超的判断“于今泰西通行诸学科中，为中国所固有者，惟史学”[4]应该说大致不错。史学与文章的关系绝非通行理解的“文胜质”这样简单。史书固然可以当作文学来品读，但那只是史书兼有的一个功能，从颇有些价值判断色彩的“经史子集”的说法中也能看出“史”的地位远远在子部和集部之上。对此，梁启超提出了一种崭新的理解：“史与文的关系：中国文看得很重，孔子已说：‘文胜质则史。’史体与文有重要的关系。”[5]在这里，为了从经典的角度突出“史”的地位，也许是为“圆”孔子的话，任公先生必须去抬高“文”的位置了（当然事实应该是梁氏所说的“文”更接近于今义）。因为只有这样，“史”才能够获得和被中国“看得很重”的“文”相对应的地位。无论如何，简单地把“史”看成一个带有贬义色彩的词汇是不符合常识的。不妨来一个大胆的假设：正因此，才有宋人称《杜甫集》为“诗史”的说法。如果从美学判断上说，这其实是无意中贬低了杜诗的艺术价值，但宋人当然本是一番好意，希望借此推崇杜诗的地位。甚至“中国文化和思想的一大特点就是‘史’本身具有纯思想的构成意义或‘天意’，不只是对事件的记录和‘历史哲学’的材料”[6]。

延续这条思路，我们对“文”和“质”的关系作出创造性的发挥和解读也是正当的。“文”可训为“纹”。《太玄》云：“文为藻饰。”《广雅·释诂》云：“文，饰也。”[7]但“文”在中国思想史中的含义却要深刻复杂得多。晚清民国时期围绕“文”字的讨论曾经形成一时的风气，根据小学功底极深的晚清学者刘师培的考证：“昔《大易》有言：道之变动故曰爻，爻有等故曰物，物相杂

④ 梁启超：《新史学·中国之旧史学》，夏晓虹点校《清代学术概论》，中国人民大学出版社，2004年，第231页。

⑤ 梁启超：《广中国历史研究法》，《中国历史研究法》，东方出版社，1996年，第333页。

⑥ 张祥龙：《海德格尔思想与中国天道——终极视域的开启与交融》，生活·读书·新知三联书店，1996年，第240页。

⑦ 转引自朱良志：《中国美学名著导读》，北京大学出版社，2004年，第97页。

故曰文。《考工》亦有言：青与白谓之文，白与黑谓之章。……三代之时，一字数用，凡礼乐法制，威仪言辞，古籍所载，咸谓之文。是则文也者,乃英华发外秩然有章之谓也。”[①]章太炎在《国故论衡·文学总略》中也有类似的说法：“凡文理、文字、文章皆称文。……孔子曰：言之无文，行而不远。盖谓不能举典礼，非苟欲润色也。”这样看来，“文”不能简单地等同于很多设计研究者理解的“装饰”，而是与其他的一些要求和规定相联系。

① 刘师培：《文说·耀采篇第四》，《国粹学报》，1906年第2号。

“文”的特点是具有很强的可塑性（“君子不器”），与不同的东西结合时能够产生不同的效果,关键看具体的应用。因此,“野”（质朴）和“史”（文饰）当然也就成了两种不同的美学趣味，本身并没有简单的褒贬。但无论是文胜质还是质胜文，本身各有不同的意味，所谓“文质彬彬”并不是一种几何学上的“中心”概念，而只是要求不在“文”和“质”其中任何一点上走向极端。我们需要用更高的标准来衡量和导引这个尺度。这个最高衡量标准在儒家看来就是“中庸”。“中”不是绝对物理意义上的“居中”，因而与“折中主义”有很大的不同。例如，道器之间的“象”在很大程度上是“道不离器”的一个根本保证：

> “中”或“象”具有一个区别于两端的“道”“器”的显著特征，即“中”或“象”不是“道”“器”中间的一个固定的点，而是处在不断的幻化生成之中。这种不断幻化生成的特征刚好是审美经验领域的一个显著的特征。在这种意义上我们也可以说，追求“悬中”的“象”的中国思想和中国文化，是一种富有审美意味的思想文化。[②]

② 彭锋：《诗可以兴——古代宗教、伦理、哲学与艺术的美学阐释》，安徽教育出版社，2003年，第22页。

中庸是一个动态的范畴，充满内在张力和空间，很难用任何一个固定的标准去限定它。但“中国古代敏锐的思想者，比如孔子、老庄、孙子、范蠡等，都明白真实绝不能对象化、观念化的‘道’理，因此也都知道居间发生的终极性”[③]。就这一方面来看，的确在很大程度上可以说“整本《论语》中弥漫的‘瞻之在前，忽焉在后’，醇和深厚之极又婉转活泼之极的气氛，都来自孔夫子思想中纯构成的时中本性”[④]。简单地说，“中”（去声）就是“和而不同”，或者“恰如其分”，“庸”就是“平常”。也只有这样，我们才能更好地理解和实践“文质彬彬”。体现在设计上，最好的中国设计师也许不会在色彩、形状任何一方面走入极端，追求所谓“极限体验”的效果，而是向往平淡、追求和谐。这一点与西方的精神是很不一样的。一些时尚的设计师，在海报、版式等设计中喜欢应用极

③ 张祥龙：《观“象”》，《现象学与孔夫子》，商务印书馆，2001年。

④ 张祥龙：《海德格尔思想与中国天道——终极视域的开启与交融》，生活·读书·新知三联书店，1996年，第247页。

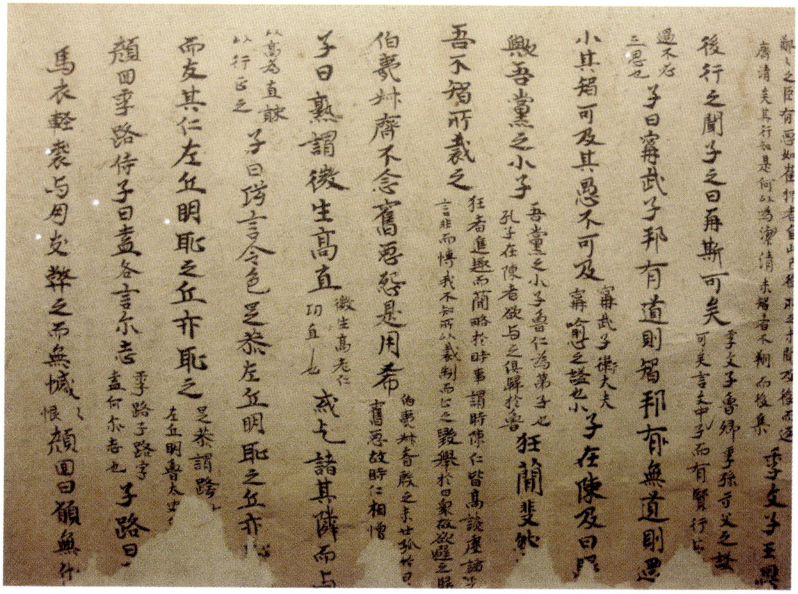

图 2-5　唐　敦煌吐鲁番文书《论语》写本　纸本　吐鲁番博物馆藏

端的纯彩色，利用印刷技术夸张纯度对比，或是大量使用五光十色的“荧光”效果，目的在吸引消费者的眼球。但从中国的艺术和设计审美特点来说，这样的设计恐怕并不是最高明的设计。中国设计也讲究对比、夸张，甚至“绚烂之极”，但这是限定在“复归平淡”这一更高的标准之内的。

第二节 儒家有关“创造”的论述

曾经听到一些极端的文化相对主义者援引新文化运动中倡导“文学革命”的胡适几年后旋即开始“整理国故”的例子，试图说明“中国文化”之优势种种，就连当代很多开明人士也对胡适的做法感到不解。但其实这是一个历史性的错误。胡适提倡的“整理国故”其实仍然属于他西学研究从而为中国文化“捉妖”“打鬼”的组成部分。无论他写作《中国哲学史大纲》还是《白话文学史》，都是他用西方学术的方法套用在中国问题上的必然成果。从实绩上看，胡适所从事的真的并非文化保守主义者心目中那样的“国学研究”，而是名副其实的“现代学术”。熟悉中国学术史的人应该不难看出这一点。比如胡适 20 世纪 50 年代发觉自己写《中国哲学史大纲》时用生物进化论的观点解说庄子确有不妥，但他立刻想到的竟然是“真是辱没了《物种由来》那部不朽的大著作了”[①]。在他看来，庄子时代的哲学思想根本还没有达到进化论的高度，也说明胡适对“国学”的研究一直是建立在“科学态度”而非“同情之理解”的基础上。此外，胡适使用“国故”而非“国粹”这个当时流行的名称，很大程度上也代表了他本人的“科学方法”的基本立场。

① 参见陈平原：《中国现代学术之建立——以章太炎、胡适之为中心》，北京大学出版社，1998年，第203页。所引材料出处为胡适《中国哲学史大纲·台北版自记》，《胡适学术文集·中国哲学史》，中华书局，1991年，第5页。

但正是这样一个确凿无疑的事实，在学术接受史上的误解却并不是很容易梳理清楚的，至少在当时，胡适的思想就已经开始被曲解或是被利用。在1926年6月的一次发言中，胡适对前一段时间“整理国故”运动中的一些倾向进行了反思，指出“我们所提倡的‘整理国故’……是用无成见的态度、精密的科学方法，去寻求那以往文化变迁沿革的条例线索，去组成局部的或全部的中国文化史。……而绝不会是误解成‘保存国粹’‘发扬国光’”[②]。“无成见的态度”也是笔者所期望的自己做学术研究的起点，至于“精密的科学方法”，恐怕就未必需要由今天的学者所接受了。中国传统学术中很多微言大义的问题恐怕是禁不起适之先生所倡导的“生物进化论”的大刀剪裁的。

② 转引自罗志田：《国家与学术——清季民初关于“国学”的思想论争》，生活·读书·新知三联书店，2003年，第343页。

笔者所担心的正是文化保守主义者带着一种“先入之见”从事学术研究，而今天带着“中国文化的优越性”眼光的人，学界内外都有不少，而他们的论述又往往带有煽动性，很容易被缺乏足够中西文化比较知识储备的学生接受而形成不易改变的成见。如果形成风气，不仅容易曲解中国文化的本来面目，也不符合儒家思想中重视创造的根本精神。

一、“赞天地之化育”

唯天下至诚为能尽其性。能尽其性，则能尽人之性。能尽人之性，则能尽物之性。能尽物之性，则可以赞天地之化育。可以赞天地之化育，则可以与天地参矣。[③]

③《礼记·中庸》第二十二。转引自〔宋〕朱熹撰：《四书章句集注》，中华书局，1983年，第32页。

天子者，与天地参，故德配天地，兼利万物，与日月并明，明照四海而不遗微小。[1]

以上是《礼记》中两段非常有名的论述。这两段话都只讲了一个共同的基本精神——人类的创造性，或者说，创造是人生在世的基本属性和使命。这是儒家的一个重要思想，但是很容易被自认为是儒家精神的传承者们所背离。清初“四王”的山水画、明人吴琚的书法即是如此。但中国文化本身，包括中国的艺术和设计，却并非也并不应该一味地继承而拒斥创造。如果仅仅沉醉于伟大的传统光环之中而缺少自己的创造，那么无论如何也没法开创辉煌的时代风气。其实，尽管中国古代技艺的师徒传授制度中对“辈分”的看重有胜其他文明，这本来只是一种对长辈的尊敬和感恩，但是中国文化也并不缺乏“当仁不让于师”一类的创造精神。

伟大的文化传统无不是在创造中产生的。如果只有宋人对唐诗的一味模仿，不敢越雷池半步，就不会有宋词的“传统”。艺术和设计中尤其如此。没有创造的精神，就不会形成独特的个人风格，只讲传统不讲创新，和不深入传统空谈创新一样没有出息。“不恨臣无二王法，恨二王无臣法。”[2]“学我者生，似我者死。”[3]古往今来的艺术论评中，留下了大量类似的记载。王羲之、王献之父子便是很好的一对例证。在《世说新语·品藻》和《论书表》中，刘义庆与虞龢都记载了这样一段经典的献之名言（受儒家影响至深的唐代孙过庭在《书谱》中也确认了这一典故）：

谢安尝问子敬：“君书何如右军（指王羲之）？”答云：“故

① 《礼记·经解》第二十六。转引自〔清〕阮元校刻：《十三经注疏（清嘉庆刊本）》，中华书局，2009年，第3493—3494页。

② 〔清〕赵慎畛撰，徐怀宝点校：《榆巢杂识》，中华书局，2001年，第181页。

③ 李可染：《谈学山水画》，《美术研究》，1979年第1期。

当胜。”安云：“物论殊不尔。”子敬答曰：“世人那得知！”[④]

④〔南朝梁〕虞龢：《论书表》，转引自〔唐〕张彦远撰，武良成、周旭点校《法书要录》，浙江人民美术出版社，2019年，第29页。

也许这只是人们杜撰出来的一个传说，尽管与后世儒家建立的“孝统”似乎颇有不合处（如孙过庭所批评的那样），在高扬创造精神这一点上，却恰恰在根本上符合儒家本源的精神实质。联想到“大人宜改体”等具体论述，这也正是王献之能够在其父的书名下走出一条新路来的一个重要原因。从作品风格上看，王献之与王羲之书法的确有明显的区别，否则在书法史上不会有王献之的独特位置。而中国历史上从古至今许多“父子书家”“父子画家”，其子辈却往往被掩盖在前辈的盛名之下。尽管有欧阳通、米友仁这样的例子，但取得大成就者实在不多。从现代画家中更是不难看出这一点：20 世纪的中国画大家们“子承父业”的绝对不在少数，但子辈往往因袭父辈的题材、技法，缺乏创造精神，这就很难说对艺术史有多大的贡献了。按照当代学者弗洛姆的说法，这可真的是一种难以摆脱的“影响的焦虑”。

如果认为凡是传统的东西一概都好，对此只有顶礼膜拜，那么中国文化或是艺术的发展不可能呈现出百家争鸣的局面，而是逐渐地走下坡路——除了怀旧的份，今人实在是没有彰显自家风格的出头之日了。但是这里的表述也并没有走向另外两个极端：一个是反传统，一个是认为后人必然超过前人的生物进化论。作为人文学科的艺术和设计需要深入学习前人的成果，将其作为创造的基础，这样才能具备超越前人或至少是别开生面的前提条件，这一点没有人能够轻易地否定，因而对 20 世纪 80 年代那样彻底的“反传统”或是一部分人心目中“全球麦当劳化”这样的恐惧，大可不必太过忧

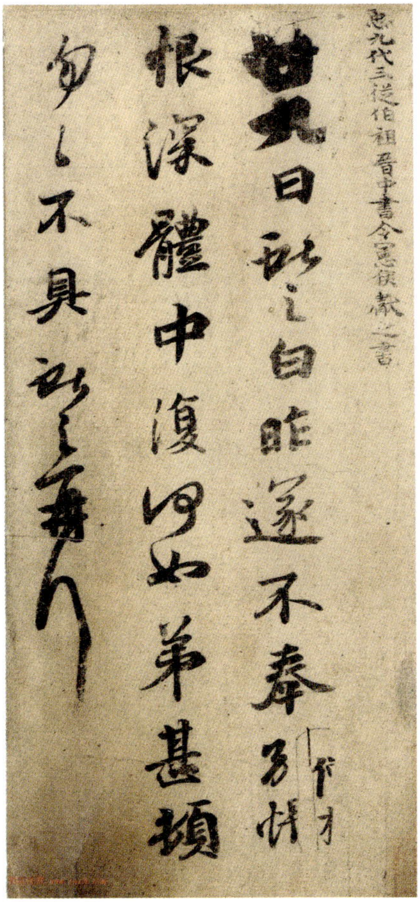

图 2-6　东晋　王献之　廿九日帖　唐摹纸本　纵 26 厘米　横 11 厘米　辽宁省博物馆藏

心忡忡。此书写作的意图，自然也是希望从传统文化中获取更多设计创造的资源。但提倡创造并不等于接受“进化”的学说，至少从文学、艺术史的发展来看，我们绝不敢说唐人的思想一定超过先秦，或是宋人的诗一定比唐人更“进步”。唯一可以保证的是，在唐诗的基础上，宋人创造了宋词，这同样是一座辉煌的高峰。后代人又不断地有元曲、明戏、清小说的创造，而这些创造又不断地转化为我们的传统。这样看来，正如前面曾经大胆臆断的那样：莫非我们这个时代留给后人的正是设计的传统吗？当然，那还要取决于很多因素，但作为设计创作者的我们，无论如何也该放胆一试。

再让我们回到《礼记》的世界。天、地、人是并列成“三（参）”的，天地的本性是“化育”，即创生万物，人的本性又何尝不是“赞天地之化育”，加入到“与日月并明”的创造活动中来？传统本身是动态发展的，只有不断地创造，培育创新精神，才能“德配天地”，也才能真正地无愧于古圣先贤。如此看来，保持一种开放的、创造的心态而不是死守传统、故步自封，才是中国文化生生不息的创造精神之所在。

二、“智者创物”

在现代观念中，“设计”的工作是与“制作”相分离的。如果没有事先的草图构思，像某些纯艺术一样边画边想，随意增删，恐怕是很难想象出来的。但中国古代的一些被人们称为“设计”的器物，恰恰是在“想做合一”的模式下进行的，加之缺乏古希腊“有用即美”（苏格拉底）这样根深蒂固的意识，“设计”这个环节在中国工匠那里并没有被凸显出来。当然笔者不否认研究古代工艺品对今天的设计创作有启发——事实上笔者自己也正是这样做的，但无论如何不能轻易地把古代的工匠等同于现代意义上的设计师。传教士利玛窦（1552—1610）曾经在他的中国见闻中这样记载中国的工艺制造者“与我们的工匠做法最为不同的一些方面”：

> 中国的手艺人并不为了获得更高的售价而在他创作的物品上精益求精。他们的劳动毋宁是被买主的需求所引导的，而买主通常不满足于不很精美的东西。结果，他们常常牺牲产品的质量，而只满足于表面好看以便吸引买主注目。这在他们为官员们做活时似乎特别看得明显，因为官员们根本不管所买物件的实际价值而只凭一时好恶向工匠付钱。有时候，他们还强迫工匠们去设计他们并无此聪明才智去做的东西。[①]

前面已经说过关于圣人创制的传说，这里我们再次将注意力

① 〔意〕利玛窦、〔比〕金尼阁：《利玛窦中国札记》，何高济等译，商务印书馆，2017年，第57页。

集中于“智者”的创造性本身。从“近取诸身，远取诸物”始作八卦的周文王、“天雨粟，鬼夜哭”创立文字的仓颉，直到“观象制器”的那些圣人们，恐怕他们留给后人最重要的遗产都不是他们所创造的器物本身，而是一种赓续不断的创造精神。由于社会生活的变化和发展，器物和文字也不可能是保持一成不变的，相反，正是需要每一个时代有其相应的具有创造性思维的人去不断创造新的器用，才能跟上时代的步伐。从这种意义上说，对这些具有创造性思维的先人的最好告慰，也绝不是对他们的既有创造“述之守之”，而是学习他们身上所体现出来的中国人的创造力并将其继续运用于现代社会。

从“智者”的创造性活动都必须借助于一定的凭借物来看，抛除其传说中虚无缥缈的成分，应该承认创造并非是纯粹的无中生有，而是依附于实际需要，并且在已有的成果基础上进一步革新。在今天，学习使用批判性思维的眼光、敏锐地审视现存生活世界中一切不合理的物品并加以改变，已经成为一种重要的设计思维方法。比如，苹果个人电脑的外观色彩在 iMac 推出之前几乎是清一色的浅灰色，但这完全是可变的，因为它是在不影响功能性的前提下约定俗成而形成的一种“思维定势”。类似的定势在日常生活中肯定还有很多，需要用设计师的眼睛去发现。用鲁迅借“狂人”之口所说出来的话就是：“从来如此，就对吗？”

当然“从来就有”的东西有对有错，设计师的工作仅仅是对此进行再思考，从而纠正其中那些错的成分。设计师应该在最大限度满足“适用”的原则下运用自己的创造性思维，而不是为创新而创新，增加受众的应用困难。这样的“创新”都不是真正的创造。这样的作品虽然可以作为概念设计或者时尚在当今炫耀一时，但在设计史乃至人类史上，它们都无法与上面所述那些圣人的创造相提并论或具有同等的价值。因此，不是基于实际需要而是简单地从形式出发的“创新”，既不符合设计思维的本义，也无法达到中国本原文化精神对创造性的基本要求。

2003年的一次国际设计展上，日本设计师原研哉曾经把改变现存事物秩序的设计方法称为“再设计”，也展示了很多运用逆向思维方法，质疑“从来就有”的产品形式的新设计。应该说，原研哉在当代设计师阵营中是非常善于提出新思想的一位，其中大部分作品也的确给人带来了耳目一新的感觉。但是，从中国文化立场出发，笔者还愿意对“再设计”进行这样一个补充，即“再设计”的出发点一定是基于功能的需要在形式上作出的调整与变更，而不可能是故意相反。

三、“周虽旧邦，其命维新”

《大学》曾专门引用了一些古老的文献来阐释自己对“新”这个范畴的理解：“汤之盘铭曰：‘苟日新，日日新，又日新。’《康诰》曰：‘作新民。’《诗》云：‘周虽旧邦，其命维新。’”[①]孔子本人对文化的传承与赓续也有一种历史感：“子畏于匡。曰：‘文王既没，文不在兹乎？天之将丧斯文也，后死者不得与于斯文也。天之未丧斯文也，匡人其如予何！’”（9.5）但从根本上，应该说孔子形成这种历史感是基于这样的一种信念：“子在川上曰：‘逝者如斯夫！不舍昼夜。’”（9.17）按照李泽厚的说法，“这

① 《大学》第四十二。转引自〔清〕阮元校刻：《十三经注疏（清嘉庆刊本）》，中华书局，2009年，第3632页。以下所引《大学》皆出自此本，不另行出注。

大概是全书中最重要一句哲学话语”[①]。

即便不接受进化论的历史观，也必须承认世界是在运动和变化之中的，虽然有的东西可以从古至今一直保持其魅力，但这也已经

① 李泽厚：《论语今读》，安徽文艺出版社，1998年，第226页。

图 2-7　汉　武氏祠石刻　石阙　山东嘉祥武氏祠藏

是在新的时期所获得的新的阐释。人类必须一刻也不停息地进行适应于时代的生存与创造。孔子表明自己的志向“吾从周”的原因，正是因为周总结了夏商两代的礼乐制度并有所创造（“周监于二代”）。周代的魅力不在保守，乃在革新，这就是所谓“周虽旧邦，其命维新”。传统的中断在孔子看来是不能得到“天”的允许的，因而他并没有像今天的文化保守主义者那般忧虑。

从孔子的论述中也推不出“以复古为革新”这样的结论。这个论调基本上是趋向于保守的，尽管可以从很多方面作理论上的论证，但无论如何，简单的“复古”也无法与真正的创造相提并论。因而，盲目地倡导“复古也是一种革新”容易扼杀创造力的发展。需要看到，文学艺术史上所谓的“以复古为革新”，比如韩柳之倡导“古文运动”、米芾之号其室曰“宝晋斋”，都仅仅是事情的一面，并且往往有对佛学泛滥的反叛或是显示个人晋字收藏之丰富等外部意图，必须看到韩、柳、米诸人在“深入传统”之后的“自成风格”这一面。

就设计而言，如果是出于创意的需要，在作品中运用一些古代的图案、形象从现代立场出发加以变动，作为一种再创作的手法当然无可厚非。可是如果只是出于形式上的需要套用它们而看不出创意点和真正的设计意识，那么充其量只能算是一种装饰行为。如艺术家徐冰所创作的“天书”，仅仅是将古代的文字形象平面化地加以拷贝，总让人觉得缺少一些思维层面的设计意识。他后期的作品“新英文书法”就稍好些，缺点是创意点还不够独特，很多人都有可能想得到。

设计师与一般的收藏、鉴赏爱好者不同，但这并不妨碍设计师对古代器物感兴趣。据说香港设计师靳埭强每次到北京，必到潘家

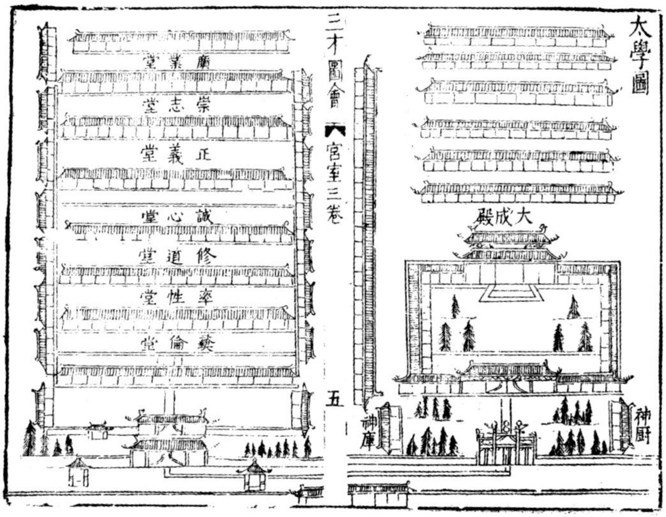

图 2-8 太学图 取自《三才图会》

园的旧货市场挑选这一类收藏品，然后将其形象运用于海报创作。我们有必要深入研究古代器物在艺术上的造型特点及其在功能上的合理性，这是毫无疑问的。但创造者不能仅仅停留于此或者深入传统而跳不出来。需要看到，这些优秀的传统也是前人的创造，而不是从一具有“中华民族”这个概念时便天然形成的。设计师之注意、研究古代器物，应该与学术界“保护、抢救文化遗产”的初衷有很大不同。

21 世纪初，坊间开始流行“怀旧风”，诸如 20 世纪前期的老广告、老封面一再引起著者和读者的兴趣，但设计师关注老广告、老封面不能仅仅把这些现成的形象“拿来”就用，而至少应该从这样两个角度对其进行创造性的发展。其一是分析研究其在形式上的造型规律与美感，将这样永恒的标准运用于现代形式的创造；

其二则不妨将其储备为个人日后创作的一种资源，在合适的时候可以根据这些既为大众所熟悉又具有一定历史感的老形象进行某些挪用式的“创意”。至于设计师是否应该参与收藏和保护“非物质文化遗产”，应该说这是一个个人选择的问题，自然也就不在我们讨论范围之内了。

第三节　从设计社会学的视角看

孔子的言论在黑格尔看来只是一些零碎的伦理信条，并且黑格尔断定中国思想在先秦时期并没有达到哲学思辨的高度。客观地说，从西方的“哲学”定义来看，这话还是反映出一些实际情况的。但儒家思想中的这种“入世”精神，对中国人的生活实践造成深远的影响。与此相联系，孔子对艺术设计创作的影响，不应仅仅是操作

图 2-9　中山大学康乐园内的进士坊

方面的直接指导，更在于对作为一个社会中的人的中国艺术家、设计家气质方面的涵养与塑造。诚然，封建伦理道德、制度规范等无疑随着时代的变换对今天的人来说已经失去其活力，但是讨论儒家思想对设计的影响，应该把视野扩展到从社会学的视角观照艺术和设计的社会价值上。倘若抛除这些具体的论述，我们还是能够看出孔子一以贯之的精神，对此稍加提炼，便能够获得审视现代设计的重要视角。

本节论述这样三个问题：其一，正名。从孔子的思想精神出发，看待今天设计这门学科的“名”与“实”这个值得分辨的问题。其二，大学之道。从传统思想中获得有关教育的人文功用的内容，讨论建立中国设计教育学的可能性和立足点。其三，关于美育的话题。笔者并不是要像蔡元培那样“以美育代宗教”，但希望借此提出以往不受重视的设计师在与公众的互动关系中还必须秉有的审美教育和现代性启蒙的双重职责。①

① 参见祝帅：《科学设计创新观的起点》，《美术观察》，2006年第10期。

一、正名

孔子对“正名”的问题非常重视。在他的学生子路问他治理国家第一要紧的事时，他的回答正是这个“正名”：

> 子路曰：“卫君待子而为政，子将奚先？”子曰：“必也正名乎！”子路曰：“有是哉？子之迂也！奚其正？”子曰：“野哉，由也！君子于其所不知，盖阙如也。名不正，则言不顺；言不顺，则事不成；事不成，则礼乐不兴；礼乐不兴，则刑罚

不中；刑罚不中，则民无所措手足。故君子名之必可言也，言之必可行也。君子于其言，无所苟而已矣！”（13.3）

这个“正名”，说得“形而下”一些，也就是“君君，臣臣，父父，子子”（12.11）。对这几个字，哲学家李泽厚解释说：“以前常被用来维护传统伦常。今日意义则在其抽象性，即强调社会群体必须有结构秩序。”[②]这个评价大致不错，但还可以把“正名”进一步推广到“社会群体”之外的各个环节。比如，作为一门学科，“正名”的问题来得同样紧迫。

② 李泽厚：《论语今读》，安徽文艺出版社，1998年，第288页。

今天，与专业圈之外的人打交道，如果只是说“设计”，乃至“艺术设计”（前者一般作为后者的通俗简称），在目前中国的实际情况来看，会令绝大多数的人曲解其意义。作为美术和艺术界的人理解“设计”，天然是平面设计、室内设计、服装设计这些职业。但是在国家的学科目录里面，“设计学”可以授予艺术学、工学学位。也就是说，在只说“设计”而不加解释的前提下，人们很容易把我们所说的（艺术）设计理解为工业设计、工程设计、软件设计等毫不相关的学科。“设计”这个词的含义，在现实生活中的确过于宽泛。可怕的是，设计界内部的人士对此竟然缺乏一种应有的忧虑，并且对工科设计学对艺术设计所形成的一种话语霸权察而不觉。

在理论研究界，设计研究也面临着一种“漫无边际”的局面。国内的设计理论研究者，往往都是古今中外、人文社科无所不通的“专家”。但联想到当今学科分类越来越细、很多专业需要“板凳要坐十年冷”才有机会发表一篇文章的局面，这种文理兼收的“设计学”的学术定位究竟能给人哪些独特的方法和基本的学术训练其实是很值得怀疑的。

可以说，无论就其在公众间的通晓程度还是在学术和教育界中的地位而言，“设计”的现状都与我们对它的想象相去甚远。此时，我们所需要的正是通过学术研究和外部环境的积极建设，在学术界、教育界乃至整个社会大众中间为“设计”正名，让学术界了解和接

图 2-10　北魏　张猛龙碑　石碑　山东曲阜孔庙藏

受“设计”，让大众理解“设计”为生活带来的重大作用。这实在是设计研究和教育取得根本上的进步进而影响整个社会的必要途径。当然，孔子并没有给出如何实现“正名”的具体技术手段，这里不打算详述——那需要很多人的共同努力和连续建设，但在国家高等设计教育中普及一种责任感、一种使命感，应该说是一项起步的工作，这就是接下来要谈的“大学之道”。

二、大学之道

2003 年，北京大学制定的“人事改革方案（征求意见稿）”在国内教育界乃至一般思想文化界引起了强烈的反响，表明了中国高等教育市场化和“创办世界一流大学”的决心。此后，久居香港的中国学者甘阳在借鉴美国教育制度推行“华人大学理念”“通识教育核心课程”这一点上也是不遗余力。2014 年，北京大学在此番大讨论的十年后终于正式启动人事改革方案，其核心是引进了和北美高校接轨的长聘教职（Tenure）制度。

笔者注意到在这些关于大学教育的思想争论中，涌现出了大量的关于大学改革的著作和文章，而其中相当一部分是用“大学之道”这四个字作为标题。“大学之道”四个字见于儒家的另外一部经典《大学》。《大学》本是《礼记》的一部分，后来人们一般把《大学》的作者断定为曾子，与同属于《礼记》的《中庸》以及《论语》《孟子》两部子书合称为“四书”。但由于《大学》包含中国古代士大夫阶层读书修身的“三纲领”和“八条目”，所以一般被认为在“四书”中有提纲挈领的意义，也被很多学者建议作为读“四书”入手

图 2-11 唐 阎立本（传） 步辇图（局部） 绢本 故宫博物院藏

的一本书。《大学》开宗明义，开篇就提出了所谓的“大学之道”：“大学之道在明明德，在亲民，在止于至善。”

（一）“明明德”——设计的人文精神

从人文精神方面来看，古代的教育和启蒙思想在今天仍有其永恒的价值。《大学》中所谓“明明德”，也就是说教育的一个功能，就是把人们内心中的“明德”给“照亮”起来。这种明德，笔者把它理解为一种人文精神。

“人文精神”是一种人文学科特有的精神。人文学科与社会学科都是社会发展所需要的。在我们这个时代，人们似乎更多地偏重于社会学科，而更应该注意到的一个事实是，作为高等艺术教育的重要学科、授予文学学位的“艺术设计”，其自身人文学科的特点、课程设置和研究方法同样不容忽视。

笔者当然承认设计具有一些社会学科的属性，甚至可以说它是一门交叉学科，并且应该大力鼓励设计社会学的建设。社会学科中市场营销、消费心理学、传播学这些学科的成果，尤其是重视定量、统计的科学的社会调研方法，目前中国设计教育不是吸收得太多了，而是远远不够。鉴于“广告学”和“设计学”这两门学科有如此多重合，倘若双方的研究力量联手，一定能够共同推进许多理论的建设，从而避免许多研究资源和学术信息的浪费。[①]当然，这并不是要求两个学科最终完全合并成为一个学科，它们各自的属性还是应

① 祝帅：《广告学与设计学：走向新的整合》，《装饰》，2020年第7期。

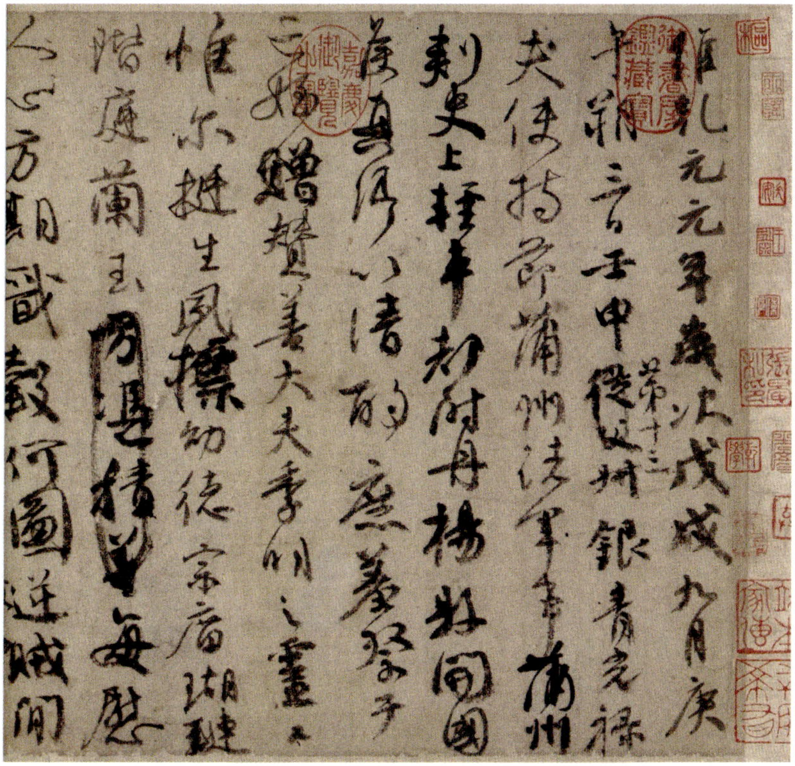

图 2-12　唐　颜真卿　祭侄文稿（局部）　纸本　台北故宫博物院藏

该得到强化的。

高等设计教育是我们国家高等艺术教育的重要组成部分，其根本目的在于普及美育使整个社会形成良好的审美氛围，陶冶人们的情操。但现状是，很多考生是因为考不上“纯艺术”（绘画、雕塑）院系才改学设计的，学院里“纯艺术”专业的学生一毕业不经过任何专业学习也能很好地从事“设计”工作。应该说，这些都不是正常的现象。因此，加强高等设计专业的人文基础教育，增设人文学科方面的课程，注意培养设计专业学生的知识结构和美学品位，适当弱化职业技术培训乃至“经验传授”的色彩，及时将此前受市场影响而形成的高等设计教育的“职业定位”调整为“学术定位”，是未来高等设计专业健康发展和学科建设的必经之路。与此相联系，应该适当缩小高等设计教育研究生的招生规模，而社会上所需要的大量职业设计师则应该由技术教育加以培养（比如目前国家推行的艺术硕士 MFA 制度）。这样才能符合设计艺术学之高等教育与研究的学术职任。

（二）“亲民”或“新民”——审美教育与现代性启蒙

这里的“亲民”，按照朱熹《大学章句》所引程颐语，当作“新民”。古代“亲”与“新”两个字字形相近，可以断定的是肯定有一个本子是抄写失误，但是究竟哪一个才是本字，至今已经很难断定了。按照朱熹的读解，无疑程子的解释是正确的，因为他把这句话当作大学的“经”，而后文的“传”中恰好有一段解释和“新民”的说法相印证。有意思的是，这两种解释在文意中都能行得通，我们也不排斥其中任何一种解释，来看看各种中国传统的思路对现代设计教育有可能造成的多方面的影响。这也正是经典内部含有的一种解释的张力。本书不打算带领大家从事朴学式的考据，而是把着眼点放在思想的精义上。

无论用“亲民”还是“新民”来描述设计，似乎都是恰当的。设计与人类的衣、食、住、行、用等日常密切相连，我们几乎每天都在打交道的传媒、广告、手机等也几乎难以避开设计师的工作。在广义（设计教育界的通行理解）上，服装、建筑、产品等都需要“设计”，而这些东西在我们的生活中绝不是“可有可无”的。从这个意义上说，“设计”几乎是我们国家所有的文科类高等教育学科中最“亲民”的一门。设计要从一种“专家之学”转而深入其母体——大众，在与大众的接受同步的同时保持一定的“超越性引领”，让全社会理解、参与到“设计”中来，切实提高我们国家的设计水平，

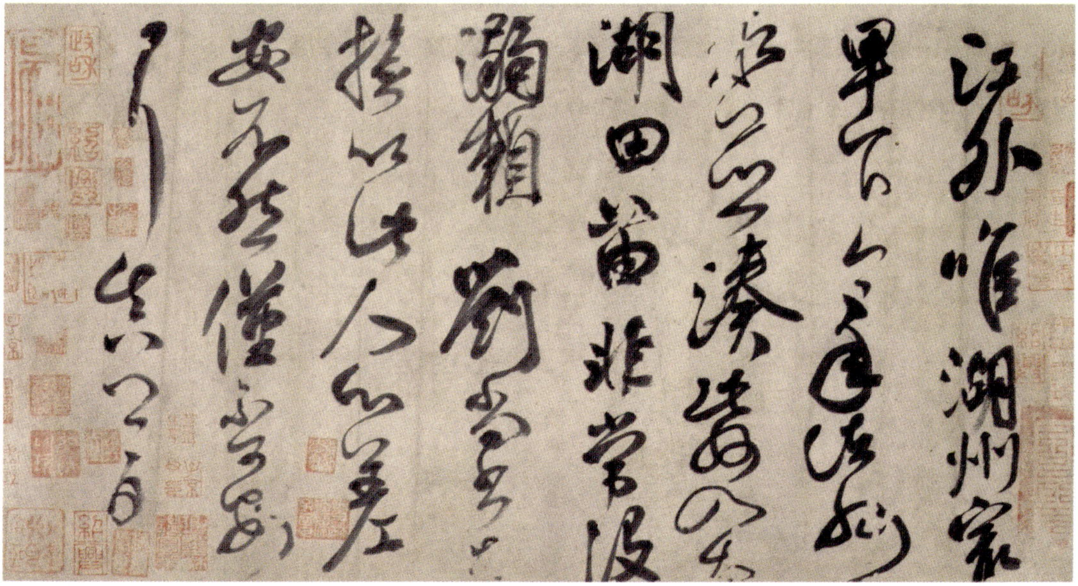

图 2-13　唐　颜真卿（传）　湖州帖　纸本　纵 27.6 厘米　横 50.2 厘米　故宫博物院藏

并发挥设计在塑造公众审美品位方面得天独厚的重要作用。如此重视和普及审美教育，也是儒家的《论语》《礼记·乐记》等典籍中所反映出的一个重要的思想。

而“新民”，即梁启超所设想的“新一国之民”，则无疑具有了更多现代的色彩。还是无须纠缠于文献本身，设计在“新民”方面的独特优势也是不言而喻的。设计师无疑应该走在社会公众的前面。也正是在这一点上，可以看出设计学理论和经典的广告学理论（广告只能“迎合”消费者的趣味，而不带有任何的超前性）是有很大区别的。这种“走在公众前面”不仅仅是在审美上作出的引导，还应该强调“设计”所具有的社会科学的色彩。设计不是纯艺术，也不能一味地只强调其人文学科的色彩，还必须看到其随着时代而发展的一面：很多历史研究者把一个时期的设计当作那个时代的社会史料，写出很好的历史社会学著作。比如，20 世纪上半叶的“老广告”就带有鲜明的时代色彩，可以作为社会文化史料。今天，在我们充分重视设计的人文内涵之后，也应该把设计作为传播文明和社会启蒙思想的一大利器。在社会科学的层面承认“现代性”的客观存在，呼唤中国的设计产业和经营管理尽快“与国际接轨”，这是一个必须经历的阶段。

（三）止于至善

“善”与“美”是儒家用来衡量艺术的两个并重的标准。《论语》记载：“子谓《韶》：‘尽美矣，又尽善也。’谓《武》：‘尽美矣，未尽善也。’”（3.25）我们可以推测，孔夫子之闻《韶》而“三月不知肉味”，显然并不是仅仅为《韶》乐的旋律所吸引。这一点与“为艺术而艺术”的纯形式派有很大的不同。考虑到设计的社会学特点，儒家“尽善尽美”的艺术标准无疑是很有现实意义的。

“至善”已经被普遍接受为伦理学的术语，[①]因此“止于至善”可以在设计伦理方面给设计工作者以多方面的启发。我们很难界定“伦理学”究竟属于严格的人文学科还是社会学科。这是因为，一方面，伦理学思想在学术界一般是被当作哲学来研究的，而后者无疑是人文学科的典型代表，但另一方面，具体的伦理观念又的确是随着社会的发展而变化的，前面说过《论语》中的很多器物等级对应的封建伦理规范，在今天不但没有坚持的必要，反而是应当弃绝的糟粕。中国传统文化积极与消极俱有，精华与糟粕并存，这是一个不容置疑的事实。我们在设计伦理学中所吸收的，不应该是具体的伦理信条，而是这些伦理观念的哲学和人文色彩。

① 参见〔美〕弗兰克·梯利：《伦理学导论》第九章，何意（何怀宏）译，广西师范大学出版社，2002年。

图 2-14　五代南唐　周文矩　重屏会棋图卷　绢本　纵 40.2 厘米　横 70.5 厘米　故宫博物院藏

是否“八佾”舞于廷，在今天无关紧要，但社会秩序的保持总是应该的，只不过具体的规范应该发生改变。对“经典”，我们也需要作出此种提炼。至少在设计行为中，保持诚信、良心、道德、乐观等伦理学的标准，以造福人类为最终追求，在“人机和谐”的基础上进而达到“人际和谐”，是传统文化对今天的设计师所提出的一项最基本的要求。[①]

① 参见吕品田：《必要的张力》，重庆大学出版社，2007年。

从汉代“独尊儒术”开始，儒家逐渐从一种有活力的思想蜕化成精英阶层的“专家之学”，但儒家也可说一直是中国文化中最独特、影响也最为深远的思想派别。宋儒对儒家文献，特别是《论语》极为推崇。程颐说：“颐自十七八读《论语》，当时已晓文意。读之愈久，但觉意味深长。”他还这样批评对《论语》的经典地位缺乏重视的人：“读《论语》，有读了全然无事者；有读了后，其中得一两句喜者；有读了后，知好之者；有读了后，直有不知手之舞之足之蹈之者。”“读《论语》，未读时是此等人，读了后又只是此等人，便是不曾读。”（转引自朱熹《四书集注·论语序说》）直到今天，学术界内外的人士对儒家的功过是非、“内圣”是否可以开出“外王”，甚至今天社会中是否还有必要坚持儒家的一些主张和仪式争论不休。

或许从表面形式来看，与中国艺术的关联更加紧密的是道家而非儒家思想。儒家所关心的仁爱、礼乐、人性、王道这些议题，的确不似道家的有无虚实那样可以直接用来谈论艺术。就连楚狂接舆用来“笑孔丘”的那首“凤歌”，在《庄子》中的诗体显然也比《论语》中的表达更多了一层艺术的韵味。但毕竟经过两千年的磨洗，儒家的一些观点（比如“中庸”“过犹不及”）已经深深地影响到了中国人的思维和价值判断层面。李泽厚说的“中国以‘礼’为教的特征，和以儒家学说为代表的传统文明，已浸透到一般现实生活和习惯风俗中，形成了超具体时代、社会的‘文化心理结构’了”[2]，当非虚谈。

② 李泽厚：《中国现代思想史论》，东方出版社，2003年，第319页。

图 2-15　北宋　赵佶　芙蓉锦鸡图轴　绢本　纵 81.5 厘米　横 53.6 厘米
故宫博物院藏

今天很多设计师对儒家的原典可能已经非常陌生了，至于它对中国设计究竟有可能产生哪些影响，目前的描述也还很肤浅。比如，大多设计师只是看到了“文质彬彬”这样常识性的内容，或是礼制等级对器物使用阶层的束缚，这虽然是必要的，但还远远没有阐发

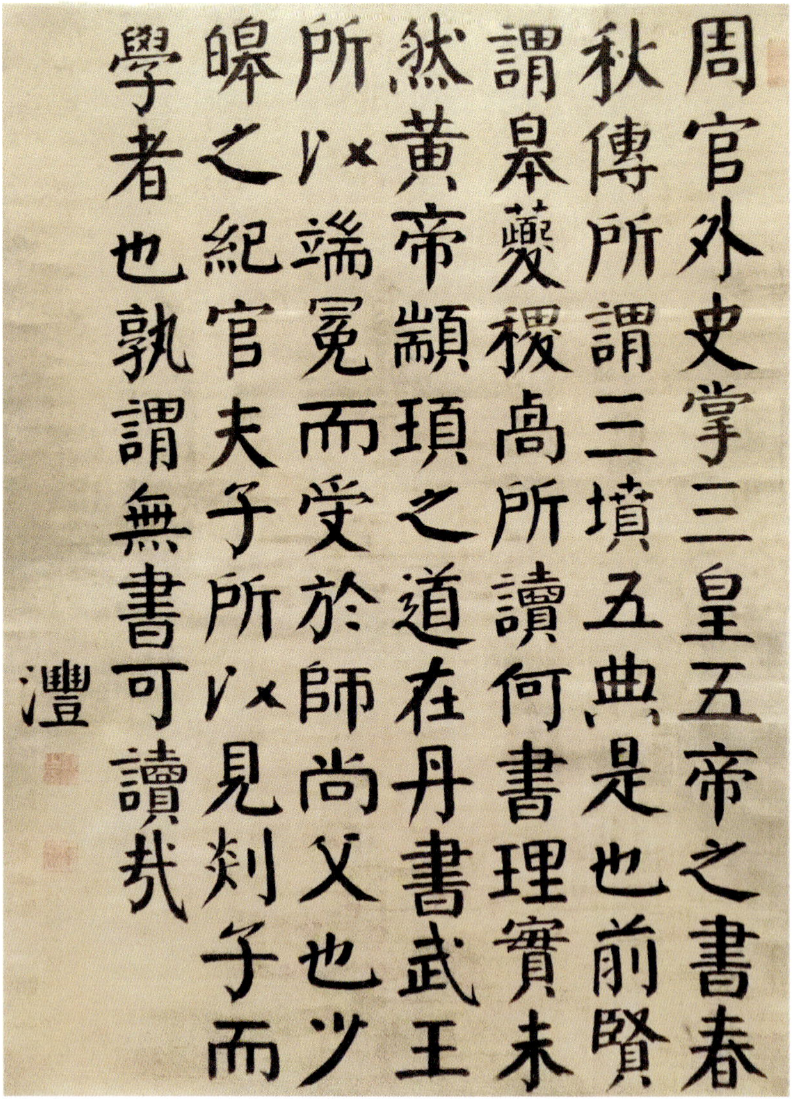

图 2-16 清 钱沣 节录《困学纪闻》楷书轴 纸本 纵 101.6 厘米 横 72.9 厘米
上海博物馆藏

出儒家子学乃至经学原典中的“微言大义”，甚至一直没有能够开出“设计社会学”这一儒家可能对社会产生影响的外部视角。在设计学研究与实践中，儒家的思想自有其积极、建设的一面，能在宏观的层面上提供很多人文支持、人文设计与人文论证。

第三章

反者道之动
——道与中国思维方式

“道”在中国思想范畴中是一个带有某些普遍性的范畴。先秦的很多思想家都不可避免地谈到了“道”，但同时“道”在不同的思想家那里具有不同的意义，可谓“各道其道”。本章所讨论的，乃是道家之“道”对于艺术和设计的启示。即便在道家内部，“道”字也很难有确定的意义，因而本章把取材的范围设定为以老子和庄子为中心，联系到此后受他们二人影响较大的玄学和艺术理论以及与道教有关的某些形象的因素，试图从前人身上找到一些能够借以

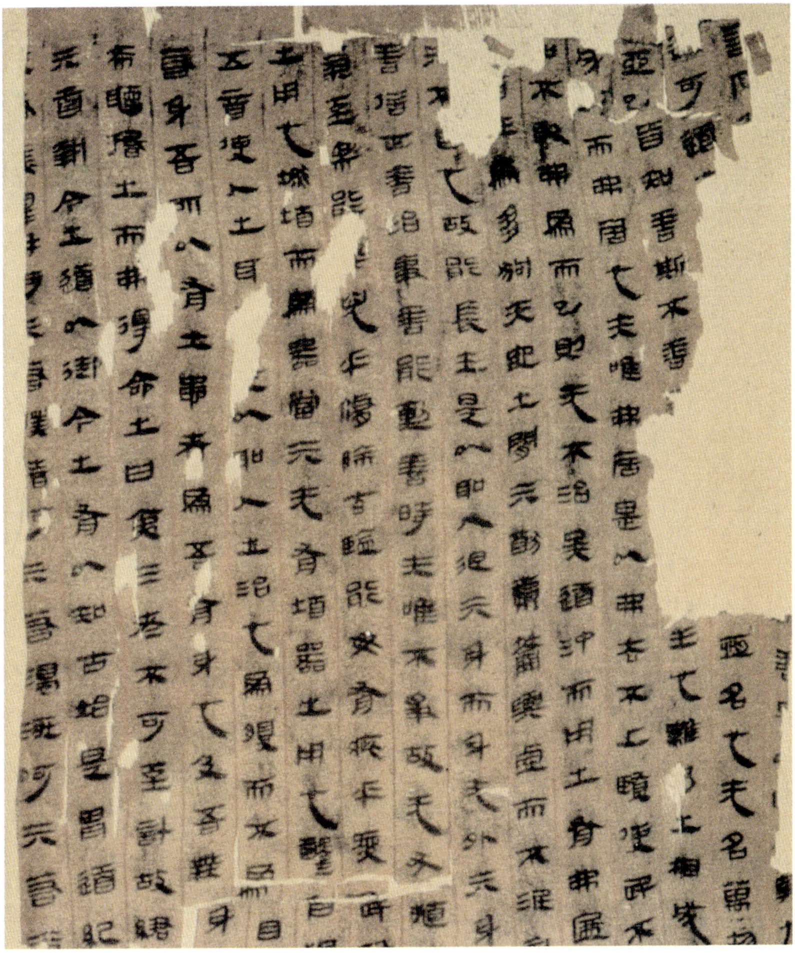

3-1 西汉 马王堆《老子》帛书 丝帛 湖南博物院藏

解决今天设计创作问题的智慧。

道家往往被认为是在先秦诸子百家中最具有美学色彩的一派，因而历代的艺术学者都有大量的文字探讨道家的艺术精神。与人伦色彩浓郁的儒家相比，道家的思维方式的确也与艺术的研究有些接近，因而一般的中国美学论著中往往都给予道家举足轻重的位置，当代学者也很容易把中国艺术和道家的精神自然地联系到一起。但（用庄子自己的话说）“吊诡”的是，按照老庄的思想逻辑，似乎是反对“艺术”这种东西的，对于“设计”这样人为的工作更应该是由衷地厌恶。道家的相对主义如果运用在艺术标准上，很可能得出“审美无争辩”一类的哲学上能够成立但不符合艺术自身特性的结论来。与此同时，庄子的那个“无何有之乡”与英国的现代设计思想的先驱威廉·莫里斯的“乌有乡”，无论从名称上还是精神实质上似乎都有不少相通之处。因而，正如外国现代设计史不可避免地要从一位反对工业的人讲起一样，我们也不得不正视反对艺术和设计的道家无意之中对于中国艺术和设计的重大影响。

由于道家气质与艺术美学精神的相似性与可比性，使得前人对于道家与中国艺术精神颇多高论。本章不可避免地也要重复前人的某些结论，但还是希望从这样两个方面使自己的论述同这些众所周知的结论有所区别：基于设计的特点，本章的阐释不可能仅仅局限于一般的艺术美学方面，这是“设计”较之艺术的进一步的复杂性所决定的；同时，也会立足于当下，对老庄思想局限于当时时代背景的技术虚无主义的倾向保持某种警惕。作为当代设计师和设计研究者，对于学术界一些人过分地把老庄理想封闭化，进而用来抵触工业技术的思想，以及用老庄的名义倡导“审美多元化”进而反对艺术形式的客观标准、反对高等艺术教育和专业审美训练的做法，恐怕都是不应该接受的。

第一节　天人相分
——道家思维方式中的一种“前理解”

人们往往喜欢用几个字对所谓的“中国传统”作出某种总结，比如“乐感文化”“集体主义”“内在超越”等，并与“西方”形

图 3-2　南朝梁（传）　《瘗鹤铭》残石　摩崖石刻　江苏镇江焦山碑林藏

成某种对立。但事实上这种概括是很容易找到反例的，这种建立在概括基础之上的二元对立也往往只是某些文化本位主义者为了赋予“中国文化”以更多合法性的美好想象。对于这种急切的认同心理当然应该抱以同情，但在学术研究中也许需要超越概念从而“面对事实本身”。以上种种对于“中国文化”的概括中，大概最著名也得到最多响应的就是“天人合一”（以此来对应于西方的“主客二分”）了。很多当代学者用所谓“天人合一”，试图解决法兰克福学派以来提出的当代工业社会中人类“异化”的问题，把中国思想当作对当代世界的“救世良方”。不能否认，中国古代有重视体验的传统，这与西方的思辨哲学认识论是有很大区别的，中国艺术在取向和标准等方面也与西方艺术有很大的不同。但这种不同本身并没有“褒”“贬”之意，只能说“各有千秋”，故此把这种倾向“推而广之”作为中国文化的一般特征甚至优越性就有些不妥了。

“天人合一”恰恰是一个“被发明的传统”（霍布斯鲍姆语）。在早期文献《国语·楚语》中，就有关于“绝地天通”的记载，而“绝地天通”恰恰是人类思想产生的基础，对于道家亦应作如是观。老子、庄子的很多思想，恰恰是建立在“天—人”二分的基础上的。尤其是在《庄子》的内七篇中，几乎无处不充满着“天”和“人”之间紧张的对立与张力，并且赋予了“自然”即“天”以至高无上的地位，“生命”即“人”只有顺应天才能得以保全。这一点也许在海外的汉学家的眼中看得更为清楚，已故西方著名汉学家葛瑞汉在他的《论道者》一书中，正是把庄子和老子分别放在“天人相分”和“天人分途”两个标题之下加以讨论的。[①]

诚然，“天”是中国思想史上一个复杂的范畴，冯友兰曾经在

① 参见〔英〕葛瑞汉：《论道者——中国古代哲学论辩》，张海晏译，中国社会科学出版社，2003年。

《中国哲学史》中指出在中国古典文献中“天有五义”：“物质之天”“主宰之天”“运命之天”“自然之天”“义理之天”。[②]暂且不说这种受到西方哲学影响的划分方式在逻辑上是否遵循了统一的标准，既然古典文献中对于这几层含义都用同一个范畴来概括，就至少说明它们具有某种统一性。而中国古代诸子百家中，把“天”和“人”最为尖锐地对立起来谈论的显然是道家（尤其是庄子）。以下所讨论的几对重要范畴，也正是以承认天人之间的区别和对立为理论前提的。

② 冯友兰：《中国哲学史》上册，《三松堂全集》第二卷，河南人民出版社，1988年。

一、技与道

《庄子》的内七篇是充满寓言的（《庄子·寓言》中对于内七篇有“寓言十九”的概括），我们的论述也将从一个著名的寓言开始，这就是记载在《养生主》一篇中的“庖丁解牛”。在《庄子》的外、杂篇中，还有很多关于于艺人、工匠所达到的近乎“道”的技

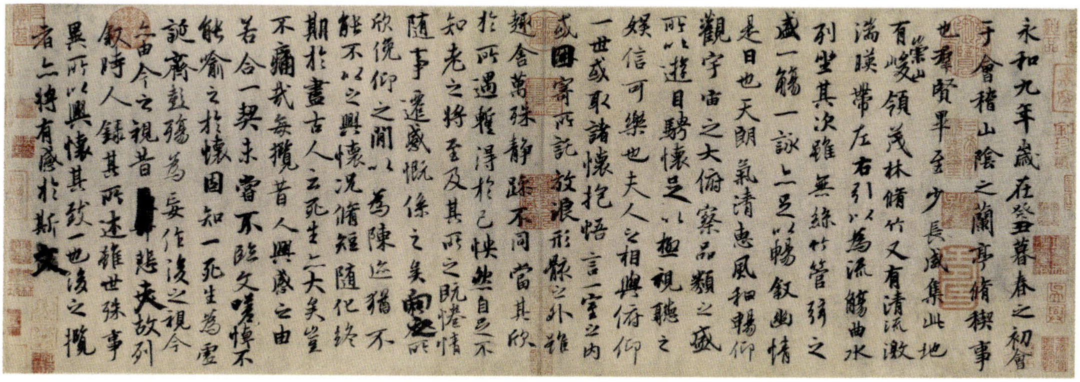

图 3–3　东晋　王羲之　兰亭序　唐冯承素摹　纸本　纵 60 厘米　横 184 厘米　故宫博物院藏

术境界，与“庖丁解牛”所记载的思想是大同小异的。这个故事本身想必读者都很熟悉，这里略去不谈。在这则故事中，“技”和“道”的区分，正是人与天对立的一种表现。而庖丁所能够达到的养生境界，正是他“依乎天理”的结果。从这个意义上说，庖丁大概是已经接近于庄子所说的“真人”的境界了，但显然大部分人还是无法达到的。如果没有庖丁早年的“所见无非全牛者”，单单凭着对“未尝见全牛”的简单效仿，大概是无法达到所谓“道”的；与此同时，如果没有在技术训练的同时伴随着对思想性的追求，那么庖丁大概也无法成为庄子所歌颂的一个对象。

从“庖丁解牛”中，我们更多地看到了单纯囿于技巧的局限性；不过，技术也并不是在任何时候都一味被否定。在笔者的理想中高等设计院校的本科毕业生也并不能只具有研究的能力，他们同样也应该具备成为设计艺术家（区别于职业设计师）的基本素质。笔者也并不赞成像北京大学中文系那样，在学生一入校时便首先告知“中文系不培养作家”——至少相对于现在的设计专业招生规模那也是不现实的。因此这里不妨也“未雨绸缪”地警惕另外一种极端：把学生彻底培养成学者，或者眼高手低的纯粹的思想家。既然作为艺术家，那么对于技术的训练自然也是必不可少的一个阶段。作为实践者，我们看到庖丁此前的大量的积累和训练，以及他在“游刃有余”的同时的那种谨慎和小心。“虽然，每至于族，吾见其难为，怵然为戒，视为止，行为迟，动刀甚微……”（《庄子·养生主》[①]）这大概就是人之为人的那种局限吧，即便是庖丁这样庄子眼中的“真人”也不例外。因此，强调思想性、研究性的学习，并不是以完全取消技术训练为代价的。而《庄子·天地》中记载的将为圃畦的丈

① 〔战国〕庄周撰，〔晋〕郭象注：《庄子》，1919年上海商务印书馆《四部丛刊》影印明世德堂刻本。以下引《庄子》文皆同出处。

人与假借子贡的对话，对远离手工的所谓“机事”作了更加严厉的批评：

> 有机械者必有机事，有机事者必有机心。机心存于胸中则纯白不备。纯白不备则神生不定，神生不定者，道之所不载也。

我们当然不像这位丈人一样如此地反对技术文明。对于一个现代人来说，在这一点上走入极端的保守恋旧总是不明智的。丈人的话终究值得警惕：我们注意到20世纪初的中国书籍设计师，往往不但有自觉的设计思想，在造型能力、手绘表现乃至书法等方面也并不缺乏基本的素质；相反，当代很多设计师过多地依赖于电脑作为创作手段，缺乏必要的手工训练，甚至已经不具备严谨地将思想转化为形象的表现基本功，这实在不是设计行业发展中的正常状态。完善的高等设计教育所培养出来的本科毕业生，应该是在技能与思想两个方面都很完备的人才，在日后的工作和研究中厚积而薄发。当然，技术手段的训练方式也是应该有所更新的，以便有针对性地解决当代设计教育中所面临的具体问题。

从表面上看，“大巧若拙”和《庄子》的“技进乎道”的进路是存在矛盾的，但从艺术创作的角度来审视，“拙”与“游刃有余”的境界就不构成矛盾了：只有经过了庖丁那样长期的训练，在对于各种造型手段掌握运用娴熟的前提下，才能为艺术家自由地发挥和体现“道”的境界打下基础。也就是说，“游刃有余”是“拙”的一个基本前提。所谓“工欲善其事，必先利其器”，这里的“器”就是基本的技术保证。“大巧若拙”与“大象无形”的含义也是不同的：后者取消了“象”的存在，而前者并没有否定“巧”，只是对“巧”的存在状态作了某些规定。“大象无形”需要我们从精神实质上去把握其对设计和艺术的要求，“大巧若拙”在艺术和设计中则具有更加直接的建构意义。艺术家和设计师不同于庖丁：技术性工作中的技巧当然是以“熟”为目的，但技巧本身只是一种保证，作为艺术家，还有在此基础上的更高的要求。中国艺术恰恰是反对技巧上一味“甜熟”。以书法为例，《曹全碑》在这一点上就不如《礼器碑》，而《灵飞经》则不如一些敦煌无名氏的写经。从技术上说这些碑帖都是书法中的上品，但前者缺少后者的稚拙之气。

记得读中学时，笔者在语文课上学过一篇说明文：叶圣陶的《景泰蓝的制作》。作者写这篇文章，旨在表彰中国工艺美术高超复杂的制作工序。直到今天，仍然有很多人把瓷器等看作中国文化艺术的一座高峰。然而，每当笔者徜徉博物馆，看到中国先秦时期朴实而大气的彩陶、青铜器在后世逐渐退化为精工雕琢的云锦、唐三彩、鼻烟壶的时候，的确不能不心生“工巧有加，艺术凋敝”的感叹，至今也养成了逛博物馆时“工艺美术”部分“秦汉之后不足观”的偏见，但这的确是笔者对于中国文化艺术精神的一种特殊体认。庖丁的工作当然不会涉及“品位”和“格调”这种艺术上的要求，庖丁尽管的确可谓“生活艺术化”，却不是一位能为后人留下审美形式作品的真正的艺术家。艺术家除了要达到“道”以外，还需要不断地创造出新的审美意象，“拙”所蕴含的深刻的美感正是对艺术形式的一种特殊规定。如果一味地强调哲学式的“艺术化生活”，那么是对艺术创造工程难度的忽视，更是对专业艺术训练和审美教育之必要性的否定。

二、物与天

与“庖丁解牛”的故事有些类似，在《庄子·达生》中，还有一个“梓庆削木为鐻”的典故。“鐻”的本义是中国古代的一种乐器，这里应该解释为悬挂乐器的木架。读过《周礼·考工记》的读者应该对这种器物并不陌生。或许这让我们感到更亲切一些，梓庆的工作和今天的设计师有些类似，都是在和“产品”即“器”打交道。

> 梓庆削木为鐻，鐻成，见者惊犹鬼神。鲁侯见而问焉，曰：“子何术以为焉？”对曰：“臣工人，何术之有！虽然，有一焉：臣将为鐻，未尝敢以耗气也，必齐以静心。齐三日，而不敢怀庆赏爵禄；齐五日，不敢怀非誉巧拙；齐七日，辄然忘吾

图 3-4　西周　虢季子白盘　青铜　中国国家博物馆藏

有四枝形体也。当是时也，无公朝，其巧专而外骨消；然后入山林，观天性；形躯至矣，然后成锯，然后加手焉，不然则已。则以天合天，器之所以疑神者，其是与！”

在这个寓言中，庄子学派首先否定了世俗功利的创作动机，紧接着通过“忘”否定了个人的形体。庄子在把天与人对立起来的同时，把“人”（“心”）与“物”也对立了起来。[①]“器”的成必须仰赖于“心”的虚，而“心虚”方能“观天性”“与天为徒”。若想获得一种接近于“道”的境界，看来还必须像梓庆那样忘掉自己的“四肢形体”，放下惠施那些局限于人类理性的知识和自负，只有这样“离形去知”，才能够达到与“道”沟通的境界，也就是获取“道”的奥义。

① 尽管庄子在《齐物论》《逍遥游》等篇中力图取消物与物、物与我之间的对立，甚至主张“物化”，但这些对立仍然是存在的。在《达生》篇中，庄子学派提出的“物物而不物与物”，也是对“物化”的一种否定。

德国学者雷德侯在研究中国制造工艺和艺术创作的时候看到：

人造的物品可用自然的造物加以衡量。在创造形体、利用原材料和建构形态体系方面，大自然具有不可思议的伟大力量。人类殚精竭虑尚难追摹造化之工，更遑论要超越自然。……始终如一，人类的创造力总是被描述在与自然造物——被奉为最高的范本——的关系之中。我们被告知，古圣先贤在凝视着玄鸟的足迹时发明出了文字。早期的论文描述书法的品格大都借用自然的意象……或说，评说一位艺术家捕捉生活现象就像大自然所为，是中国的批评家所能给予的最高赞誉。[②]

② 〔德〕雷德侯：《万物——中国艺术中的模件化和模件化生产》，张总等译，生活·读书·新知三联书店，2006年，第10—11页。

创造力的来源是天而不是人，因而需要“入山林”“观天性”，方有可能“以天合天”。在这里，心与天的分别是明显的，承认“天”“人”“物”的区分也是我们论述的前提。“物”的最终依据和标准不在人而在天，但是“物”又是可以受到人的设计和控制的。“物”的制作是否成功，就在于是否“合天”，即是否顺应了天道、顺应了自然大化。在造物者和“道”面前承认人类的渺小和有限性，放下各种知识和成见，以“虚心”体验到大化的至美和智慧。

庄子敏锐地发现了在这个世界上的万物都是在不断变化的，因而没有一样东西（“物”）可以充当人世间的终极法则。那么，有没有什么东西可以持守住一种永恒性呢？庄子的答案就是“天”，他有时也把它称为“造物者”，也就是老子所说的那个“独立而不改，周行而不殆”的“道”。在一切都随着时间流逝而变化的世界中，只有这样一个终极的“天”才是最值得效仿和尊崇的东西。与天相比，人与物都是渺小和微不足道的。如果说“人”还可以通过顺应“天”而得以全生的话，那么“天”的对立面正是那些不断变化的“物”，因此欲想“与天为徒”就又多了这样一条规定：“不与物迁”（《庄子·德充符》）。为了达到对于永恒的追求，必须首先放下来自“物”的种种成见、功利、易变的因素，用梓庆那样的静心潜入造化，观其天性。

张祥龙反对把道“独立为某种最高级的存在者的倾向”③，但在向“造物”感恩这一点上，庄子的确是具有一种宗教感的，这种精神与希伯来民族对于造物主的敬畏遥相呼应。“伟哉！夫造物者，将以予为此拘拘也。”（《庄子·大宗师》）史华兹说：“子舆身上属于天的那部分，使他能站在天的超脱立场来看待他的身体。看来，他能够参与到‘道’自身创造性的转化过程中，分享这个过程

③ 张祥龙：《海德格尔思想与中国天道——终极视域的开启与交融》，生活·读书·新知三联书店，1996年，第285页。

的欢快与喜悦。”[①]除了内在机动性的信仰，我们很难想象还有其他力量能够帮助子舆达到这种境界。只不过庄子虽然发现了存在着一位“造物者”，他却并没有也无法用人类有限的语言来描述或者把握它，只能够通过这位造物者所启示给人类的具体创作作品——“造化”来虚心地效仿它。这个造化就是我们所说的大自然，自然界中的一草一木都是造物者的杰作，从道家的论述中逻辑地推导出“自然全美”的命题是很有根据的。对自然界和未知世界保持一种虚心和敬畏——尽管中国古代始终没有形成一神论的宗教观念，但却始终保持了这种对于“皇天上帝”或曰自然界的敬畏之情。

自然界中的美是绝对的美，一切生命体都达到了近乎完美的境界——无论是形式还是功能，都无不符合美的法则和合目的性，是人类设计创造仿效的绝佳范例，人类不能刻意地违背自然规律去进行创造活动。但承认“天”的伟大并不一定意味着人类不可以在特定的范围内发挥创造力。人类虽然无法重新创造一个自然界，但却可以凭借自己的意志，开拓、创造一个艺术的“第二世界”。这有些类似于京剧或者传统相声艺术中的“二次创作”。很多经典作品的笑料或创意显然应该属于剧本的创作者，而不是表演者。但即便我们很熟悉《大保镖》的“包袱”乃至结局，可能我们还是更欣赏某位演员，比如马志明，甚至“百看不厌”，而对于《大保镖》剧本的原作者却几乎一无所知。此时我们欣赏的还是不同艺术家所演绎的不同舞台效果。

因此，设计工作者不但应该义不容辞地承担起管理和保护自然造化的义务，更确乎有充分的理由主动、自觉地向它学习，从对自然形态的深入研究和解析入手洞察并提取造化万物的构成规律，创

① 尽管庄子在《齐物论》《逍遥游》等篇中力图取消物与物、物与我之间的对立，甚至主张“物化”，但这些对立仍然是存在的。在《达生》篇中，庄子学派提出的“物物而不物与物”，也是对“物化”的一种否定。

造性地应用于现代设计。这种对于自然形态的深入研究，指的是对于自然造化、万物的本原状态作为永恒的艺术规律的研究和学习，以便从中体味造物者高明的设计意识。这并不仅仅局限于形式层面的“仿生设计”，像“长信宫灯”和我国20世纪80年代非常流行的熊猫或者狮子形象的“仿生”卫生箱，都还只是一种比较表面的

图3-5 西汉 长信宫灯 青铜 河北博物院藏

具象模拟。笔者并不否认具象艺术也可能达到的稚拙之形式美，但对于制器者来说，却还并不应该以满足于“演绎”为目的，而是需要深入到自然造物的机制、机理本身。如雷德侯所说：“与其制作貌似自然造物的作品，他们更想尝试依照自然法则进行创造。这些法则包括了大量有机体的不可思议之创造。变异、突变、变化，随时随处不断增加，终于形成全新的形态。”[①]并且这种对于自然的学习与研究在设计教育界已经基本达成共识：“对于自然的观察能力是任何设计师与艺术家都应当接受的教育。……研究自然是为了发现自然的本质要素，丰富视觉的创造力，增强解决问题的能力，突出的是源于自然的形态美与形式美的表达。”[②]从这个意义上说，《庄子》对于后世艺术创作精神上的启发，已经远远超出了《庄子》的文本范围。

① 〔德〕雷德侯：《万物——中国艺术中的模件化和模件化生产》，张总等译，生活·读书·新知三联书店，2006年，第11页。

② 周至禹：《形态与分析》，黑龙江美术出版社，2006年，第9—10页。

三、有与无

老子把“无”作为“不见其形”之“道”的一个别名。[③]但“无”并不是绝对的虚无，而是作为“道”在某种程度上体现出来的部分特征，因此道家对“无”的推崇相当具有哲学意味。老子把“无”当作化生宇宙万物的开端或生命：“天下万物生于有，有生于无。”（《老子·四十章》）庄子则对“无”这个范畴作为终极的规定性仍然感到不满：“有始也者，有未始有始也者，有未始有夫未始有始也者；有有也者，有无也者，有未始有无也者，有未始有夫未始有无也者。俄而有无矣，而未知有无之果孰有孰无也。”（《庄子·齐物论》）庄子的顾虑似乎可以随着近代哲学的发展而在某种程度上

③ 参见陈鼓应：《老子注译及评介》，中华书局，1984年，第6页。

得到解决：对于这种无限倒退的循环式追问，基本上是可以看作没有意义的，也不真正构成对于知识论的颠覆。“无”作为一种描述基本上是可以说出某些特征的，在这个意义上姑且强为之名，应该是一个不成问题的理论预设。不过，这里庄子对于终极的“未始有物者”的不可把握性的表述还是很清楚的。

到了王弼，“无”则更加明确地被推到“本体”的地位。在解释老子的过程中，王弼提出了魏晋玄学中的重要思想“以无为本”，把老子的宇宙生成论思想发挥到了本体论的地位。后来尽管有裴頠的“崇有论”对其提出批评，但需要看到“崇有”仍然是建立在“贵无”的基础之上的，缺乏发现问题的原创性，因而也没有形成真正的对于“贵无”的挑战。不过，王弼的思想似也的确有些极端，因为这较之《老子》的“有无相生”（第二章），为“无”赋予了更多西方实在论的色彩，少了很多中国思想中灵动的成分。按照张祥龙的说法，老子的本意是“使有无更深彻无间地相互构成”而非“将两者从观念上拉开，以至无可以被看作有的宇宙论本源”。④

④ 张祥龙：《海德格尔思想与中国天道——终极视域的开启与交融》，生活·读书·新知三联书店，1996年，第285页。

必须承认“无”在老子那里的描述还不是很直接和清晰，所以给后人留下了各种解释的空间。老子所说的“大方无隅，大器晚成；大音希声，大象无形。道隐无名”（《老子·四十一章》，取长沙马王堆帛书校读本）固然是一种终极的境界，但如此描述大概仅仅有哲学上的意义，而毕竟无法解决艺术和设计创作实践中的问题。在老子的基础上，庄子在《逍遥游》与惠施的辩难中两次提出并思考一种“无用之用”：无论是看待自然界的大树还是大瓢，庄子都首先否定了一种功利之心的“有用性”。但庄子的最终目的恐怕并不在树木本身的“全生”，他所否定的也并不是“用”，而是以突破“小用”进而升到“大用”这一更高的标准去衡量。这样看来，所谓的“无用”实则是“大用”。

这样看来，“有”的存在，即艺术媒材本身作为一种有形的“物”具有客观实在性，我们不能脱离这一实体去孤立地看“无”作为美学范畴的审美价值。在20世纪初德国包豪斯的一次学生作业展上，基础课教师约翰·伊顿曾经引用了《老子·第十一章》中的一段经典论述：

> 三十辐，共一毂，当其无，有车之用。
>
> 埏埴以为器，当其无，有器之用。
>
> 凿户牖以为室，当其无，有室之用。
>
> 故有之以为利，无之以为用。

这让我们更清楚地看到“无”对于艺术的正面价值。这些“物”中的“无有”当然并非绝对的“无”，这段话中老子对于“有无相生”的表述是非常明确的。我们的确不能把道家的“无”理解为纯粹物理意义上的“无”，倘若那样，则必然导致取消一切艺术的逻辑结论。可是，作为实体的“物”之“有”如何才能体现出“无”的境界呢？庄子在《逍遥游》中，提出了“大”与“化”的思路和途径。庄子笔下“不知其几千里”的鲲，就是这样一种“大”的代表。这种“大”的东西据说可以到达自由变化的境界：“化而为鸟，其名为鹏。”在这里，“鲲的‘化’为鹏，正是对自己的一种超越。‘化’是一种象征，一种遗忘和丧失自己的象征”[①]。大的东西依然需要不断地完成自我的突破，才能不断地接近“无”的境界。但

① 王博：《庄子哲学》，北京大学出版社，2004年，第115页。

是无论如何，必须承认这种接近是没有止境的，只要还停留于一定的形体，只要还执着于“鲲”“鹏”这样的概念，有限的形体无论如何也无法与宇宙大化相提并论，等量齐观。

道家并非一味地强调“按照人本来的面目生存”，而是要求人通过对“天”的效仿突破形体的束缚，进而超越“人”的有限性，所谓“鲲化为鹏”“大而化之”。在庄子看来，形与道是对立的，只有放弃形体才能够达到“道”。但由于艺术本身的媒介和载体毕竟是受到时空局限的，并且艺术本身还必须借助于“人”的力量和技巧来完成，因此中国艺术往往要通过追求“大”而与自然协调，中国的器物形象也往往都蕴含着一种突破有限通往无限的渴望，一种突破局限、与造化相沟通的要求。小到篆刻，大到江南私家园林，有限的空间内莫不蕴含大化的海阔天空，传达一种具有包孕性的“不隔”之境。

第二节 释“反”
——“反设计”及其道家思想根源

也许《老子》《庄子》这样的文献，本身就不排斥别人对它们作一种开放性的阐释，老子本人明确地说出了语言对“道”的描述不过是“强为之名”，《庄子》更是多处表述对于经典本义追寻的不可能性。事实上后人也正是这样做的，郭象对庄子的注释就开始借用庄子所提供的素材，开创了自己的哲学思想。这里当然不是为如此过度地阐释寻找合法性，但笔者相信对经典的解读是没有穷尽的，即便是对经典中的某一个字的解释应该也是如此。

本节讨论一个很可能对设计创作有很大启发的字:“反”。“反”字在《老子》中大约总共出现了四次，至少在前面两次中一个“反”字却是值得作多种解释的。《庄子》中出现很多次“反”，但大多数时候都只是作为“返”的通假字而使用的，而并没有像老子这样特别地予以重视，甚至把它明确地看作“道”的运动方式。《老子》这样记载:

> 有物混成，先天地生。寂兮寥兮，独立而不改，周行而不殆，可以为天地母。吾不知其名，强字之曰道，强为之名曰大。大曰逝，逝曰远，远曰反。

老子再次提到这个“反”字:

> 反者道之动，弱者道之用。

另外两次则分别出现在“德经”部分，这里不作讨论。这里的两处“反”字至少可以从这样几个方面得到可以被接受的理解:“反”字的现代汉语本义，“返”的通假字义以及两个几乎可以与其并观的概念:“复”和“忘”。这让笔者想到“反设计”这种设计创作方法。与意大利设计史上的“反设计”不同，笔者所说的“反”不带有激进主义的色彩，甚至后者实际上仍然是人力胜于天工的“设计”，其所“反”的只是此前的设计风格或流派;与“反设计”的字面可能带给人的误解不同，笔者也并没有在道家思路上走向极端，为了追求“大音希声，大象无形”的哲学境界，而彻底取消艺术和设计存在的必要性。相反，这里所说的“反设计”，正是要通过设计的手段所达到的一种目的，它指向人类的生活本身，也强调了道法自然的本真状态。这与《周易》的辩证思想是有关系的，但在道家这里似乎能够得到更充分的印证。

一、回“返”往“复”的世界

“反”可通“返”，在古书中经常出现的也正是“返”这个义项。“返”字包含了无尽的美学意味，也是中国人思维方式中根深蒂固的观念之一。“落叶归根”这样的情结，以及诗词曲赋中几乎随处可见的乡愁，在西方古典思想中是很难找到对应物的。正如彭锋深入地研究了中西方思想史上对于“还原”问题的认识后所发现的，西方哲学只有在现象学那里，“还原”才一度成为中心概念，而“中国美学从一开始就对这个审美还原有了较明确的认识”[①]。

① 彭锋：《诗可以兴——古代宗教、伦理、哲学与艺术的美学阐释》，安徽教育出版社，2003年，第368页。

在这样回返往复的运动中，孕育了中国艺术的“含蓄”这种精神。中国的书法中，没有像美术字一样绝对的平或直，而永远是奇正相生、一波三折，因而耐人寻味。在看似单纯的笔画中充满着复杂的运动与节奏，每一次用笔都蕴含着其对立面的牵制力量。中国的园林所贵之处在其“曲径通幽”，每走一步都会蕴含着对下一处景致的无限期待。陈从周曾对中国园林的审美观照总结为“静观”“动观”两种方式：“何谓静观，就是园中予游者多驻足的观赏点；动观就是要有较长的游览线。”[②]且不说我们在园林游览的实践中“静观”和“动观”两种方法是否能够截然分开，至少，把“动”作为一种受众参与作品本身的欣赏方式，是一种独特的审美体验。与此同时，

② 陈从周：《说园》，《园韵》，上海文化出版社，1999年。

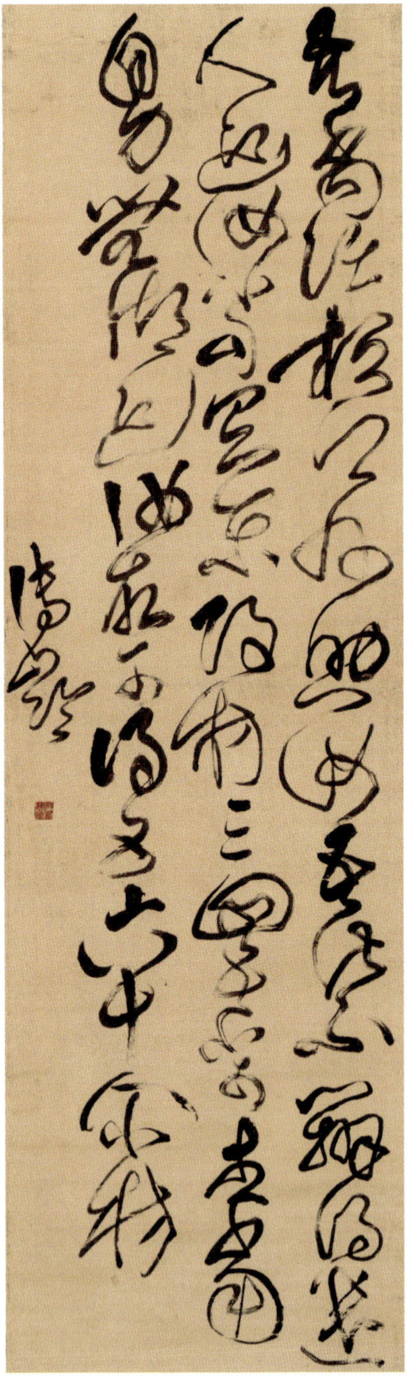

图 3-6　清　傅山　草书临阁帖　绢本　纵 174.5 厘米　横 50.5 厘米　故宫博物院藏

作品本身的含蓄与“隐秀”，以及开阔的壮美也是无法互相取代的两种不同审美取向。从这一点上说，宋徽宗的“瘦金书”或者金农的“漆书”，并不会成为中国书法史的主流。

当然笔者也并不赞成在“曲”的道路上走入极端，若刻意“造曲”，则不免失之阴柔，“无丈夫气”，或者让人想到前人对傅山的某些草书作品“死蛇挂树”那样的评价（其实傅山的一些草书作品还是很优秀的，前人的评论应该只是针对他部分刻意强调个人风格的作品）。然而中国艺术精神正在于“曲”只是对“正”增加某些复杂的规定性，从而避免对“正”的绝对化理解。一味地正，正如包豪斯后期的某些国际主义风格的产品设计和现代主义建筑那样，很可能在中国艺术看来并不是最高明的状态。硬边主义、极少主义绘画，北欧的一些海报设计中的简单几何图形，都有其各自不同的文化背景，与中国的“大巧若拙”这种思维方式是不太一样的。

“含蓄”（造曲）也是中国艺术和设计对作品主题的表达所提出的一个要求。中国艺术的主题贵在“含而不露”，它首先一定是有具有包孕性的意蕴内核的，这是我们讨论的一个前提。但是，这个内核是不是一定要“主题鲜明”地呈现给接受者，中国的艺术和设计给出了明确的否定。含义外露的作品，并不是最高明的艺术。对于理论，对于科学性文字和图解性的插图绘画，当然可以用这样的标准来要求它，以达到其纯粹实用的目的。但设计恰恰还肩负着审美和艺术的使命，甚至还应该利用自身的优势不间断地对社会进行审美教育，使整个社会的素质和品位得到提高。因此，设计作品中的图形或者意象，必须达到中国艺术精神“含蓄”的规定，这样的作品才能使接受者有机会、有余地和空间作多方面的解读。作品本身也应该提供无限阐释的可能。也只有这样的作品才经得起后代人深入的研究和解读，也才具有永恒的艺术价值。好的艺术作品，吸引人之处往往正在于含义的曲折和隐晦，而不在于“易懂”“一望便知”。正如《红楼梦》中，曹雪芹提供了一个“多义性”的意象世界，其内涵深刻而含蓄，使得人们对它的解释至今也没有穷尽。这些论述同样适用于艺术设计。长期以来，由于我们过多地把设计和“宣传”等实用性相挂钩，在很大程度上忽视了设计的艺术属性。因此近年来，很多轰动一时的设计作品都只有时效性，失去了对于永恒艺术性的追求，从而与文学等其他姊妹艺术门类的情形很不一样。

二、“反设计”理论及其实践形态

以上所论述的这种思想的认识论根源也许还要回到道家那里。《老子·十六章》中说：“夫物芸芸，各复归其根。归根曰静，静曰复命。复命曰常，知常曰明。”第二十八章中又多次提到“复归”：“知其白，守其辱，为天下谷。为天下谷，常德乃足，复归于朴。”无论是这里的“根”还是“朴”，都可以把它理解为道——这个宇宙间的总法则。道的体现就是自然，自然是简单而朴素的，世界的自在呈现就有一种含蓄之美。不过，天地之美虽然“无言”，却绝对不等同于简单的几何形体——在自然界中恰恰很难找到绝对的直或者方。天地间一切都有“稚拙”生命力，有内在的精神力量，为我们提供了形式美的典范和法则。这种“大美”是需要有审美心胸之人的发现和解读的。

在某种意义上，受到道家精神影响的中国艺术崇尚简约，贵能以少少许胜多多许，因而是反对“刻意”的经营、设计和装饰的。例如美术批评家曾批评潘天寿的绘画过分重视构图和“设计”。但这不构成对于设计本身的否定，因为设计本身并不仅限于这些美术批评家所理解的“雕琢”“算计”“装饰”这些望文生义的含义。并且总的来说，在中国，装饰（而不是“制器”）是一个比较低等的艺术门类，这从从事装饰的工匠从来没有获得艺术家的地位这一事实中不难看出。即便在一些器物上出现了装饰，那么也总是要求它们与器物的功能相称（如《考工记》和《庄子》中的锯），而很难发现纯粹意义上为了“审美”而不具备实用功能的纯粹图案。对此宗白华有精辟的分析。在宗白华所区分出的“初发芙蓉”和“错

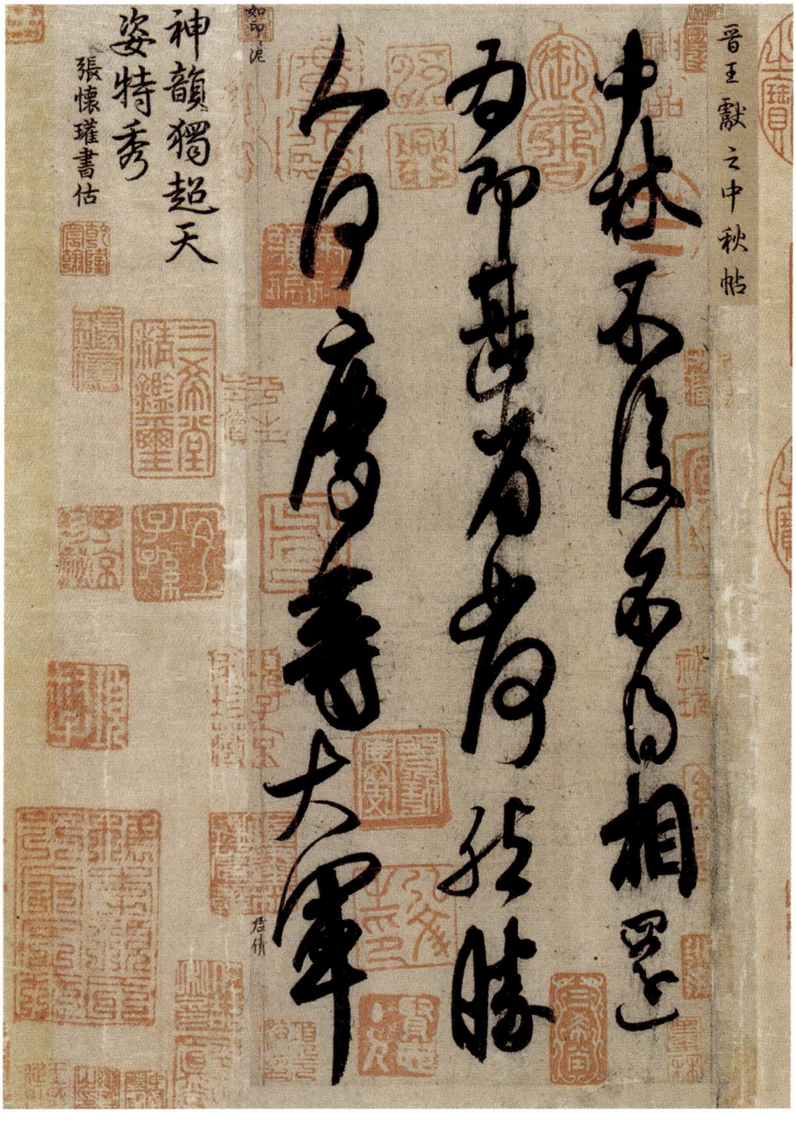

图 3-7　东晋　王献之（传）　中秋帖　纸本　纵 27 厘米　横 11 厘米　故宫博物院藏

采镂金”两种“美”的对立中，后者（宗白华所举的例子有楚国的图案、颜延之的诗、汉赋、楚辞，但他把李商隐的诗归于此类笔者是有些疑问的）在艺术史中恐怕很难取得超过前者的主流位置。[1]因此，“反设计”所“反”的是没有意义的装饰纹样、图案而不是

① 宗白华：《中国美学史中重要问题的初步探索》，《美学散步》，上海人民出版社，1981年。

创意。对于“算计”的批评本身不仅适用于纯美术，也适用于设计艺术，其本身并不是区分不同艺术门类的一个标准。我们同样可以要求设计艺术反过来学习一种反对装饰、雕琢的设计化境。

中国一些优秀设计师对此也有很好的理解，陈绍华也许是其中较早的一位。陈绍华早年曾经做过美术学院的教师，后来在个人的商业设计实践上也为中国设计取得了一定的国际地位。在被问及“青年设计师该如何面对大量涌入的各种国外艺术思潮和作品，而又不失去自己的文化品质”这个问题时，他这样回答道：“资讯的开放确实给我们带来了极大的方便，但巨大的信息量也的确容易让我们迷失方向，我想我们可能要经常迫使自己返璞归真。……二十年前在我教书的时候，经常叫学生回到原点想问题，不要被眼前眼花缭乱的现象所迷惑，想最基本的问题，找最简单的道理。”①

① 转引自韩湛宁：《陈绍华访谈》，设计在线网站（www.dolcn.com），2004年12月18日。

耐人寻味的是，在英语中，“设计（design）”一词，正隐含着有表示否定意义的前缀“de-”。后现代主义设计兴起以来，“少就是多”的现代主义设计口号被“少令人厌烦”所取代。尽管现代主义建筑设计仅仅停留在形式上的“少”而并没有真的体现出“多”，但后现代设计中却的确并不缺乏形式意义上的“多”。“多”的结果是令人眼花缭乱，无所适从，使人们感觉麻木，很难在这个充满喧嚣的世界中获得“虚静”的状态。倘若我们进一步地追问：设计的“本来面目”是什么呢？“返璞归真”式的“返回常识”又将给我们带来什么样令人耳目一新的设计形态呢？

按照道家的思路，在产品设计中，即使有所谓“好的形式”，那也应该是与功能完美结合的自然而然的产物。但在我们的时代中，产品设计可能被附加了各种各样的功能而失去了产品本身的质量，书籍设计有可能在包裹、装饰方面费尽心思却忽视了书籍设计的目的正在于更好地传达信息……美国学者唐纳德·诺曼曾经在其专著《日用品设计》中列举了大量这种华而不实的设计作品给人类生活带来的麻烦。[2]更令人不解的是，有的设计师甚至以"制造使用困难以增添对设计的兴趣"为名宣传这种无实际意义的形式玩弄，正如《老子》所说的"五色令人目盲，五音令人耳聋"一般。很多设计师忽视了设计的本义恰恰是希望为人类的生活带来方便，为人们接近于"道"提供一条可行的通途。

② 参见该书中译本《设计心理学》，梅琼译，中信出版社，2003年。

当然，成熟的中国艺术家，大概也的确是需要一个长期的繁复的过程才能达到这种较高的境界的。这与苏东坡所说的"绚烂之极复归平淡"是相通的。笔者把设计中的这种倾向称为"反设计"。"反设计"否定的不是设计活动本身，而是那些使我们与产品日益产生间隔感的某些刻意造作、标榜"设计感""设计性"的行为。"反设计"恰恰是一种更本真意义上、更具有人文关怀的"设计"——对于生活方式的发现和更新。"返回原点"正是这样一种符合道家思路的设计方法。设计师也许经常需要从更本原的意义上反思设计行为的原因和根据，追问"设计"概念本身的成立基础和依据，从而真切地接近设计行为的本义，明白设计师自身所肩负的社会责任和使命。也许只有这种形而上的终极性思考和追问的不间断进行，才能保证学科基础不牢固的设计专业沿着人类的生存需要正常地向前发展。从形式上说，也有利于设计师不过多地受当今艺术界各种表象的干扰，直接从设计的本原出发进行自己独特的创造，这也就是很多人所说的"回到常识思考"的创意方法。

三、“忘”——“反设计”的精神境界

“绚烂”只是一个必要的过程而非终极状态，对于绚烂的片面推崇和执着，很可能是艺术上不成熟的标志。《老子》几乎没有谈“忘”的问题，但《庄子》中提到“忘”的地方却不下几十处，尤以外、杂篇居多。概括来说，在道家文献与受道家影响的古代画论、书论、工艺文献中，“忘”字至少在两个层面对于今天的设计具有启发。这两层含义恰好指向设计的艺术和功能这两重既互相联系，

图 3-8　唐　八曲镜　青铜　北京大学赛克勒考古与艺术博物馆藏

又有所区别的属性。

其一，“忘”指向一种艺术创作的特殊的审美心胸。

我们往往能够从中国古代的器物中发现大量的令今人汗颜的伟大成果。远古陶器、玉器、青铜器具有很高的艺术品格，往往被今人视为“鬼斧神工”而无法揭开其全部的制作奥秘。还应该看到，尤其是在中国的古代和民间，有大量的生活方式被历史证明是非常合理的，甚至有些东西是有功能上的规定性的，在今天仍有很多值得借鉴和学习的智慧和价值。这些东西正是庄子所说的“庸常”，不能轻易地在“再设计”的名义下被破坏。“再设计”的方法如果应用到了极端，也容易对传统的生活方式造成伤害，因此在应用中需要慎之又慎。这时候真的需要与古为徒，返回原点来寻找解决生活之道的智慧，这也就是“反设计”所需要追求的一种价值关怀。

作为创作者，我们应当如何获得这种价值关怀，进而达到洞察“天”的奥秘呢？这似乎还需要一个前提。庄子并没有给我们一个具体的操作方案，但却指示了一条可行的道路，这就是在《庄子·大宗师》中所记载的“坐忘”：

颜回曰：“回益矣。”仲尼曰：“何谓也？”曰：“回忘仁义矣。”曰：“可矣，犹未也。”他日复见，曰：“回益矣。”曰：“何谓也？”曰：“回忘礼乐矣！”曰：“可矣，犹未也。”他日复见，曰：“回益矣！”曰：“何谓也？”曰：“回坐忘矣。”仲尼蹴然曰：“何谓坐忘？”颜回曰：“堕肢体，黜聪明，离形去知，同于大通，此谓坐忘。”仲尼曰：“同则无好也，化则无常也。而果其贤乎！丘也请从而后也。”

具体说来，“坐忘”也就是“齐以静心”，从而避免“心遗体留”。“齐”可以当作“斋”的通假字，这里还可以从内篇中找出两个字来替代这组概念：“心斋”。所谓“虚者心斋也”——用庄子的话说因为“唯道集虚”，所以可以达到“虚室生白，吉祥止止”的审美境界。用老子的话说只有“涤除玄览”，才会有一个艺术创造所必需的审美准备和审美心胸，或设计创作和接受中难以言宣的“灵感”或“感觉”。

“心斋”和“坐忘”也被很好地应用在“梓庆削木为鐻”这类的制器典故中，在后世逐渐演化成为一种对于艺术创作时的特殊状态的重视，无论诗文、绘画、书法、工艺美术皆然。如中国书画论中的“解衣般礴”（庄子）、“欲书先散怀抱”（蔡邕）、“心忘于笔，手忘于书”（王僧虔）、“欲书之际，当收视反听，绝虑凝神，心正气和，则契于妙”（虞世南）等，这一类的表述比比皆是。这里所强调和有意协调的仍是艺术创作与自然之“天”的同构性以及与世俗之“人”的对立，如受儒道二家综合影响的孙过庭在《书谱》中提出“五合”与“五乖”：

又一时而书，有乖有合，合则流媚，乖则雕疏，略言其由，各有其五：神怡务闲，一合也；感惠徇知，二合也；时和气润，三合也；纸墨相发，四合也；偶然欲书，五合也。心遗体留，一乖也；意违势屈，二乖也；风燥日炎，三乖也；纸墨不称，四乖也；情怠手阑，五乖也。乖合之际，优劣互差。得时不如得器，得器不如得志，若五乖同萃，思遏手蒙；五合交臻，神融笔畅。畅无不适，蒙无所从。[①]

①〔唐〕孙过庭：《书谱》，墨迹本，台北故宫博物院藏。

其实孙过庭的表述，包括我们在前面所谈到的有关“技近乎道”的有关内容，都并没有任何“轻技”的意思，而是显然已经假定并悬置了“技巧”这一前提。尽管书法具有“泛艺术”的特征，但并不是所有人（包括没有经过任何书法训练的人）只要符合“五合”就都能创作出书法佳作来的。单纯从“五乖五合”的要求看，容易导向片面强调“书之妙道，神采为上，形质次之”的相对主义而忽视对创作主体艺术训练的要求。因而我们应该把《书谱》的这种表述与《考工记》中的“天时地气材美工巧”联系起来看，才不至于以偏概全。

其二，“忘”是道家所强调的与物打交道时一种理想的状态。《庄子》外篇的《达生》中，记载了这样一个寓言：

> 工倕旋而盖规矩，指与物化而不以心稽，故其灵台一而不桎。忘足，屦之适也；忘腰，带之适也；知忘是非，心之适也；不内变，不外从，事会之适也；始乎适而未尝不适者，忘适之适也。

在杂篇《外物》中，还有一段著名的关于“得意忘言”的论述：

> 筌者所以在鱼，得鱼而忘筌；蹄者所以在兔，得兔而忘蹄；言者所以在意，得意而忘言。

如何衡量审美形式与“实用”的辩证关系？如何落实那种与功能完美结合的形式？《庄子》的回答就是“忘”。对于合适的鞋来说，穿着的舒适也许就体现在忘记脚的存在上；对于腰间所系之带则自然就是忘记腰的存在了。如果鞋和带没有满足这样功能性的要求，那么脚和腰便会感觉不舒服，其地位被不合时宜地从“存在（being）”变为实体的“存在者（existence）”，因而也就会影响到整体的协调性。然而最理想地接受“实用”的中介物，其最终目的只是为了传达“实用”的功能，在目的达到的同时它就隐身了。如果它仍然胶着在它原有的位置，那么势必对实用性造成阻碍。

因此，在接受设计作品的时候，“设计”行为本身的消隐，也应该是一条重要的标准。这样看来，那些刻意标榜“设计感”的书籍与版式设计，即便形式上有所创新，那么也已经不是最本原意义上的好的设计。需要说明的是，自然而然地“忘”，与所谓“习惯成自然”的人为是有很大区别的。在大量粗制滥造的产品充斥市场的当代社会，很多时候我们对一些有缺陷的设计习以为常，甚至以为产生类似不适感是理所应当的，这与这里所说的“忘”是两回事。在北京站的站台刚刚被改成与火车车厢地面齐平的那段时间里，经常听到有人发出惊叹的声音：“这样真不错！”可是，如此平凡的一个小小的设计，在此之前很长一段时间里为什么没有被人们想到呢？这其中难道没有设计师的责任吗？

第三节 “意境”的道家解释

几乎没有人否认“意境”是中国艺术品评中的重要范畴，但当代美学家对它的解释却各不相同。在《中国艺术意境之诞生》一文中，宗白华说“意境”是“情”与“景”（意象）的结晶品。叶朗在其主编的《现代美学体系》一书中，则用“意象流变”来解释中国美学史上从“象”到“境”的不断变化和超越，力图展现出中国古代美学对“意境”认识的时代历程。[1]而较早立足于寻找“意境”理论的哲学基础的学者，如刘纲纪、王锦民等，则发现了“意境”

① 参见叶朗：《现代美学体系》，北京大学出版社，1988年，第40页。

图 3-9 西周 卣 青铜 北京大学赛克勒考古与艺术博物馆藏

说在唐代的成熟及其与佛教（尤其是华严、禅与天台诸宗）的理论因缘。

总的来说——尽管近年来有某些合流的努力和倾向——现代美学学者在对“意境”的解说上，几乎形成了两种鲜明的学术范式。一类为重视哲学的学者，所论重在理论层面，强调美学研究的哲学品性。他们多致力于原理论证“意境”的哲学基础，即（“境”作为一种艺术品评标准提出的）唐代的佛学思想。因印度式的思辨过于艰深之缘故，此路学者往往容易陷入其中，几乎较少有精力和感觉结合具体的艺术作品。另一类是重视用一般美学原理和艺术理论分析艺术的学者，希望将古代一般思想文献、诗画论与艺术作品结合起来阐释，讨论“意境”作为一种标准在作品中的具体标准和表现形态。这些学者当然也希望从中国本土的理论资源中发现中国艺术产生的内在原因，为此往往需要追溯到道家思想。因为尽管“境”和“意境”作为艺术理论范畴的确是在唐代以后才被明确地提出来的，但在先秦诸子，尤其是道家思想中已经包含了意境之“道”。为了分析艺术作品特殊性的缘故不妨再一次地回到原点来解释这个万变不离其宗的审美范畴。

一、从“言意之辩”说“意象”

在玄学盛行的魏晋时期，中国学术史上发生了著名的“言意之辩”。一般认为，在“言意之辩”中主张“言不尽意”的一派有两个理论上的来源，其一出于《周易·系辞上》：

> 子曰："书不尽言，言不尽意。"然则圣人之意，其不可见乎？子曰："圣人立象以尽意，设卦以尽情伪，系辞焉以尽其言。……"

另一则在前引《庄子》的杂篇《外物》中：

> 筌者所以在鱼，得鱼而忘筌；蹄者所以在兔，得兔而忘蹄；言者所以在意，得意而忘言。吾安得夫忘言之人而与之言哉！

尽管《周易》（包括《易传》）属于古代的经部，一般还是把它看作儒家思想。即便青睐道家、贬义儒家的学者如陈鼓应从情感上希望把哲学抽象程度很高的《易传》也纳入道家思想的体系，但这恐怕很难被学术界普遍接受。[①]众所周知，儒家和道家在先秦几乎是势不两立的不同派别，道家的很多思想就是直接站在与儒家的对立面上而产生的，用今天的术语说，甚至很像解构批评的某些做法。老子在短短的五千言中就曾经委婉地批评了"以德报怨"；而在《庄子》内七篇中，孔子更是经常成为被嘲笑和戏弄的对象。那么，为什么儒家和道家在语言问题上的看法看起来如此"接近"呢？也许还要回到王弼那里去寻找"知识考古学"意义上的原因。

① 参见陈鼓应：《易传与道家思想》，生活·读书·新知三联书店，2004年。

其实在"言意之辩"中，论者根本无法就"言"是否尽"意"的问题旗帜鲜明地分为对立的两派。根据汤用彤的分析，在"言意之辩"中"言不尽意"一派已经建立广泛影响后，王弼第一次把先秦各家思想关于"言"与"意"关系的讨论调和到了一起，形成了"得意忘言"的第三条道路。汤用彤指出："其（王弼——引者注）

立意实取汉代儒学阴阳家之精神，并杂以校练名理之学说，……而折中之于老氏。”[1]应该说，尽管与《周易》脱不了干系，王弼的主要思想还是立足于道家的。尽管没有与“言尽意”那样对立，也不能忽视“得意忘言”与“言不尽意”的巨大差别。因而，《庄子》和《周易》的差别也是不应该被忽视的。

在《周易》中，“象”是介乎“言”和“意”之间的一个单独的范畴，它是“言”通往“意”的一个途径。《易传》的作者相信，“象”是能够尽“意”的，但无论如何，“象”不能等同于“意”，二者不是同一个东西。首先需要承认的一个前提是，《周易》中的“象”，恐怕并不如朱熹所说仅仅代表“卦象”，后者只是对前者进一步的抽象和图形化。从构成上来分析，“象”的内容要比“意”丰富，比如乾卦之意为“健”，但为了说明“健”这个意思，《周易》的作者需要用马、首、父、天、圜、君等诸多的“象”来模拟它（《易传·说卦》），他（们）相信，这样就能够穷尽“意”（“立象以尽意”）。但这样一套系统无论如何总是一种“模拟”，缺乏自律性，还容易陷入西方柏拉图的“与真理隔着三层”的那种对于“艺术”的批评。而中国艺术恰恰没有把“模拟”当作最高的境界（当然，这种模拟与西方相比是很不同的，对这种抽象思维方法的研究也是必要的，但那是另外一回事情），因此笔者并不赞成学术界某些人简单地把《周易》中的“象”直接等同于“审美对象”的做法。

但道家却没有对“象”赋以如此具象的象征意义，道家的“象”从来也没有和“言”与“意”形成三足鼎立的对立局面。无论是《老子》讲“无物之象”（十四章）、“惚兮恍兮，其中有象”（二十一章）、“大象无形”（四十一章），还是《庄子》的“象

[1] 汤用彤：《言意之辩》，《魏晋玄学论稿》，上海古籍出版社，2001年。

罔”（《天地》）都不是在《周易》的意义上使用的。所以主要立足于道家思想的王弼会对《周易》中的“象”产生这样的疑问：“触类可忘其象，合义可为其征。义苟在健，何必马乎？类苟在顺，何必牛乎？”[②]

② 〔魏〕王弼注：《周易略例》卷丨《明象》，1919年上海商务印书馆《四部丛刊》影印宋刻本。

因此，正是《庄子》而不是《周易》的“象”，才更接近于艺术语言和审美意象。它与《周易》一致的地方大概仅仅在于都是某种“意”的体现，对于《庄子》，这个“意”则就是“道”。正是这个“象罔”而不是《周易》中的具象模拟系统，构成了中国艺术对于“意象”的一般要求。“意象”不是具象的物体，而是能够体现出“道”的一种不可言说的艺术语言。它里面蕴含了“意”（“道”），但又不局限于“意”。对于《周易》中的“象”，其意义无论如何也是可以“尽”的；但对于“象罔”，它虽然是“道”的体现，但其具体的意义很难说是有穷尽的，因而为接受者无尽的阐释提供了可能性。在这个意义上，也许叶朗的判断是正确的：“（象罔）实际上就是用老子的‘有’‘无’‘虚’‘实’的思想对《系辞传》的命题作了修正。……只有这样的形象，才能表现宇宙的真理——‘道’。”[③]当然，这种“表现”（接近于王夫之的“现量”，即自在地呈现“道”）显然还是不应该被理解成“文以载道”之“道”的。

③ 叶朗：《中国美学史大纲》，上海人民出版社，1985年，第131页。

道家的“象”，就是《庄子》中的“象罔”，这个“象罔”其实仍然是《外物》中所说的“言”，但这个言不是理论语言，而是寓言。如果说《周易》采取的是哲学语言的话，那么《庄子》（至少是在内七篇）中大量地采用了文学艺术性的语言，“寓言”就是这种语言的体现和代表。根据《庄子·寓言》的记载：

寓言十九，重言十七，卮言日出，和以天倪。寓言十九，藉外论之。亲父不为其子媒。亲父誉之，不若非其父者也。非吾罪也，人之罪也。与己同则应，不与己同则反。同于己为是之，异于己为非之。

所谓“寓言十九”，可以理解在为《庄子》内七篇中，“寓言”这种文体占了大约十分之九的篇幅。这大体上是符合事实的。对此，庄子的理由是“藉外论之”——如果只是局限于说理性语言的内部和作者单一的理解，很容易导致“自卖自夸”的结局：容易被认为缺乏诚信而难以得到人们的接受。

《庄子·天下》中进一步解释说：

以天下为沉浊，不可与庄语。以卮言为曼衍，以重言为真，以寓言为广。独与天地精神往来，而不敖倪于万物。不谴是非，以与世俗处。

无论是否起因于“天下”的沉浊，作为“庄语”的反面，“寓言”正是一种意象、一种艺术语言。它不像理论文章和科学论文那样只能有一种理解而不允许产生歧义，相反为接受者提供了一定的联想和自我思考的空间，敞开一种“天地精神”。正如“庖丁解牛”“七窍成而混沌死”这些著名的寓言故事，其意义可以从多个不同的角度展开，无法穷尽，至于寓言的文字本身只是提供这种想象空间的媒介和通途（当然，正如我们在分析“庖丁解牛”时所说的那样，即便是这种媒介本身的操练也是不容忽视的）。这样，所谓“得意忘言”也就不难理解了。

二、从“意象”到“意境”

那么总结起来，对于“意象”本身，究竟有些什么样的规定呢？宗白华在《中国艺术意境之诞生》一文中说（着重号为引者所加）：

3-10　南宋　马远　踏歌图轴　绢本　纵 192.5 厘米　横 111 厘米　故宫博物院藏

在一个艺术表现里情和景的交融互渗，因而发掘出最深的情，一层比一层更深的情，同时也透入了最深的景，一层比一层更晶莹的景；景中全是情，情具象而为景，因而涌现了一个独特的宇宙，崭新的意象，为人类增添了丰富的想象，替世界开辟了新境，正如恽南田所说："皆灵想之所独辟，总非人间所有！"这是我的所谓"意境"。[①]

① 宗白华：《中国艺术意境之诞生》，《美学散步》，上海人民出版社，1998年，第68—88页。

看来，在宗白华那里，"意象"和"意境"并没有严格的区别。不过区分出这两个概念（而不是把两者截然对立起来）还是有必要的。学者们公认，"审美意象"即"意象"，是中国艺术的本体。这种"本体"也就是前面笔者所说的一种具有无限包孕性的"艺术语言"，是呈现"道"的必要载体。按照这样的理解，好的意象一定也包含了"道"。在设计中，"意象"总表现为具体的对象，如作品中的图形等构成要素。这一点在平面设计那里体现得尤其突出。甚至譬如"人的创造物，如建筑、器物、服饰、城市等"，也被有的研究者作为"意象"来研究。[②]而"意境"，则是意象本身所蕴含也能为接受者所体验的某种精神世界。宗白华的这番论述，只是说明了"意象"的一种规定性，就算拿来规定"意象"也是不完整的，更遑论"意境"的层面。

② 袁行霈：《中国古典诗歌的意象》，《中国诗歌艺术研究（增订本）》，北京大学出版社，1996年。

对于这两个范畴的讨论，文学界、美学界和艺术界很多人都有深入的研究，这里不打算详细讨论，而是直接介绍叶朗的研究成果（但受宗白华的影响，他对"意象"的规定——"情景交融"显然太过简单了些）。此前需要说明的是，由于我们只讨论艺术和设计中的美学问题，因此这里所谈的"意境"与后来王国维等人的"境界"

是有些不同的。“境界”也可以用来指人的气象，但“意境”显然仅仅是就艺术作品而言的。此外，“意境”作为一个完整明确的概念在中国美学史上的出现应该是比较晚的事情，唐人几乎只说“境”，而先秦时代几乎并没有提出一个类似的范畴。但是，无论是后来的“意象”“意境”还是“境界”，尽管其中也受到禅宗思想的直接影响和催化，但总的来说都与道家思想的逻辑脉络是一脉相承的。

仅仅达到了上面这些对于“意象”的规定性，还不能说一件作品有“意境”。叶朗指出：“‘意境’的‘意’不是一般的‘意’，而是‘道’的体现。所谓‘意境’，就是在感性的（形而下的）日常生活和生命现象中，直接呈现某种形而上的意味。”“‘意境’除了有‘意象’的一般的规定性之外，还有特殊的规定性。这种象外之象所蕴含的人生感、历史感、宇宙感的意蕴，就是‘意境’的特殊规定性。……‘意境’是‘意象’中最富有形而上意味的一种类型。”[③]他还说：“不把握‘意境’的这种特殊的规定性，就不能理解我们为什么说‘意境’的思想根源是老子的哲学。”[④]

叶朗对“意境”的分析是符合中国艺术的精神实质的。但令人稍感遗憾的是，为了强调“意境”的特殊性，叶朗把“意境”和“意象”严格地对立了起来。为了突出“意象”的有限性，他仍然只把“意象”等同于《周易》中有限的“象”，而不是他已经在《中国美学史大纲》中很好地阐释过的《庄子》中的“象罔”。这样，由于否认了当下的“象”可以直接呈现无限的“道”，叶朗还是不得不借助时间上已经很晚出现的禅宗的理论进一步解说“意境”产生的原因。这样，叶朗的论述也产生了一个内在的悖论：他一方面肯定“艺术的本体是‘意象’”是中国美学的独特看法，另一方面无法解释

③ 叶朗：《中国美学史大纲》，上海人民出版社，1985年，第131页。

④ 同上。

这种有限的“意象”区别于西方艺术本体的特殊性究竟表现在什么地方。因为按照他的思路，并不是所有好的中国艺术作品都有“意境”，有无“意境”并没有被看作评价艺术的最高标准。

如果把“象”理解为“象罔”，那么自然就包含了“道”，即某种形而上的东西，它向接受者敞开的世界就是“意境”。因为按照中国艺术理论的看法，审美活动是一种体验活动，如果没有接受者的参与和体验，只能像王阳明所说的“岩中之花”一般归于寂寞。这就是柳宗元所说的“美不自美，因人而彰”的含义。追求一种“形而上”的精神世界，不但是“意境”的规定性，应该同样是对中国艺术“意象”的最高要求。这里笔者接受了叶朗“意境是意象中最有形而上意味的那一部分”的观点，但并不是任何艺术意象都有机会展现“意境”的，只有“意象”表现了“道”，那么“意境”的审美观照，以及“意境”对于“意象”的超越和拓展才有了基础和可能。

因此，在作品中展现作者对于宇宙、人生、历史、宗教等形而上的主题的思考，应该是中国艺术精神的永恒追求，无论是诗歌、小说，还是书法、园林，莫不如是。这值得上升为人类艺术的共同精神，有一些西方的现代艺术家也看到了这一点。借用米兰·昆德拉的话说，作为一个小说家，他所关心的是“被遗忘的存在”。这些问题事关人类生存的基本问题，体现了艺术家对于人性、环境、人类关系、生存状态等问题的基本思考和终极关怀。

三、由“象”和“境”触发的设计问题

（一）对“象”的具体要求

《老子》开篇就说：“道可道，非常道。”但是，历来的研究者和理论家还是写了无数的文章，试图去揭示“道”究竟是什么。与此同时，也有无数的艺术家和设计师，通过作品和要求接受者一同参与体验的方式来体现“道”。他们采取的展现“道”的方式是不相同的：前者是一种“理论语言”，后者则是一种“艺术语言”。“理论语言”要求表述清晰明确，而“艺术语言”则追求“诗无达诂”“易无达占”。对于中国设计的“意象”来说，不但应该达到宗白华所谓“情景交融”的要求，还应该在符合形式美的一般规则的基础上体现出设计师和艺术家的个性，具有丰富隐秀而非直白铺陈的内涵和创意并向接受者提供阐释和想象的开放性，形式上反对几何化和一味甜熟而追求“大巧若拙”的意味，以及拒绝对客观物象形态的直接模仿等具体的要求，这些都与“理论语言”有很大的不同。

这种对于艺术语言（审美意象）和理论语言（客观实在）的区分，在很多当代西方的思想家如美国符号学哲学家苏姗·朗格、法

图 3-11　北宋　米芾　研山铭（局部）　绢本　故宫博物院藏

国解释学理论家保罗·利科等人那里也可以看到。尽管存在着这样一些中国思想与西方现代思想有些类似的材料，还不足以得出“西方现代思想在向东方靠拢”之类简单的结论，但中国当代设计却常常出现偏离中国思想的倾向，往往与西方现代思想也是背道而驰的。我国标志设计中的“庸俗解释”就是一个例子。

很多中国当代设计师，尤其是在标志设计、建筑设计作品的创作中，没有把自己的视角对准形式和意象创造本身，相反却热衷于考虑如何让一个图形承载更多复杂而又“易懂”的含义。换言之，他们把设计艺术作品中应当出现的“意象”置换成了只有单向解释可能的实体，把不可言说的“象罔”硬是给挑明出来，使设计作品本身失去了很多意蕴，这是令人感到非常遗憾的。正如中国设计师王敏所指出的：

> 在设计上我们常常低估观众的想象力，想要让所有的东西都表达出来，在画面上让人一览无余。我们常常是既提出问题又提供答案，其结果是画面缺少让人回味的余地，总体上缺少了视觉的张力。这样的设计缺乏力量。[①]

这是一种贴近中国思维方式的对于设计作品意象的判断。其实那种“想要让所有的东西都表达出来”的冲动，正是代替了“艺术批评”的工作。因为对于好的艺术作品的批评而言，“一种阐释往往只能照亮它的某一个侧面，而不可能穷尽它的全部意蕴”[②]。然而最可怕的还不在于已经出现的这样一些水平低下的设计作品。笔者很担心这种“解释式”的设计创作方式，被整个社会所接受并被

① 王敏、申晓红：《两方世界·两方设计》，上海书画出版社，2005年，第133页。

② 叶朗：《〈红楼梦〉的意蕴》，《胸中之竹——走向现代之中国美学》，安徽教育出版社，1998年。

理解为设计创作中的必然。例如，企业和政府要求标志设计中一定要用具象体现出某些具体的内容，否则会被理解为没有“创意”而不被接受。长此以往，标志设计会从“艺术”的地位降低到漫画式的“图解”，以这种先入为主的思想作为创作模式的设计方法，也会在未来的设计教育和设计创作中产生恶性的循环。

（二）“终极关怀”的实现途径

按照宗白华的说法，中国艺术的特殊性就在于包含一种形而上的意味，中国艺术也常常因此具有了一种“哲学的美”。令人遗憾的是，在中国当代设计里面，似乎从来没有人强调“意象”的这种深层要求，更遑论“意境”，以至于大部分社会受众，甚至包括某些设计师，仅仅把设计理解为商业或政治事件的宣传手段，理解为社会问题的附庸。在设计师里面，很多人也仅仅把“设计”理解为解决实际问题的工具和谋生的手段，几乎没有人愿意（广告主也会不允许）在作品中进行一些哲学性的人文思考和人文关怀，通过设计呈现设计师的人文精神和艺术自律。设计师所重复的大多是对“禁止酒后驾车”一类标语口号的宣传，并且在业内外很多人眼中“设计”的职能就是如此！当然，这些题材也可以有一些创意不错的设计，但无论如何，这些作品不会具有永恒性，不是格调和品位最高的艺术。尽管如此，我们还是看到国内很多优秀的设计师通过公益海报等形式设计关于文化、沟通、和平、环境等主题的作品，体现出一些对于人性的思考，有走向形而上的倾向。总的说来，尽管受制于实用的属性，但利用海报等作品形式体现对于“意境”的追求，作为设计艺术自觉的一种表现，至少是很值得注意、包容和鼓励的。

不过也必须指出片面追求“意境”的危险。在最近一段时间国内的美术教育中，已经有很多人看到了忽视人文思考带来的美术教育基础的薄弱，因而很多学校也加强人文基础类课程的建设，开设中西哲学类的课程鼓励学生进行形而上的思考，并且有愈演愈烈——甚至片面地把这类课程的地位置于专业课之上——的某些倾向。这里想强调的是，艺术（包括设计）毕竟是不同于哲学的另外一种人类文明的创造物。艺术家和设计师的职业与哲学家和学者本无高下之分，二者可以沟通，但不宜走向极端。笔者当然不是认为完全不需要这样的讨论，相反，笔者自己在研究中极力赞成交叉学科的艺术学理论研究，但笔者不希望这种交叉最后形成“哲学对于艺术的剥夺”的局面，像西方后现代“观念艺术”“方案艺术”的某些发展，以及种种立足于哲学思辨的“艺术终结论”论调。必须指出，哲学和艺术都体现一些形而上的思想，但这些思想从题材到内容到形式都应该是有所区别的。

简单地说，哲学是必须“说清楚”的，但艺术中的意境却一定不能“说清楚”；哲学可以反复讨论人类思想史上早已经提出的，但却是永恒地困扰着我们的老问题，但艺术一定要提出“新问题”，并且是“哲学遗忘了的”乃至哲学无法回答的问题；哲学最后一定要呈现出哲学家经过反复论证和思考后成熟的结论，但艺术恰恰可以展开表现艺术家思考问题的过程，甚至这个过程中的困惑和矛盾，留给接受者去填充。以上所说的“艺术”也适用于艺术设计。总的来说，从中可以看出“意象”的重要性。在艺术和设计中无论怎么强调“意境”，“意象”终究是不可忽略的。因此，老子所说的“大象无形”终究是一种哲学境界而非审美境界，“意象”相对于“意境”的具体规定仍然是值得艺术家和设计师大力去研究的。这样看来，“意境”与“意象”还是不能相互替代的。

图 3-12　新石器时代　鹳鱼石斧彩绘缸　陶　中国国家博物馆藏

第四节 道教与文字的艺术

道教是中国土生土长的宗教。它根源于道家，多数道派都尊老子为教主，但与佛教教主释迦牟尼不同的是，老子本人并没有创立道教。道教与道家哲学也不尽相同，可说是对道家哲学的进一步发展和扬弃。比如道家哲学讲道常无为、道法自然，但道教却要求长生不老，并且通过各种方法达到这一目的。然而，道教与道家哲学对于中国艺术均有很重要的影响，尤其是与书写行为相关的文字艺术（不仅限于书法）方面。道教对于文字的重视，几乎可以说是其他各大宗教无法比拟的。在这一基础上，道教和与“书写”有关的中国特有的艺术门类——书法和作为“意匠文字”的道教符箓有着密切的共生关系。在长年的积累中，这两种艺术形式都具备了高度的抽象特征，对于设计创作不乏值得借鉴之处。诚如吕胜中所说，体现为文字书写与构成形式的符箓“的确是从心底发出的声音，用文字结成的语句。我们不必去听懂它，它很美已经足矣”[①]。然而，道教与艺术的关系，与佛教艺术研究相比，在过去的研究者中间得到的重视远远不够。在文献资料和田野调查有限的情况下，本节的讲授只能根据自己粗浅的理解“尝试为之”。

① 吕胜中：《意匠文字·龙卷》，中国青年出版社，2001年，第153页。

一、书写在道教中的独特地位

与其他宗教对比，道教在对“书写”重视乃至崇拜这一点上具有独特性。这种独特性首先体现在经典的设立方面。为了区别“圣书”与一般书籍的不同，不同宗教对于经典来源一般都会有所解释。

图 3-13　北宋　李公麟　西岳降灵图卷（局部）　绢本　故宫博物院藏

如佛教往往通过“如是我闻”这样一种“在场”的句式来显示经典记录的真实性。基督教认为，全部《圣经》都是上帝所默示的，即上帝启示一些他所拣选的人记载下来上帝的真理。目前在美国十分有影响的新兴宗教“摩门教”，则是创教者宣称在“摩罗乃”天使的指引下发现了一部早已写就、封藏已久的经典，只是据说那种文字没有别人能够识别，当然也不可能为大众所见到。然而，唯有上清派的道教经典《真诰》是通过“真人口授、他人记录”（或可理解为“扶乩降笔”甚至“真人手书”）的形式产生的，并流传有“既是宗教经典，又是书法佳品”的“三君手书”，经陶弘景搜集整理而成。有研究者甚至指出“驱使陶弘景搜集诰授记录的力量，既是相当的宗教热情，也来自三君书法的魅力”[②]。

② 〔日〕吉川忠夫、麦谷邦夫编：《真诰校注》，中国社会科学出版社，2006年，前言第2页。

无论如何，这种“神道设教”的方法以及对于书写的重视，在世界宗教发展史上恐怕都是独一无二的。因此，如果说禅宗是“不立文字”的话，那么道教恰恰就是一种文字的宗教。道教为了经典流传需要对“书写”投以特殊的观照。由于道士本人未必是书法高手，从而建立起延请书法高手抄写经文的传统。在中国书法史上，王羲之、褚遂良等著名书法家都有著名的道教题材书法作品传世，而“羲之写经换白鹅”的典故更是为人耳熟能详。陈寅恪因此得出了“是书法之艺术实供道教之利用”的结论。[①]且不论陈的说法是否有失公允，就强调道教对于文字的重视以及由此产生的对于书写行为的观照，甚至将文字书写看作道教信仰的一个核心而言，至少并不是没有根据的。

① 陈寅恪：《天师道与滨海地域之关系》，《金明馆丛稿初编》，上海古籍出版社，1980年。

其次，这种独特性还体现在各种宗教规仪中，比如“关亡”（通过招死者灵魂的方式来解答生者疑问）这种世界性的巫术。在古代东方宗教和文学经典《希伯来圣经》（即犹太教经典，也是基督教《圣经》中的《旧约》部分）中，多次记载了这种被称为“交鬼”的巫术与个别实例（参见《希伯来圣经·撒母耳记上》28：8-19）。值得注意的是，在古代以色列民族中，生者与亡灵沟通的方式是言语而不是书写。与此相类似，在《圣经·新约》中的福音书里，也曾经多次记载鬼附在人身上的现象，但这种“被鬼所附”的人，其表现几乎都无一例外是说鬼话或喊叫。《圣经》中也有关于书写神秘性的一些记载，但为数极少。如《出埃及记》中就记载了上帝亲自为摩西书写“十诫”法版的经历（参见《出埃及记》31：18）；《但以理书》中也记载了上帝亲自显现出手指在伯沙撒王的宫墙上写字，并且所写的字不能够被当时的在场者所识读的事情（参见《但以理书》5：5-9）。但毕竟在《出埃及记》中，上帝赐予摩西的绝大部分律法还是通过“晓谕”这种方式加以启示的；而《但以理书》那里记载这件事情的一重用意是渲染但以理的智慧和聪明。总的说来，这种通过书写来完成神启的记载在整部《圣经》中并不多见，因而可以说在犹太教、基督教中并没有形成“书写启示”的传统。

然而在中国，“关亡”却与“扶乩”的方术逐渐结合起来，“亡灵”与人类传播沟通的形式往往是通过“卜者观察箕的动静来断定所问事情的行止与吉凶，后来渐次发展为书写”，或者“降灵的现象大概是附在请问者的身上，借他的手写出来”。尽管“降神也不一定要借着箕箸，若有精灵附在身上，那人也可以直接写下来”，却始终没有进一步发展为“直接用口说出来”。[2]中国的文字与书写，以及在此基础上发展起来的书法艺术，尽管往往被视为“小道”，但既然是“道”，本来就包含了许多“道可道，非常道”的成分。在朱和羹《临池心解》、叶廷琯《鸥陂渔话》等历代书法理论文献中，由书法能够看出一个人的命运之类的记载也屡见不鲜，而在这类于中国书论中反复出现的例证中，“含义进入意义系统时对逻辑证明几乎没有任何要求”[3]。因此，尽管看起来完全可以通过“言说”这种更为简便和直接的形式完成与求问者的沟通，但亡灵却出人意料地需要通过“书写”这种中国文化中的特殊媒介。在历代记载扶乩案例的有关文献中，“乩仙”往往不会选择通过显容、言语甚至绘画等在其他民族文献中有记载的方式降乩，而“书写”已经成了仙、人沟通的几乎唯一的媒介，甚至出现过“乩仙”通过这种方式向占卜者索要笔墨的咄咄怪事！

当然，书写艺术之于道教，尤其是对于设计学者值得特别关注的一些特色，只能通过符箓等特殊的宗教和信仰仪式所留下来的文献或实物体现出来。将注意力集中到符咒这种形式本身，会注意到其对于艺术的借鉴以及两者相通之处。道者在画符时的心态、笔法等要求与书家创作时“欲书先散怀抱”（蔡邕语）一类描述具有高

② 许地山：《扶箕迷信的研究》，商务印书馆，1999年，第7—8页。以下所引扶乩原始材料未说明者皆转引自此书。

③ 邱振中：《艺术的泛化》，《书法的形态与阐释》，中国人民大学出版社，2005年。

度相似性，如“凡书符，先斋心、定虑、行神、布气……”或“收视返听，设念存成，心若太虚，内外贞白，元始即我，我即元始”[①]。很难说这不是一种艺术创作时的“审美心胸”。历代有关扶乩的记载，为书写艺术研究留下了关于古代书写行为的大量宝贵的文献资料，而道士们的符箓，到了今天也可以作为一种“意匠文字”的形式加以关注，体味其中的构成和设计意识。在这个意义上，我们应该肯定道教规仪的种种形式具有深刻的创意和艺术价值。只不过毕竟与出于求问和祈求灵验的功利目的有关，当时的信众们几乎不会把注意力放在书法或者图案构成等方面，更遑论把艺术欣赏当作一种单纯的目的。因此，我们这种“艺术”的目的，必须先经过一个“祛魅”的过程之后才能够达到。

① 《上清天心正法》卷三。

二、文字书写的赋魅与祛魅

人们相信，“符箓”并非人的创造，而是古代的“真人”流传下来的，而且“真人创作这些符也一定仔细认真地研究了汉字结构，又探索出重新组合符箓的技术问题。如果没有某种规律的信手乱画，谁也难以画出那么多形态丰富的作品”[②]。充当“乩仙”角色的，也往往是有名有姓、有据可考的历代文化名流。即便没有更多的对于他们书法水准的描述，“乩仙”们书写时所使用的字体，似乎也应该成为研究文字演变史的重要材料。然而，在《道藏》或其他古典文献中我们却基本上看不到有关真人创造符箓的意匠方法或是“乩仙”的书法艺术的记载。相反，为了赋予文字书写一种“权力”和神秘性，文献中掺杂了大量穿凿附会的记载。如大量关于“关羽

② 吕胜中：《意匠文字·龙卷》，中国青年出版社，2001年，第153页。

降乩”的记载中关羽与求问者对话中使用的是何种书体就是颇可怀疑的。可以看出在与求问者沟通这一点上，无论什么时代的“乩仙”们采用的都是一种能够在当时被认知的书体，而符箓中的字体却正是要人“似懂非懂”的。既如此，对于作为沟通媒介的文字本身是无须过多加以讨论的。

在通过“乩仙降笔、三君手书”，经由陶弘景整理而成的道教经典《真诰》中，也有对于文字学意义上的书写字体的深入描述。尽管这种道教经典的成文方式与扶乩活动的目的有所不同，但与此类似，无论是“自上而下”还是“自下而上”的两种书写活动，基于“实用”这一层目的考虑，依然是以潜在的“接受者”（分别为求问者或天官）为诉求对象的。因此陶弘景等道士之重视易于辨识的隶书而轻唐朝以来被视为书法艺术正脉的草书，与天师道“章奏的字迹，若是书法潦草，料想天官不会喜欢”[③]的观念恐怕是不无联系的。但是，由于有必要突出强调扶乩活动本身的神秘性使得字体成为一个经过赋魅的领域，必须人为地制造出“人间书体”和“天篆”之间无法对话的鸿沟。如这样的一些记载：

③ 龚鹏程：《书法与道教》，《书艺丛谈》，山东画报出版社，2007年。

其书有数体，甚有笔力，然皆非世间篆隶。其名有“藻笺篆”、“茁金篆”十余名。[④]

④〔宋〕沈括：《梦溪笔谈》卷二十一。

箸篆字笔势奇妙，而字不可识，曰：“此天篆也”。与予篆三十字，云是天蓬咒，使以隶字释之，不可。[⑤]

⑤〔宋〕苏轼：《东坡集》卷十三。

只是这里所说的几种篆书彼此是否同一种字体，其字形究竟若何，在今天均已不可考了。好在这种乩仙们“偶一为之”的才华展示，也正如《真诰》卷一《运象篇》中所说的“三元八会群方飞天之书”和“八龙云篆明光之章”类似，同样只是通过不可辨识的文字书写为天庭中的“乩仙”或“真人”而赋魅的一种手段而已，并不是扶乩活动的最终传播目的。笔者猜想，这种“天篆”大概与符箓中的各种字体属于同一种类型。“符箓上写的字实际是变了形的人类通用文字，之所以普通人不可辨识，是因为大都是拆散了的偏旁的重新组合。”[①]之所以这样做，是因为这些文字同样需要一种“赋魅”的意义，文字在这里已经从一种单纯的手段拓展成一种传播目的，既然虚拟出的“诉求者”是“天官”而不是人，因而就并不要求普通人辨认了。并且，正是在主要由非文人知识阶层构成的民间，出于对于文字神秘性的信仰，通过文字为各种规仪活动赋魅才变得更有意义。

① 吕胜中：《意匠文字·龙卷》，中国青年出版社，2001年，第152页。

因此，如果我们试图从这些活动中获得有关书法和艺术设计的研究资源，有必要将“书写”的主体从“真人”“乩仙”还原到那些真正的“书写者”，研究他们写字或者画符时的思维方式。不难注意到，无论是《真诰》的“仙人降笔”还是“扶乩”本身，其直接的书写者总归还是作为方术活动参与者的在场的个人（所谓“真人不得为隶书”，符箓也毕竟需要由道士用朱砂画出来）：

> 其托乩之人遇能书者书工，遇能诗者即诗工，与全不能诗者则虽成篇而迟钝。余稍能诗而不能书，从兄坦居能书而不能诗。余扶乩则诗敏捷，而书潦草。坦居扶乩则书清整，而诗浅率。……所谓鬼不自灵，待人而灵也。[②]

② 〔清〕纪昀：《阅微草堂笔记》卷四。

诚如许地山看到的，“书写”这一关键环节，离不开对于参与者知识背景的倚重。“说起来，所写出的离不开在场诸人的观念意志与知识程度。如扶乩者必得会写字，不会写也得曾见过人写才成，否则虽受灵感也写不出来。作画也是如此。”[③]个别有记载的扶乩活动中的真实的书法作品，也还是不得不通过“神至，书云：‘请一人系笔于项’”这样的方式来请人代笔。[④]

③ 许地山：《扶箕迷信的研究》，商务印书馆，1999年，第99页。

④〔宋〕何薳：《春渚纪闻》卷四。

故此，我们便可以解释为什么“真人”和“乩仙”们如此青睐于这种非言语的传播手段——书写了，而“真人”的符箓和“乩仙”的书法，实际上不过是道士或扶乩者本人的艺术创作而已。所以，在中国古代的民间信仰中，无论是“降乩”还是“受诰直书”，都对于“合作者”有一个最基本的要求——具备视觉表达的能力。正因为这一点，扶乩活动对于参与者，或曰“合作者”有着明确的要求。倘若扶乩者本人不会写字，大概即便是仙人降乩，表现在乩坛上的恐怕也只能像阿Q一样画圆圈了。而由于书法艺术的泛化，使得“书法”这种表现形式要比绘画相对来说具备更广泛的群众基础，因而找到一位能够符合要求的“扶乩者”，操作起来并不会太困难。当然，一些重要场合中的扶乩、受诰的内容，自然也要请现实生活中的大文豪、大书法家来参与了。子姑神委托苏东坡为自己书写传记，紫微王夫人“降笔”需要几经周折最终由书法家陶弘景使用“真书”（实则为隶书）才能把《真诰》整理成书，皆出自此种原因。

综上所述，“画符”“扶乩”的神秘性绝不在于书写过程本身，而是在于“书写者”主体身份的一个错位，即实际上的书写者（writer）与名义上的书写者（author）两者并非同一人！其神秘性就在于所书写出的文字名义上是来自“天神”或者降坛的乩仙，从而带有某种“天意”或者“权力”（authority），而此时“实际上的书写者”的这层身份是故意隐匿和不在场的。“扶乩”活动中所见到的书写，其实并非出自所谓“乩仙”们的亲自手笔，但接受者却宁愿相信其为亲笔。这种情况有些类似于今天的领导委托秘书写文件，虽然文件本身是秘书代笔，但署的是领导的名字，从而具有某种权威性。无论如何，在画符和扶乩活动中，书写的确成了一种如陈寅恪所说的“被利用”的工具：“道家学经及画符必以能书者任之。……实以道经非请能书者写之不可。”[①]只是稍纵即逝的“扶乩”或被饮下的画符，本身并不具备反过来促进书法艺术发展的“雄心壮志”。对于信众来说，人们相信用不可辨识的文字形式体现出来的符咒，具有治病、消灾、降福等功效。从这一点上说，符箓、扶乩等都属于一种注重“外在动机”的民间信仰，即通过对神灵的崇信或曰利用而达到个人利益的目的，这与强调“为信仰而信仰”、顺服神的安排的“内在动机”是不同的。在这样的活动中，人们所需要的并不是这种文字本身，而是其中可以沟通天人的“魔力”。因此“沙盘降乩”这种人际传播的手段使得充当媒介本身的书写作品几乎没有一件被长久地保持下来，而“符箓”本身抽象的形式构成原理当然也不可能由道士们留下详细的讲解。

① 陈寅恪：《天师道与滨海地域之关系》，《金明馆丛稿初编》，上海古籍出版社，1980年。

三、文字信仰的确立依据

在中国，文字和书法一直在与民间信仰发生种种关系，以至于在民间逐渐形成了“文字通神”“敬惜字纸”一类书写文字崇拜的观念。事实上，今天仍有相当一部分受过教育的中国人认为文字确有某种不可言说的神秘力量，以至于“天皇皇、地皇皇，我家有个夜哭郎，过路的君子念三遍，一觉睡到天大亮”一类的“伪科学”张贴物，还是能够在20世纪80年代的中国内地被发现。正如龚文庠所指出的，“虽然今天多数中国人对‘咒语’的魔力已经不像旧时那样相信，但咒语心态的‘文化惯性’依然存在，……成为一种‘无意识’的动力”[②]。至此，有必要解释中国民间对于文字的崇拜乃至信仰的深层成因。龚鹏程在分析中国汉字的文化符号学的时候则更多地看到中国文化对于汉字表达的一种特殊的依赖性：“文字优位的文化，人就是意义的本源，文字所显示的意义，则就是宇宙天地万物之意义。”这一点是可以用来部分解释扶乩现象的。但龚鹏程接着指出了中国之所以重视文字传播的另外一个原因，那就是中国人对于“不朽”的强调：

② 龚文庠：《标语的传播功能》，程曼丽主编《北大新闻与传播评论（第二辑）》，北京大学出版社，2006年。

> 中国人追求不朽、超越时间，却是靠文字。不在场不是缺点，反而是文字足以超越时空隔阂的力证。铭刻代表一种记忆，书写旨在永恒，故中国人喜欢书于竹帛、镂于金石，以

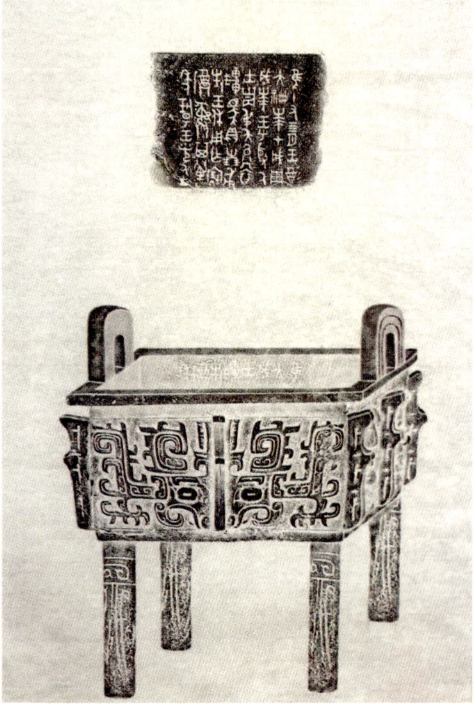

图3-14 鼎 全型拓 北京大学赛克勒考古与艺术博物馆藏

垂诸久远，传于后世。不像语言那样，唾咳随风，纵然妙语一时，终未能在人或事消失之后供后代凭考。[①]

① 龚鹏程：《文化符号学导论》，北京大学出版社，2005年，第72页。

但对于这一点，我们却要具体问题具体分析。从我们今天能够看到的有关符箓、扶乩活动的记载都是文字的形式来看，似乎很能印证这一点。但也有一些值得注意的反例。在符箓中，无论文字形式本身如何美观，也都是要被人吞服的；而在扶乩中也存在着两个步骤的文字传播：第一是降坛的“乩仙”在沙盘上书写，由于沙盘无法长久保存，所以第二步必须同时由扶乩活动的参与者（包括扶乩者、求问者甚至其他旁观者）将这些书于沙盘的文字记录下来，才能传之于世。龚鹏程的结论似乎无法解释为何这种“速朽”的符纸或者作为第一个传播步骤的乩坛也需要通过“书写”而不是“言语”的形式。

笔者想到了魏晋玄学中的“言意之辩”。也许正是与“象”的含义的不可穷尽性和文学语言的可解释性有关，在中国，“文字”总比“语言”拥有更多解读的空间。由书写本身的“不尽言”这层交流中的困难巧妙地转化为“书不达言”这种可资利用的媒介，作为一种抽象表现形式的中国文字，更进一步被赋予“艺术（书法）”“占卜”“测字”乃至“降乩”等神秘而特殊的性质。在这样一个过程中，人们对于中国文字的起源也一再进行着无法证明的神秘性解释：一个“天雨粟，鬼夜哭”的造字神话及一个有四只眼的“仓颉”形象描述的知识谱系最终在中国汉代形成（《淮南子·本经篇》）。经过几千年的意义附加，在中国文化中，文字书写能够“通神”一类的观念终于被建构了出来，并且进一步反过来为包括道教在内的各种信仰所沿用，从而不断拓展着有关“文字”和“书写”的种种含义。

已故法国思想家德里达（J. Derrida，1930—2004）对西方思想史中的“逻各斯中心主义”的批判至今振聋发聩。在德里达看来，这种“逻各斯中心主义”，正是指西方思想史上一种认为“思想”和“语音”密不可分的传统。从传播学的角度来看，这种传统即认为意义的表达和理解是与面对面的人际传播紧密联系在一起的：在沟通过程中，语音具有一次性、当下性，因而是首要的、必需的；而作为语音载体的书面文字，则是第二位的甚至可有可无的。德里达想要批判的“逻各斯中心主义”，其实质就是一种认为思想和语音合而为一的“言语中心主义”。直到德里达之前，这种思想在已经完成了“语言学的转向”的20世纪西方哲学中仍然占据着支配地位。但按照德里达的看法，这种赋予语音以中心地位，从而把“语音”和“文字”截然分开的“二元对立”是值得消解的。[②]令人感到遗憾的是，尽管德里达本人极为看重一些似乎能够构成反例的图画或象形文字，但他完成这种“结构”的哲学资源仍然主要是从西方（特别是古希腊哲学）中寻找的。他对于神秘而又古老的中国文化有一种独特的兴趣，并曾经在有生之年访问过北京，据说也曾经关注过中国文字和中国现代艺术家徐冰的作品，然而毕竟对于中国文化所知甚少。书写与中国文化的密切关系，尤其是它在中国民间信仰中所被赋予的特殊地位，毕竟是“逻各斯中心主义”的一个巨大反例。但是，在20世纪的语言哲学中，“书面语言有一个特殊的环节——书写，书写所产生的视觉形式——文字的外观，却没有落入哲学家的视野”[③]。且不论德里达的思想是否真的能够颠覆整部西方思想史，书写艺术在中国民间信仰中的传播作用及其与权力

② 〔法〕德里达：《论文字学》，汪堂家译，上海译文出版社，1999年，第7—36页。

③ 邱振中：《书法究竟是什么》，《神居何所》，中国人民大学出版社，2005年。

的关系，是审视道教思想特色，进而反思中国文化的特殊性的过程中值得注意的一个重要论题。

四、文字作为一种设计资源

讨论道教与文字的关系至此，我们必须承认这种独特的书写文化应该成为中国当代设计创作中一种得天独厚的资源。事实上，已经有很多艺术家和设计师在这方面为我们留下了探索的足迹。笔者希望通过一番简单的梳理把寻求中国当代设计面貌的已有成果作一些综述，从而鼓励更多的设计实践者参与到这项充满挑战和可能性的道路上

图 3-15　西汉　鼎　青铜　北京大学赛克勒考古与艺术博物馆藏

来，探索设计实践与中国文化之间所有可能产生的实质性互动。

如果说徐冰的作品或者现代书法领域的一些探索大多还不能够被称为“设计”的话，那么首先应该注意的是建筑师张永和。张永和是20世纪90年代中国实验建筑的领军人物，“非常建筑”工作室主持人，曾任北京大学建筑学研究中心教授和美国麻省理工学院（MIT）建筑系主任，现为同济大学教授。近几年来，张永和在国内的建筑实践逐渐增多，但对于文字的实验并不是他的主要工作，当然也不是他最为成功的作品。相比之下，他对于象征“中国文化”的另一个元素符号——自行车的理解尤有心得，而文字这一更加古老的空间原型对他来说不但有着时空的隔阂，在空间探索上也有着比自行车更加复杂的难度。尽管如此，张永和在文字建筑方面的探索是值得借鉴的。他从《康熙字典》中所收入的一个古“囗（围）”字所提供的灵感出发，[①]认为“囗”反映了古代中国人的内在性空间观念，也就是四合院的原型。由此在郑州某幼儿园的设计中，“通过对‘园’字进行违反书法规律的重写，去发掘它‘院’的空间结构”[②]。在稍后的广东虎门某酒店设计中，张永和再次以《康熙字典》为设计的起点，从中找出了十六个“囗”字框的字，坦陈这些字大多数他不知其音义，但是仅从图形构成和形式上能够看出一种古代中国人对于“空间”的理解。在建筑中，张永和更加直白地对这些文字进行了图解和还原，如用水、木、石等具体的物质材料取代了原先古字中的相关抽象的偏旁，至此“字空间向三度转变致使字成为字院”[③]。无独有偶，唐代武则天在《升仙太子碑》（699年）中所自造并使用的一批新字中，给笔者印象最深的也是一个“圀”字框的字——“国”。下面我们要介绍的香港设计师刘小康的“会

① “囗”这个古“围”字其实在《新华词典》里就能查到。

② 张永和：《自行车与象形字——寻找建筑中的中国概念》，何香凝美术馆、上河美术馆编《当代艺术与人文科学》，湖南美术出版社，1999年。

③ 同上。

意字”系列作品中也围绕这个“口”字大做文章。这种对于图形的依赖恐怕不仅仅是张永和所说的那种偶然中的巧合。

但也正如张永和本人所看到的那样，“虽然明确了内向的特征，象形字引入建筑设计并未提供对中国空间的一个系统的认识”[①]。可以认为，他的象形字建筑仅仅是利用了汉字的外形（字结构），不但对文字的构成方式本身没有进行更加深入的探讨，也从实践形式上否定了对“中国空间观念”作任何进一步追索的可能性（此后张永和的作品也的确并没有沿着这一条“中国符号”式的思路走下去）。因此他的象形字建筑仅仅能够从具有“口”字框结构的几个有限的汉字去展开（根据龚鹏程的统计，全部中国汉字中“象形字”大约不超过 5%），而无法从更宏观的意义上探讨汉字与设计对话的其他可能性。可以说，这样的实验也仅仅是一个通过设计解读中国文化，或探索中国形态的现代设计的低级阶段。这种实验完全可以由一位对中国文字没有任何深入理解，仅仅对不能识别的中国古字怀有猎奇心理的外国视觉艺术工作者去很好地完成。因此，尽管比仅仅停留在字形的延展之类的庸俗寓意有了一层探索“中国空间观念”的动机，但正如徐冰的“新英文书法”从概念上对于早期的“天书”只有有限的超越一样，事实上其观念的价值仍然是有些“东方主义”式的。这样的作品仍然只能够诞生在经历着深刻历史断裂的当代中国而很难具有无论是艺术、设计还是文化方面的深度解读空间，而这层观念的缺失是不能通过实践家本人的答辩而规避的。

比张永和的探索更为深入一些的是香港平面设计师刘小康。刘小康长期以来与靳埭强共同主持设计公司，因此其个人成就容易被靳埭强的光芒所遮蔽。不过在笔者看来，刘氏显然比靳氏的路子更

① 张永和：《自行车与象形字——寻找建筑中的中国概念》，何香凝美术馆、上河美术馆编《当代艺术与人文科学》，湖南美术出版社，1999年。

宽，思维也更加深化。在向1995年台湾“汉字·意象”海报邀请展所提交的系列作品《新汉字》（*New Chinese Charactor*）中，刘小康通过对“六书”中的“会意”一法的创造性发挥，充分表达了他对于中国文化的独特理解和平面设计师的创意才能。刘小康的灵感来源并不是无中生有，而是对于《说文解字序》中所提到的“六书”（尤其是“会意”）、西夏文字、中国古乐谱、女书、符箓等已有的部分“造字”文化成果进行形态上的转化。在谈到这组作品时，刘小康这样写道：

> 设计这套海报最大的收获是看了很多中国造字的资料。造字六法中的“会意”最令我着迷。原来武则天也曾造了一些字。虽然觉得她是一位有能力、有创意的君主，可是以男性观点写成的历史，总是把女性的成就贬低。也发觉西夏文字就好像用汉字把不同的故事及图案做成一张拼贴画，和徐冰先生的造字方法有点相似。
>
> 现在仍沿用的纳西族东巴文字，被称为活的象形文字，20世纪末一直成为研究文字的学者的重要对象。日本设计大师浅叶克纪先生也从实地考察开始，研究中国文字，后来把中国一些古字放进设计里面，把这渐渐失传的文化，借着海报介绍给世界。[②]

② 《艺术与设计》，1999年总第9期。

作为一位设计师，刘小康不可能提到中国文字信仰生成的深层原因，也并没有从形式上穷尽中国文化中所有的文字创意资源。但显然，比靳埭强等人的“民族形式”，刘小康的思路和方法要更少一些“后殖民”的意味，比王粤飞根据藏族文字演绎的《来自西方的灵感》系列图形作品更具有文化的自觉，并且比徐冰可以批量生产的“天书”等更具难度和设计意识，从而接近于中国文化的创造精神本身。在这个层面上，作为一种设计资源的文字及其存在样式的确为现代中国设计开辟了一种新的思路和范式，并促进了中国文化向世界的传播。无论如何，与徐冰类似，刘小康也已经无意间为自己的“新汉字”进行了“注册”，从而已经成为他个人的一种符号。后人如果想继续出新，必须通过对中国文字构成和创意思路的深入借鉴去发现其他可能。

以上所探讨的仅仅是部分中国设计师在尝试把中国书写艺术（也包括广义的文字形态）应用于现代设计过程中已经出现的探索，也仅仅是探索中国文化的当代生命力过程中的某些侧面和过程，还远没有穷尽文字作为一种设计资源的所有可能。但我们已经可以看出，在中国文化中，包括道教符箓等在内的各种文字存在样式都是中国当代设计创作的宝贵资源，对于文字的关注也开始逐渐形成中国当代设计创作所重视的一路范式。当然这种“范式”并不应该仅仅停留在样式本身的形态上，而应该深入研究文字图形艺术中的创意思维。因此把道教的文字艺术纳入我们的研究视野，或许对于文字学甚至书法史的发展线索意义无关紧要，但对设计，尤其是当代文化背景中的中国设计，就不可避免地具有了一层创作论的意义。

道家对于中国艺术的影响还体现在很多方面，本章涉及的内容仅仅是九牛之一毛。有关道教与艺术的话题，这样的论述也仅仅是一个有代表性的角度。就道家思想与设计的关联而言，或许还可以在前人研究成果的基础上，继续去关注一下道家思想本身所存在的张力。如前面提到的庄子“技进乎道”与老子“大巧若拙”在实践中的矛盾，以及《庄子》内篇的“齐物”和外、杂篇中“物物而不物于物”之间的悖论等，都是这样一种张力。这些矛盾的出现，固然与老庄的叙述方式有关，但并不足以否定道家思想本身，甚至可以说正是张力的存在构成了中国思维的一个更接近于艺术语言（而不是西方的逻辑语言）的特点。相反，到了后来魏晋时期的王弼等人从近似于西方哲学范畴“本体论”的角度解读老子，反倒失去了很多质朴天成的意味。

道家哲学一方面具有美学的色彩，另一方面也蕴含了反对艺术的内在逻辑。仅仅从道家哲学的理论出发，很有可能导致一些“哲学上成立，艺术实践中讲不通”的不现实的理论思辨来。比如，很多理论家热衷于讨论的“日常生活审美化”或者“生活艺术化”即是如此。实际上，这种“艺术”的标准离专业艺术工作者的理解相去甚远，对于艺术和设计自身标准不具有任何建构意义。再如，从道家（特别是庄子）美学出发，很容易导出艺术上的相对主义，即不认为艺术中有所谓“专业”的标准，而是认为每个人都有评价艺术的权利，每个人评价艺术的标准都有其存在的价值而不能互相比较、断定高下。这种说法也是似是而非，对于当代艺术教育面临的现实问题几乎是无能为力的。片面强调道家哲学的美学意蕴，容易在把道家思想充分理想化、本位化的同时，掩盖了很多更加值得深入研究的艺术中的独特问题。道教亦然。从道教的仪轨本身来说，对于符箓的构成形式和创意原理作“文本细读”，显然也并不是创立和传播这些符纸的初衷。但笔者相信从设计创作的视角深入这些表面现象的一番探索，有利于打通传统道家、道教文本和艺术设计之视觉图形研究的通途，并在促进设计学跻身当代人文学科的过程中铺设一条新的路径。

第四章

云在青天水在瓶
——禅宗思维在设计中的借鉴

暂且搁置学术界关于“儒家是否宗教”的争论，中国儒、释、道三教并立的基本文化格局还是大致清晰的。其中，儒家和道家（以及在此基础上形成的道教）都产生于中国本土文化，只有佛教来自“西方净土”。作为一种外来文化，源自印度的佛教在中国本土生根发芽的确有复杂的社会原因，但它传入中国之后对中国文化影响之深，使得今天很多中国人误把佛教当作中国本土的宗教。佛教在中国本土化的历程在今天中国这样一个类似的“东西方文化碰撞”

图 4-1　山西应县佛宫寺释迦塔

的时代是尤其值得认真思考的。

无疑，中国文化对于佛教最成功的改造成果便是禅宗。尽管有所谓“拈花微笑”和“达摩东渡”的传说，笔者还是愿意指出禅宗的确是中国本土思维方式（主要是道家思想，也有儒家的影响）对于佛学的一次超越。禅宗对于中国设计思维方式所产生的影响，也值得我们在“中国设计与中国文化”这个论题下写上一笔。禅宗的“平常心是道”和“无念为宗”的理论基础，很接近于当代西方哲学中现象学的一个妇孺皆知的口号“悬置”，对于绘画创作和设计思维有直接的现实意义；其“顿悟成佛”和“直指本心”的教义，也容易在“直觉”的层面上接近于艺术创作。当然，我们也还是不能把禅宗过分地理想化、艺术化，甚至把禅宗等同于艺术（所谓“生活的艺术”“静默的美学”云云）。尽管受到了一些道家哲学的影响，甚至也有不同于印度佛教的“入世”的倾向，还是不能忘记禅宗毕竟是一种宗教而非艺术。如朱光潜所指出，“不立文字”的禅宗的本意，必然导致“取消一切艺术”的逻辑上的后果。[①]因而本章对于禅宗的分析，仅仅是就其体现出的一些对于艺术和设计创作有启发的中国思维方式进行讨论。

① 参见朱光潜：《诗论》，生活·读书·新知三联书店，1998年。

由于本章涉及的禅宗毕竟是佛教的一个宗派，所以首先有必要介绍一下中国古代信仰世界。古往今来，宗教在人们的生活中都占据着无可替代的重要地位，并且由于现代性展开以来宗教和科学的不同分工，使得以往人们想象的“宗教会随着科学的发展而自行消亡”的一类提法越来越显露出过于简单的缺陷。中国自古以来缺乏“一神论”的宗教传统，民间信仰中各种神祇杂糅，很多时候民众“唯灵是信”而并不在乎所信的究竟是道教还是佛教。然而无论如何，在中国的上层社会中，文人士大夫阶层还是对于种种宗教形态有着不同于民间信仰的分别。

第一节　佛教征服中国或中国征服佛教

佛教由教主印度人释迦牟尼（本名乔达摩·悉达多，“释迦牟尼”是佛教徒对其的尊称，意为“释迦族的圣人”）创立。受印度本土经典《奥义书》《吠陀》以及古代婆罗门教影响，佛教同样认

图 4-2　东魏　贴金彩绘菩萨立像　石雕　山东青州市博物馆藏

为人生本质是“苦”，即人生中充满着无法摆脱的生、老、病、死以及求不得、爱别离、怨憎会、不欲临一类遭遇。然而，一切“苦”都并非真实存在的物质实体，而是“因缘和合”而生，“一切有为法，如梦幻泡影”（《金刚经》）。人只要不执着于这个“色即是空，空即是色”(《般若波罗蜜多心经》)的世界，潜心佛法，便能达到“涅槃”的境界。因此严格地讲，佛教是一种“无神论”的宗教形式，尊“苦、集、灭、道”为“四圣谛”，崇尚“佛法”的内在个人性，反对印度教的“种姓制”，故又称“内学”。与基督教、犹太教、伊斯兰教三大“一神论”宗教甚至其母体印度教不同，虽然也曾受到印度教“梵我合一”观念的影响，但原始佛教基本上不谈论宇宙起源等创造论问题，也并不认为“佛”是一种外在的终极实在，而是倡导“世法平等”，即一切生命均具有同等的价值（这与深受基督教文化影响、高扬人的价值的西方人文主义有很大的不同），认为众生皆可成佛。其实，“佛”的本意是“觉者”，并非全知、全能的“神”的观念。只是在向民众传播的过程中，“佛”的概念才逐渐向一种外在的终极至上神的观念演变，这在中国尤其明显。尽管在转世轮回、因果报应等教义上深受印度本土的种姓制宗教以及因明逻辑的影响，佛教在它的故土印度的传播并不成功，但在东南亚其他一些国家的传播却取得了极大的成功。在今天这个西方文化的新一轮全球化攻势中，回顾佛教这一当年的西方文化如何经历“本土化”的历程并融入中国文化的经验和教训是有积极意义的。

东汉以来先后传入中国的佛教——汉传佛教、南传佛教（巴利语系上座部佛教）和藏传佛教（喇嘛教）三大系统，逐渐占据了“不语怪力乱神”的儒家在中国人心目中留下的空白地位，从而成为中国文化的重要组成部分，以至于汉学家许理和曾有“佛教征服中国”的感叹。[①]但是佛教的“本土化”历程，却并不像今天很多人想象的那样是自然而然的。尽管在轻视女性（释迦牟尼本人禁止女性修炼佛法）等方面与儒家文化有一些表面的类似，但总的说来，从佛教传入中国伊始，这种印度的文化形态与中国文化的对立就远远多于共性，尤其体现在以下几个方面。

① 参见〔荷〕许理和：《佛教征服中国》，李四龙等译，江苏人民出版社，1998年。

首先，佛教的文献和艺术本身都具有浓重的印度色彩。由于佛教的教主和早期信众均非中国人，因而各种“佛”的造像、穿着均有着浓重的印度文化烙印。如佛教造像中经常出现的“袒胸露乳”的装扮，便与恒河流域的气候特点有着密切的关系。到中国以后，这种装扮被认为不雅，因而很多佛像经过了着装方面的变化。而与中国道教等信仰类似，受到“阴阳”的认识论及民众心理的影响，观世音菩萨的印度形象在中国也逐渐演化成为女性形象。对于中国人极为陌生而繁复的印度语言——梵文写就的经典也必须经过翻译，以至于在今人看来与中国古代经典无异。但其实，“佛经在翻译的过程中间很大程度上变繁为简了。当然这样做以后，……有一些不确定的东西也混杂在里面，可以这样思考也可以那样去思考。但这不也正是中国语言的一个特点吗”[②]？

② 楼宇烈：《中国的品格》，当代中国出版社，2007年，第169页。

其次，佛教与中国此前的两种主流价值观——儒家与道家都有着难以调和的冲突。佛教倡导的“出家”的观念，与儒家根深蒂固的“孝道”存在着明显的对立，以至于出现了《父母恩重难报经》一类“本土化”的佛教经典来调和“出家”观念与儒家“不孝有三，无后为大”的矛盾。道教徒自然也对这一“西方净土”进入中国民众信仰颇有不满，因而道教中也诞生了《老子化胡经》一类经典。

尽管今天“化胡”这种说法究竟是道教徒为了抵制佛教还是佛教徒为了取得本土认同而先行“编造”出来的我们已纠缠不清（目前大多数学者还是倾向于相信前者，包括《佛教征服中国》的作者汉学家许理和），但道教与佛教的冲突在中国始终存在，在《西游记》《封神演义》等小说中就多次出现了“佛道斗法”“老君化胡”的

图 4-3　日本京都金阁寺

相关情节。

再次，佛教的“无神论”这一特征与中国民间的多神、泛神信仰仍然有很大的不同。中国民间有很多习语、俗语，都能够体现出早期佛教这一特征与中国民间的外在神信仰的对立，如“泥菩萨过河——自身难保”“丈二和尚——摸不着头脑”“小和尚念经——有口无心”“佛头着粪”“借花献佛”“临时抱佛脚”“人争一口气，佛争一炷香”等。只有佛教之“佛”与中国民间信仰中的偶像崇拜、灵异崇拜等杂糅、混合在一起时，佛教才算在中国民间有了一种坚实的群众基础，这表现为《西游记》《封神榜》等小说中几乎比比皆是的佛道教不分的混乱的信仰形式。当然，这种据称“道佛皆信”的信仰在很大程度上只是一种“唯灵是信”的民间信仰而非真正的宗教。

最后，佛教徒与中国的上层社会中的某些精英一直有着尖锐的对立，除了“三武一宗灭佛”这样极端的“灭顶之灾”外还体现在很多方面。慧远的《沙门不敬王者论》已经开始表现出一种“不合作”的姿态。而在官绅阶层，一方面，以范缜等人为代表的反对佛教信仰（当然此时已经是将“佛”外在化、实体化了的佛教信仰）；另一方面，在唐代佛教泛滥到一种自上而下的“佞佛”阶段（如杜牧诗中的描写）的时候，韩愈等儒家文化的坚定捍卫者宁肯遭贬也写出了《谏迎佛骨表》一类反佛的文章。

佛教在中国的传播和发展，很长一段时间内与中国文化的调和也并不是一帆风顺的。作为一种外来的文化形态，佛教在当时也曾面临像后来传入中国的天主教一样尖锐的“中国礼仪之争”。但中国文化却具有一种广大的包容性，正如“礼拜”“天堂”“洗

图 4-4　日本奈良唐招提寺

礼”“祈祷”这样基督教词汇一样，“缘”“轮回”“因果”“报应”等观念也逐渐融入了中国人的日常生活。随着时间的推移，到隋唐时代，佛教已经很好地完成了“中国本土化”而成为中国学术文化的重要组成部分。“禅宗对印度佛教革新的过程，就是使印度佛教与中国传统文化融合从而使之中国化的过程……实质上就是以中国传统文化（主要是道家，也包括儒家）为背景或参照系，对印度佛教的重新塑造。这种重新塑造，主要是使佛教变得能适合中国人的口味，从而使它能在中国生存和发展。”[①]在民众层面，如净土宗对中国民众文化层次的迎合、密教与西藏当地崇奉鬼神的原始信仰（如苯教）的冲突与融合等，都为广义上的佛教争取了大量的信众。笃信道教、尊“李”姓的老子为正统的唐朝却在宗教政策方面相对显得宽容，西亚的琐罗亚斯德教（祆教）、摩尼教、

① 王树人、喻柏林：《传统智慧再发现（上卷）》，作家出版社，1996年，第160页。

景教（古代东方基督教的涅斯托利派）等“中古三夷教”相继传入，尤其是使得来自天竺的佛教哲学异军突起，的确是中外文化交流史上的一个成功的范例。

佛学思想和佛教是两回事，尽管中国思想史上佛学思想大师们还是以佛教徒居多（近代以来这种情况才有所改变），但学术研究完全可以对这些思想进行独立的探讨。这一时期西来的佛学思想也逐渐占据了中国思想学术的中心位置，不仅唯识宗等源自印度的宗派在理论上得到了空前的发展，中土地区流行的诸佛教宗派的理论，也相当一部分借用印度佛教的基本框架（交织此前的中国本土哲学）思考了一些终极的哲学问题。比如华严宗的“金狮子章”、唯识宗的“阿赖耶识”等，其共同特点是逻辑繁复、思想深刻、哲学抽象程度和理论水平极高。在中国佛学史上出现的慧远、僧肇等思想大家，其学说至今仍然受到哲学家们的推崇和赞叹。由于佛教的心性学说填补了中国学术在“性与天道”乃至“怪力乱神”领域的真空，对儒家的正统地位都形成了一些威胁。韩愈、李翱等通过痛斥佛教的佞妄来捍卫儒家正统思想，思想史上则有“古文运动”等旨在复兴未受佛教影响前的中国经典文学的努力。

但是如同笔者在《周易》那一讲所指出的，那种“绚烂至极”的哲学，并非中国本土文化的最高追求。也应该注意到，这些思想家在佛学领域中的出现，除了印度固有的因明学在思辨逻辑方面的影响以外，还与出家人拥有大量的空余时间，无须为生计问题过多奔忙有密切的关系。“哲学产生于闲暇（而不是‘专业’或‘职业’）”——从西方哲学史上可以看出，思想家是否有闲暇时间来深入思考终极问题，会直接影响到哲学水平和思辨程度的高低。指出这一层外因，也可以从某些侧面理解为何过分结合物质生活的中国现当代缺乏真正的哲学家和思想大师。但是也正因为其逻辑意味过强，这种思辨性的佛学思想，似乎不太适合作为滋生视觉艺术的土壤。换言之，艺术和哲学既有联系，又极不相同。逻辑色彩过浓的严格意义上的西方（包括印度）哲学，大体只适合于言说和文字记录，以图形为主要手段的视觉艺术，不太适合表达如此严密复杂的理论——至少敦煌壁画与复杂的佛学理论不具有严格对应的依附性。如果硬要用“图说”，大概只能落入“一说便俗”的地步了（想想细密复杂的密宗图像和敦煌藻井图案）。

因此，如果说唯识宗缺乏理论范畴的原创性，密宗哲学和学术价值不高，而华严宗又陷入纯理论思辨而脱离群众基础的话，则可以说禅宗是佛教中国本土化过程中所结出的最为美丽的一朵花，也是教义和信仰实践两方面都最成功的中国本土化佛教形态。由六祖慧能开创的南宗禅是一个高度入世、生活化的佛教宗派，延续大乘佛教“不二法门”“烦恼即菩提，生死即涅槃”的思考范式，提出“佛法在世间，不离世间觉，离世觅菩提，恰如求兔角”（《六祖坛经》）。中国思想史只有等到禅宗出现，才真正摆脱印度的影响而“征服”佛教，也才值得去解读一种作为中国思维方式的佛学思想对于中国艺术和设计创作的启发。李泽厚曾指出，唐代以降的佛教传播，“许多内容并不是佛经教义，也不是六朝名士的‘空’‘有’思辨，而是地道的世俗生活、民间传说和历史故事。它们甚至与宗教几乎没有多少牵连，纯系为寺院的财政收入而招徕听众，……禅宗在中唐以来盛行不已，压倒其他所有佛教宗派，则是这种情况在理论上的表现”[①]。的确，在中国艺术史中我们看到，著名的“书僧”怀素，

① 李泽厚：《美的历程》，中国社会科学出版社，1984年，第151—152页。

留下的所有墨迹如《千字文》《食鱼帖》等都是“为艺术而艺术”而与宗教无关，其大名鼎鼎的《自叙帖》中，也只有在开头第一句“怀素家长沙，幼而事佛”中交代了自己的宗教背景，随后迅速转入通篇对于“忽然绝叫三五声，满壁纵横千万字”的书法艺术的痴迷。这与晋朝时期道教和书法的密切关系已经很不一样了。

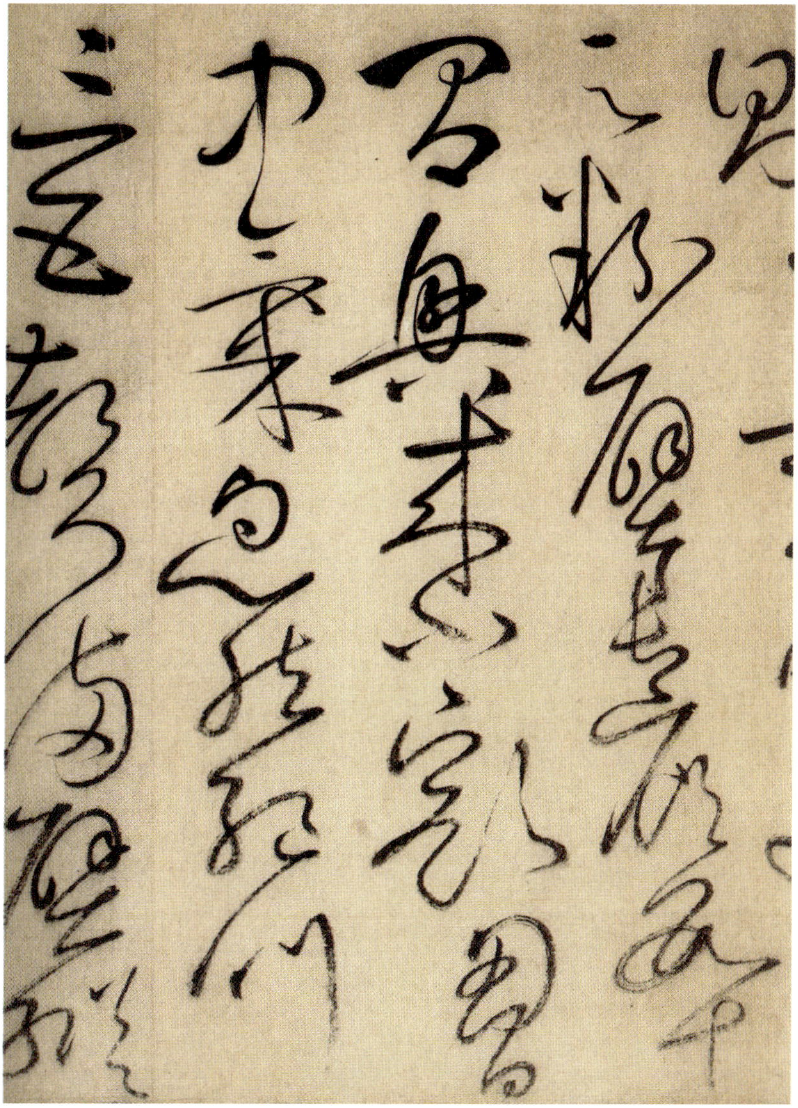

图 4-5　唐　怀素　自叙帖（局部）　纸本　台北故宫博物院藏

第二节 “平常心”与“顿悟”

禅宗思想强调当下和“在场”地对于平常事物进行体验，以“心”为尺度，强调人对于生活中客观存在的事物的接受，从中“悟”出“佛性”来。在禅宗看来，“青青翠竹总是法身，郁郁黄花无非般若”，因而“日日是好日”，“担水砍柴”亦“无非妙道”。即从事物的存在中，可以领悟出极大的智慧，万物都包含了“法身”和“般若”，只是看识者是否具有“觉”的本心。“云在青天水在瓶”这样的论述，在《六祖坛经》和其他禅师的语录中可谓比比皆是，这是因为禅宗相信“佛”不在彼岸，而只在日常生活的器物劳作之中，只等待“心”的照亮、唤醒。为了印证“佛”的“无所不在”，禅宗的和尚可以专往佛像身上吐痰，或是将木雕佛像砍了当柴烧。“顿悟”则是达到“般若”“直指本心”的充要条件。如果你一定要问“佛”究竟是什么这样的问题，那么禅宗只能给出一些似是而非的答案，或是干脆将其称作“干屎橛”“搅屎棍”。

禅宗的这种思路，与其说是佛教的宗教哲学，不如说是中国传统哲学中的一种重要的思想。往前追溯，上引论述与《庄子·知北游》的这一段可谓异曲同工：

> 东郭子问于庄子曰：“所谓道，恶乎在？”庄子曰：“无所不在。”东郭子曰：“期而后可。”庄子曰：“在蝼蚁。”曰：“何其下邪？”曰：“在稊稗。”曰：“何其愈下邪？”曰：“在瓦甓。”曰：“何其愈甚邪？”曰：“在屎溺。”东郭子不应。

图 4-6　山西大同云冈石窟

当然，禅宗那里更强调了“心”的主动性（“心悟转法华”），也更突出了一种“舍我其谁”的“大雄”精神，而不像庄子那样小心、谨慎地追求“形之委蛇”。可以说，禅宗既受到了道家思维方式的影响，而作为中国化的哲学思想，也不可避免地受到“匡人其如予何”的儒家精神的改造。这样看来，即便是悬置宗教信仰的背景，单单思考禅宗所提供的一套独特的哲学和逻辑，也能够看出很多中国独有的思维方法的影响。

宋朝以降对禅宗的思维方法也有所继承，这尤其是体现在宋明理学中王阳明这样重视“心学”的哲学家身上。慧能的“不是风动，不是幡动，仁者心动”这句名言，在过去受机械唯物论影响的论述中往往与“你未见此花时，此花与汝心同归于寂”被一同当作“主观唯心主义”的典型材料，至少在某种程度上证明了两者的相通，只不过笔者可能更偏向于强调这种思想对于艺术建设更积极的一面。而来自明末清初的王夫之的论述，同样可以说是对禅宗思想的继承和发挥，这就是他对“现量”与“比量”的区分：

> “现量”，“现”者有“现在”义，有“现成”义，有“显现真实”义。……“比量”，“比”者以种种事比度种种理……此量于理无谬，而本等实相原不待比，此纯以意计分别而生。[①]

禅宗反对“比”，这从慧能和神秀所作的两首偈语的区别中可以看得很清楚。禅宗不同于《周易·说卦传》，不同意用具体的物象来比喻无处不在的“道”，所谓“干屎橛”“搅屎棍”也只是一种“万物静观皆自得”的“提示”，或者是一种言说的策略，仍然与“比”有着极大的不同。但禅宗显然不是一味地反对比喻，其所反对的只是容易遮盖事物本来面目的“象征”，而不是反对“寓言”。[②]根据“诗思当在灞桥风雪驴子上”这样的表述，有理由相信禅宗基本上能够认同庄子的“象罔”是“道”得以存在的唯一途径这一判断。也就是说，禅宗理论同样支持“意象”必须包含“意境”这一对于艺术和设计创作中艺术形象的要求，而反对用“象征”的手法将抽象图形与具象事物严格地作一一对应。至于试图通过文字解释作品的努力，在“不立文字”的禅宗这里，更是应该“深恶痛绝”的了。

总的说来，禅宗倾向于事物自身的显现，也就是在禅师那里经常谈论的“境”。“境”不是比，而是世界的自足性呈现，而这种自足呈现的世界的意义，则不能通过严格的逻辑语言来表达。但是如何保证这样的意义一定能够“意会”呢？禅宗提出了“无

① 转引自叶朗：《胸中之竹——走向现代之中国美学》，安徽教育出版社，1998年，第20—21页。

② 关于“象征”与“寓言”的差异，可参见吴晓东：《从卡夫卡到昆德拉——二十世纪的小说与小说家》，生活·读书·新知三联书店，2003年，第36—43页。吴晓东指出：“象征是自足的存在，而寓言则相反，它总是使作品主题关涉到外在于艺术作品的各种对象，这就可能产生出多重的含义，而象征从具象到抽象的途径则是单一的。”“从书名上看，《子夜》是象征，《围城》是寓言。”

图 4-7　山东泰安《泰山经石峪金刚经》摩崖

念为宗”的原则。在欣赏包含了“道”之“境”（“象罔”，或是艺术意象）的时候，禅宗也认为需要有一个没有先入为主的各样偏见的心胸。这样看来，前面对于道家哲学与设计关系的论述，突破思维定式、“再设计”、“本质直观”、用图形语言本身说话等设计和绘画的方法，以及“涤除玄览”“心斋”“坐忘”这些道家对于艺术创作心态的要求，同样能够从禅宗这里找到一以贯之的中国思维方式的支持。

但是，禅宗的终极目的是为了做到物我合一——超越物我的二分与对立。表面看来，这是禅宗与“天人相分”的道家的一个重大不同，但仔细想想，禅宗所举的各样“世界”，几乎都是禅院、自然中的境界，而没有“车马喧”的闹市，更没有《庄子》中那样“德之衰”的乱世，似乎不得不承认禅宗世界与真正的“人间世”之间

图 4-8　山东邹城岗山石经摩崖

还有一段距离。

如果说“无念为宗”只是达到“物我合一”的一个原则，那么“顿悟”就可说是一种具体的方法。“顿悟”是一种反对理性修行的方式，我们可以欣赏其批评北宗禅的“渐悟”和“苦修”，以及它对于传统逻辑的嘲笑和否定，但也必须承认，其在现代设计教育中是无法提倡的。现代高等教育是建立在理性研究的基础之上的，不得不承认“顿悟”说的确缺乏社会学、教育学中的建设性意义。在这些领域，没有必要固守传统，相反应该注意及时吸取其他国家的研究成果，这是因为在社会学科方面存在普适性的操作规程，而不同于人文学科强调特殊性的发展状态。

第三节　“静默”与“空灵”

冯友兰在《中国哲学简史》这本向国外的学生介绍中国哲学的小册子中，称禅宗为“静默的哲学”并加以论述，这一判断对国内的当代美学研究形成了巨大的惯性作用。作为一种机械的比附，一些美学史著作纷纷称禅宗为“静默的美学”。然而这种思路近来受到了学术界一些人的质疑与反思，这些批评不无道理。总的概括这些意见大概不外乎两点：其一，禅宗毕竟是一种宗教，究其终极而言，它所提供的是一种宗教境界而不是审美的境界；其二，强调“超越性”的禅宗，事实上是“超越”了“静”与“动”分别之上的“第三条道路”，像冯友兰那样将其纳入“静”的框架中，是因为他没有从根本上突破“二元对立”的西方思维方式。

把禅宗概括为“静默的哲学”，从接受者理解的角度应该不会造成太大的误解，只是在背后的哲学理解上可以作出更细微的校正——这种细微的区别值得深入区分，但这是歧义理解使然，至少就字面意义本身，不能判定用“静默的哲学”来描述禅宗哲学的外在形式有什么不妥。关键在于“静默的美学”这样一种说

图 4-9 陕西西安大雁塔

法，且不去批评其持论者的“比附”心态，就这个命题本身而言，也是缺乏问题意识和理论价值的。由“静默的美学”推而论之的必然结论——“生活艺术化”（或曰“艺术化的生存方式”），极有可能是一个“伪命题”。尽管“美学热”中许多学者也曾纠缠于这一命题，并从老子、庄子和晚年海德格尔那里找到了许多论述作为“印证”，但最终还是放弃了将其作为一个理论命题来深入研究的欲望。这是因为，“生活艺术化”（“艺术化生存”）

是一个初读理论的人学习中国美学史和西方现代哲学史的过程中很容易产生的一个念头，但无论从艺术理论还是“生活世界”（胡塞尔）的理论中都无法真正做到深入、独出新意。换言之，所谓“生活艺术化”，不过是一个很容易被发现的高等常识，而不必然是所有“设计哲学”研究的最终归宿。

不妨插入一段题外话：“设计哲学”究竟应该如何表述？笔者曾经批评设计理论研究者的“概论热”——热衷于炮制各种大同小异的《设计概论》，但却没有一本真正具有理论价值、提问角度独特的设计哲学著作。最近陆续看到一些文章也提到了“设计哲学”的问题，但其结论似乎都大同小异——最终将结论推到通过设计实现“生活艺术化”的表述上来。这样的结论并不能够让笔者感到新鲜和满意。“生活艺术化”作为学者的个人理想，当然值得羡慕和称赞，但从中国的宋明理学的“绿满窗前草不除”开始，这个问题就一再被人提出——而且不是作为哲学问题，而仅仅在随笔、游记中表达一下感慨而已。今人的相关问题研究著述，也缺乏真正的哲学意味。[①]追问设计哲学的角度有很多，为何不去尽力开辟一些新的问题而纠缠于“生活艺术化”或“日常生活审美化”这种千篇一律的“意见”的表态，令人不解。

① 现代文人中，周作人、林语堂等根据对晚明小品的追溯，更加突出了这种“言志”派的文学主张，但需要注意的是，他们谈论相关问题的著作恰恰是小品文而不是哲学理论。20世纪80年代以来，由于道家思想与美学的关系被重新建构（相对于此前儒家哲学的中心位置），这个话题很容易被触及，但难以真正深入。

尽管如此，倘若这里暂且不去缠绕于禅宗究竟是否“超越动、静”这样的哲学思辨，“静默”的禅宗哲学还是能够从两个方面给设计创作以启发的。第一个方面是关于设计（艺术）才能的成长。一如著名的禅宗“见山”公案，设计才能的成长也必须经过这样一个“否定之否定”的阶段。起初是一种“少年不识愁滋味”的懵懂状态，经过严格的艺术和审美的训练，最终仿佛又回到一个“无法之法”

的混沌境界。这无须作过多的解释，笔者想借此说明专业设计师的高等教育的必要性。高等设计教育能够在技术方面的训练和工艺培训之上，从审美方面对一个设计师进行必要的陶冶。在公众眼中，没有接受过艺术设计专业合格的高等教育的职业设计师的作品很可能和专业设计师“差不多”，这种公众无法分辨的好坏在经过专业审美训练的人眼中却非常明了。

从形态上，这很接近于“见山”公案的第一和第三阶段，这两个阶段是有鲜明分别的。“酒入愁肠化作相思泪”也许没有“却道天凉好个秋”的境界高，就因为它们还分属于第二、三两个不同的阶段。但这里同样也要强调第二个阶段的必要性，“复归平淡”之前的“绚烂至极”这样一个阶段是不可省略的。同一句话，从一个十岁的小童口中说出，与经历过沧桑的老者口中道出可能具有完全不同的意味。弘一法师那样尝尽世间喜怒哀乐再“忏悔佛前”（明人张宗子语），与从小出家的童子对于人生的体验不一样。以笔者

图 4-10 甘肃敦煌莫高窟

个人的写作经历为例：重新翻检自己二十余年前所作的大量古体诗词，今天看来诚如稼轩所言“为赋新词强说愁”。自己那时珍藏的大量艺术习作，也早已感觉到没有继续保留的必要。当然如鲁迅所说，对于这样的“少作”，没有必要“悔”，是因为几乎这是艺术才能成长过程中的共同规律。设计师的成长过程中也不乏这样的现象，如陈绍华近来的创作逐渐追求简洁，就与其20世纪90年代中期尝试使用“绚烂至极”的创作手法有不可忽视的联系（当然规律也难免有例外的情况出现）。

“静默”的禅宗哲学带给设计创作第二个方面的启发就是“空灵”。“空灵”不是没有任何内涵的纯粹形式，而是一种“空故纳万境”的美学追求。对此，陈从周概括道：“我国古代园林多封闭，以有限面积，造无限空间，故‘空灵’二字，为造园之要谛。”[①]这与印度本土的佛学简直有天壤之别。“空灵”作为中国艺术明显区别于西方艺术的独特之处，是道、禅之相通处，在禅宗思想这里也得到了深刻的表述。尽管“空灵”，但不妨碍“多义性”的表述，以此区别于没有任何内涵的纯粹“简单”和碌碌。举个不太恰当的例子，一个作为纯粹形式构成的多边几何图形（即便它在图形和色彩方面没有什么矛盾的地方），与一幅八大山人的大写意，在形式上都算不上复杂，但前者只能说是“简单”，但后者却是形式单纯而不失丰厚内涵的“空灵”。为此，禅宗将这种“空灵”的“沉默”称作“如雷沉默”——正如老子的“大音希声”，同样可以理解为“见山”公案中第一阶段和第三阶段的区别。这种区别放在中国思想史中并不难理解，但西方人理解起来可能的确有些难度。笔者曾在中央美术学院设计学院“造型基础”课教学实践中试图对来自欧美国

① 陈从周：《续说园》，《园韵》，上海文化出版社，1999年。

图 4-11 山西恒山悬空寺

家设计专业的留学生用同样的方式讲解“简单”与“空灵”的区别，但留学生的理解明显比中国学生吃力得多。

这种“空即是色”的东方图形思维方式作为中国艺术的一种独特风格，已经为很多 20 世纪西方艺术家和理论家注意到了，中国当代设计师和艺术家对此更应该有极好的领悟，比如王序。在宇宙间的万物中，“水”这个特殊的意象最能接近于道家所欣赏的有与无、虚与实的统一，以及禅宗的“空灵”状态。受这种思想影响的中国的艺术家和设计师往往喜欢以“水”作为创作和人文关怀的主题，在这个题材下容易创作一些体现中国思维方式和情怀的设计作品。从构图上说，王序的海报作品在艺术精神上与书法和水墨画有一致的地方，作品画面往往放松和空灵，色彩也极其单纯。但他的“单纯”是有内涵的，他的高明之处正在于以静制动，以较少的笔墨传

4-12　北宋　郭熙　雪山行旅图轴　绢本　纵106厘米　横51.5厘米　故宫博物院藏

达深邃的内容。王序创作中的意象是简单的，但这种“简单”并不是空洞，相反是在有限的空间中追求“大化”的一种自然而然的结果。他的“空”就是无，是一种有内涵的“空灵”。从这个意义上说，也许在王序这里才真正实践了由西方建筑师所提出来的“少就是多”。尽管王序（也许还包括文学界的阿城等人）身上的这种道、禅精神是不自觉的，我们也并不赞成从表面上模仿他的形式，但无论如何，其作品中的意象构成方式是与中国古典美学艺术精神有相一致的地方的。

第四节 对于话语霸权的解构

以上我们从禅宗哲学那里更多地看到的是受到儒、道等中国本土文化影响的成分。相对于先秦的诸子百家，禅宗的确能够做到“融

图 4-13 重庆大足石刻

会贯通”，但理论独创性也确稍显逊色。禅宗得以与易、儒、道等先秦经子学术相提并论，当然还应当突出禅宗不同于诸子的独到处。除去其宗教背景和方外情怀之外，禅宗在思想上也还是有一些难以确切归于哪一家的影响但却的确属于中国思维方式系统内的独特学说。比如，禅宗对于经典和话语霸权的“解构”非常具有“现代意味”，作为一种思路，值得在当代设计研究中加以阐发。

禅宗有很多“见佛杀佛”“呵佛骂祖”的故事，似乎按照佛教的逻辑，这些实在是离“信仰”有些远。但正如“五四时期”人们看到的批判孔夫子最厉害的人，往往是孔子最忠实的信徒一样，毋宁说禅宗是像道家的“正言若反”一般，最符合佛学的终极奥义（当然已经加入了中国思想方式的改造）。在禅宗和尚们的身上，除了前引往佛像上吐痰、砍佛像当柴烧一类的“逸事”外，更有要打死释迦牟尼喂狗吃一类的“狂言”。在禅宗看来，最重要、最终极的“佛性”是无处不在的，每个人都能够通过“悟”来参透之，没有谁在这个问题的解释上有任何的权威。这里的“佛性”，正如西方哲学的“终极实在”，具有纯形而上学的意味。换言之，不去关涉宗教信仰，的确可说禅宗的哲学意味至少丝毫不下其宗教内涵。这也难怪废名、熊十力等人可以毫不“隔”地从哲学而不是宗教进入一种近乎“借佛教术语表述”的纯哲学的层面。

这种对于“权威”的解构，的确也更多表现为一种思维方式，而基本上不涉及终极的宗教信仰。“佛性”是否人人、物物都有，或者说将其命名为“佛性”还是其他的哲学名称，当然还可以再讨论，但人类应用“设计”的能力，却无疑是“先验”和无须论证的。说到底，设计是一门应用型的艺术。虽然是艺术，但终究要体现在

“有之以为利，无之以为用”的应用层面。从这个角度上说，“是否好用”是评价设计作品的一项重要指标。这与纯艺术或是其他领域的情况有明显的不同。如果说公众对于一个与日常生活关系不如设计密切的专业领域进行判断需要靠“专家”的指导的话，那么对实用性的设计则完全应该认可并相信自己在使用实践中的判断。正如不会做菜丝毫不妨碍一个人对饭菜的可口程度作判断一样，评价设计时，公众（而不仅仅是“把关人”）无疑也应该具有发言权。这与声光电化等高科技领域是很不一样的。

以设计为例，即便受到“专家”的一致好评，但没有得到大多数群众的认可，只能说是一个好的艺术品，但绝不是好的“设计”。这是由设计“适应地引领公众审美”这种客观存在的要求决定的。产品设计更为典型，好的产品是为人服务、为人所使用的，倘若外观可资欣赏，但却不具有易用性，那么无论如何也是“工艺”性胜过了“设计”的因素。但是这一点，至少在中国当代的公众中间长久没有形成共识。像其他领域一样，设计也过多地相信“专家”“权威”的判断（“话语霸权”）而消解了大众的“话语权”。中国的各类标志设计评选，往往过分注重“专家”个人的趣味而忽视最广泛意义上群众的接受程度，而“专家”却又过多地集中在“美术”而不是“设计”领域，使得评选结果不但不能发挥安东尼·吉登斯在《现代性的后果》一书中提出的其他领域中“专家系统”的令人信任的作用，反而忽视了设计的最终评价标准在于大众的应用。按照禅宗的思维逻辑，我们有理由怀疑眼下中国设计界中的“专家”和“权威”所扮演的重要角色。

当然，设计作为一门艺术，还有其审美层面的艺术标准和专业的设计思维，这一点无疑“专家”比“公众”更具有发言权。没有接受过严格的高等艺术教育和审美训练的公众，其对于设计作品实用性的评价值得设计师深入思考，但其对于作品艺术水平的评价则往往缺乏训练。在这方面，还必须由接受过艺术训练的专家来进行判断，这也是“通过设计进行群众审美教育”的一个必要保障。所

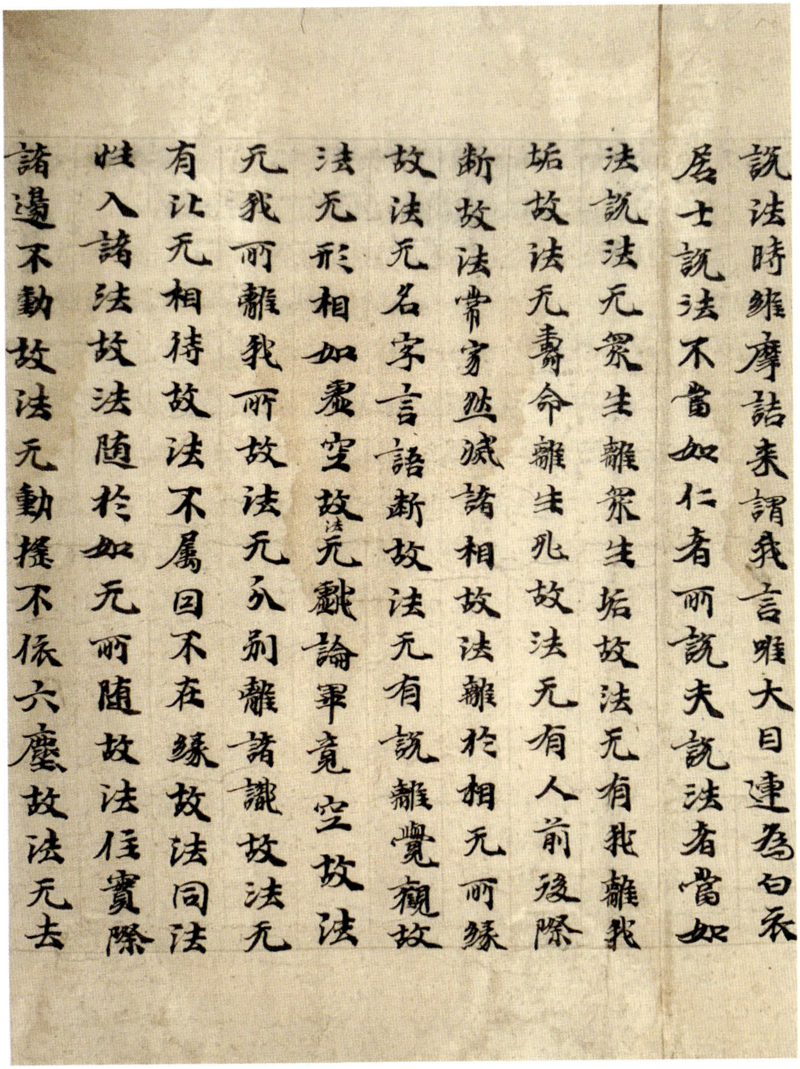
說法時維摩詰來謂我言唯大目連為白衣
居士說法不當如仁者所說夫說法者當如
法說法无眾生離眾生垢故法无有我離我
垢故法无壽命離生死故法无有人前後際
斷故法常寂然滅諸相故法離於相无所緣
故法无名字言語斷故法无有說離覺觀故
法无形相如虛空故法无戲論畢竟空故法
无我所離我所故法无分別離諸識故法无
有比无相待故法不屬因不在緣故法同法
性入諸法故法隨於如无所隨故法住實際
諸邊不動故法无動搖不依六塵故法无去

图 4-14 北魏 维摩诘经（局部） 纸本 上海图书馆藏

以“解构话语霸权”也应该具有一定的限制，如果一味“解构”，片面强调艺术接受中的“权利平等”和审美标准的“相对主义”，甚至据此否定艺术教育和专业训练的权威性与必要性，也只能是一种“听起来不错”的幻想。

禅宗是在中国文化（特别是道家）的影响下在很大程度上完成的向佛教原始教义的一种复归。“禅”本身也是一个梵语词汇，禅宗初祖达摩“一苇渡江”从外国入华，但禅宗主要是在中国人即“六祖”慧能及其弟子手中发展成为一种原创性的哲学思想的。慧能本人的不识字恰好促生了“不立文字”的禅宗佛学——尽管后学还是将慧能言论整理成《六祖坛经》。禅宗对于日常生活的重视，很难说不是主要受到道家哲学的影响，而“解构经典”进而“呵佛骂祖”的信仰实践，则未尝不可看作是对原始佛教的一种复归。因此，在日本批判佛教学派（Critical Buddhism）甚至更早的一些时候，佛教界内外就对于“禅宗究竟是否佛教”这个问题进行过检讨。[①]尽管在唐武宗灭佛之后禅宗思想仍然得到了保存，晚唐五代时期还分化出“五家七宗”，但总的说来，禅宗的创造性高峰已经过去。直到今天，虽有很多人（包括艺术家）热衷于谈“禅”，也还有许多寺庙被称为“禅院”“禅寺”，但今日名副其实的“禅宗”精神，只能存在于文献之中了。

作为唐朝才出现的一种哲学思想，禅宗在理论上的新鲜感和活力事实上已经远远不如先秦诸子。承认禅宗是“被中国征服了的佛教”，实际上等于已经承认在此前的中国已经孕育了各种能够影响到禅宗的哲学和思维方式（其抛弃印度佛学烦琐的逻辑而强调直观、顿悟，更是“绚烂至极归于平淡”这种中国本土的思维方式的直接

① 参见龚隽：《禅是佛教吗？——“批判佛教”关于禅的观念检讨》，刘东主编《中国学术》第四辑，商务印书馆，2000年。后收入《禅史钩沉——以问题为中心的思想史论述》，生活·读书·新知三联书店，2006年。龚隽指出，批判佛教思潮所达成的一个基本共识就是“以中国佛教为代表的东亚佛教严重背离了印度佛教的路线，这种‘本土化’了的佛教是根植于一种与印度佛教的缘起观念完全不同的，以根源实在论为基本范式的基础主义或场所哲学观念上的”。

体现），只不过禅宗较好地完成了“大综合”而已。但禅宗毕竟还是一种宗教形态，虽然在中国“其所表现出超越宗教的倾向，乃是必然的”，但中国的禅宗毕竟是一种“与原印度佛教具有本质区别的佛教”[②]。无论如何，佛教禅宗在中国的本土化不可能像文化普遍主义者所期待的那样使佛教完全“中国化”，甚至需要印度反过

② 王树人、喻柏林：《传统智慧再发现（上卷）》，作家出版社，1996年，第161页。

图 4-15　山西平遥双林寺木雕

图 4-16　元　吴镇　溪山高隐图轴　绢本　纵 160.5 厘米　横 73.4 厘米　故宫博物院藏

来向中国学习，而是也深刻地保存了相当一部分印度文化的基因。从这个意义上说，有关禅宗思想的研究结论尽管几乎不可避免地与儒、道诸家有相互联系之处，但其所提供的一些特有的思想范畴，特别是一种外来文化在中国本土化的历程，在印证了中国文化整体性的同时，也还是对同样源自西方的现代艺术设计在中国当代的主体性发展带来许多新的启发。

第五章

蔡元培：中国现代设计启蒙的先行者

在中国，现代意义上的设计已经有了一个多世纪的发展历程。应该看到，设计学科在现代中国发轫之初，就有着重视理论研究的学术风气。在中国近现代历史上，鲁迅、闻一多、钱君匋等 20 世纪初的前辈设计师们，不仅为我们留下了许多经久不衰的设计作品，也留下了一些非常有价值的理论著述。很多学者和思想家谈到了对于设计（如城市设计、书籍装帧、广告和插图）的一些精辟的、具体的见解，其中有的见于随笔、书信，有的则已经初具理论形态，它们都是中国近现代设计思想史研究的组成部分，也可说是中国设计研究的开端。从设计思想史和设计学术史角度梳理前人的相关成果，应该成为我们从学理上对“现代设计本土化”这个问题进行思考的逻辑起点。但是遗憾的是，今天的很多设计工作者并不清楚这一时期的中国设计史，而是想当然地把“改革开放以来”当作现代设计开始在中国建立的时间标志，因而对中国 20 世纪初的现代设计思想缺乏足够的重视和研究。本书接下来的这一部分并不着意于一一介绍各个方面的设计思想，而是从宏观的角度观照设计思想家在东西方文化碰撞过程中对一些基本问题的思考。

在中国近现代史上，蔡元培（1868—1940）严格意义上说是一位教育家而非学者，主要是因为他的“读书不忘救国，救国不忘读书”“思想自由，兼容并包”“以美育代宗教”等教育思想口号而非高头学术论著被人们所熟知的。作为一位对于美学与美术史有着极大兴趣的教育家，他拟想中的《美学通论》这部专著（即其在北京大学任校长期间所开设的唯一一门课程“美学”的讲章），也仅仅撰写了《美学的倾向》及《美学的对象》两章而未能完成。[1]然而，当各个人文学科的学者们梳理自家“学术史”的时候，却不约而同

① 参见梁柱：《蔡元培的美育思想及其在北京大学的践行》，《北京大学学报（哲社版）》，2003年第6期。

地发现几乎在各个重要的学科门类的发展史上，都难以忽视蔡元培的重要影响。事实上，在很多学科中，蔡元培往往并没有自觉地进行实质性的学术理论研究，但是他的几句高屋建瓴的论述或是鼓与呼，都对这门学科后来的发展起到了重要的推动作用，或是在很大程度上影响到了该学科领域中此后的专门著述。正是蔡元培大量“文不甚长、言不甚深”的文章，在广阔的范围上参与了中国诸多人文学科的基础建设。就对整个人文学科领域各个学科部门的实质影响而言，在整个中国近现代教育史上恐怕无人能出其右。

令人感到激动的是，设计在学科建设伊始也在很大程度上得到了蔡元培的关注，这一点有他大量谈论美学与艺术问题的文章可资印证，并且从许多后世关注设计问题的理论家、美学家那里也可以比较清晰地分析出蔡元培相关设计论说的影响。尽管彼时尚没有“设计学”这样一个明确的学科命名，但最晚从 1918 年开始，中国已经具备了现代意义上的西式设计教育和理论著述（即 1918 年设立北京美术专科学校图案科、北京大学设立新闻学研究会讲授报刊广告的内容、甘永龙在商务印书馆编译出版《广告须知》等）。只是设计理论的建设及其作为一门人文学科进入当代学术，长期以来无论在美术界还是教育界都一直是极其不自觉的。[①]直到今天，“设计”仍然是以极其边缘化的身份出现在整个学术界的。但是这样的发展与现状并不意味着我们能够忽视这门学科进入中国现代高等教育之初在理论眼界上很高的起点，那就是蔡元培为建立和弘扬这一学科所做出的诸多努力。

今天我们翻开《蔡元培美学文选》[②]，或许并不能够直接找到专门谈论设计的论文（这与其他学科的情况有些类似），但蔡元培

① 参见祝帅：《中国设计研究百年》，清华大学出版社，2018年。

② 文艺美学丛书编辑委员会编：《蔡元培美学文选》，北京大学出版社，1983年。本章中所引蔡元培文章出处，除具体说明者外，均转引自此书。值得说明的是，该书书名中的“美学”仍然是广义上的，即包含了大量尚没有系统化、理论化的美学思想和言论。

图 5-1　蔡元培像（1923 年与第三任妻子周峻订婚时）

在谈论美术的进化、美育的普及等问题时，都反复地以设计为例说明自己的论点。在一些涉及美术的讲义中，他也往往为图案、装饰、建筑等内容设立单独的章节。尤其难能可贵的是，在《在中国第一国立美术学校开学式之演说》等文中，他比较早地提出了绘画与设计的关系，这在当时就影响到了陈衡恪（师曾）、闻一多等人的论述。

就对设计的影响而言，蔡元培的贡献是梁启超、陈独秀、李大钊、胡适等同样对我国其他文艺建设产生影响的同时期启蒙思想家所不及的。以下笔者将从“图案”作为“美育”的重要组成部分、以“装饰”为线索建构起的进化的美术史观、以“城市设计”作为一切造型艺术的最终归宿等几个方面，深入论述蔡元培的设计观念与美学理论。

第一节 “图案”作为美术和“美育”的重要门类

一、涵盖“图案”与“绘画”的“图画”观念

在今天，很多时候人们讨论“美术教育”甚至“美育”的时候，是把艺术设计排除在外的，似乎遗忘了“艺术学”学科门类中还包含着“设计学”，而是仅仅把“艺术”理解为绘画、雕塑、舞蹈等“Fine Arts（纯艺术）”。也许有人会想当然地认为蔡元培对“美育”的理解也是如此，但情况却恰恰相反。这固然是因为设计学学科建设（而不是其学理自身）的不完善，同时很大程度上也与今天“美术”这个概念词义的缩小有关。

在蔡元培的论述中，时人所理解的“美术”仅仅是他理解中的“美育”的组成部分。在他那里，“美术”是一个相当广义的概念：“美术本包有文学、音乐、建筑、雕刻、图画等科。”[①]这样的理解大体上相当于今天的“艺术”，而其中“雕刻”与“图画”大体上与今天所说的“美术”具有相近的外延。蔡元培认为，与起源于实用和祈祷的建筑、雕塑不同，“图画”起源于“纯粹之美感”。这一点似乎在论述上有一点矛盾，因为如果想要把“图画”

① 蔡元培：《在中国第一国立美术学校开学式之演说》。到后来，蔡元培感觉到若想扭转社会对“美术”一词狭义的理解已经不可能，因而放弃了对“大美术”的阐述，而完全使用“美育”代替了“美术”。

图 5-2　北京大学校园内的蔡元培像（作者：曾竹韶）

的“实用”与“美感”两个源头强行分开的话，很可能陷入一个“先有鸡还是先有蛋”式的问题而无法解释得十分清楚。但至少需要注意到的是，蔡元培所说的“图画”却并不能够简单地理解为“绘画”。在他那里“图画”是包容了“图案”和“绘画”这两个美术中的主要门类的。“图”与“画”是两种东西，“图画之中，图案先起，而绘画继之”[②]很清楚地说明了这两者之间的关系。前者是实用艺术，后者是纯艺术。

② 蔡元培：《在中国第一国立美术学校开学式之演说》。

图 5-3 北京大学画法研究所成员合影

蔡元培的这种思想在当时是被普遍接受的，就连以“图案”作为“design”的第一个中译名，在当时的画家中也是得到认可的。1922 年被蔡元培邀请担任“北京大学画法研究会”（“图案画”亦属于该会的研究范围）导师的著名画家陈衡恪，当时便曾在《绘学杂志》上撰文指出：“图与画为二，图资记述，画资玩赏。……图与画之外另有一种西文曰 design，日本人译为图案画。”[①]在这样的接受背景中，蔡元培很自然地提出了这样一段系统的论述，并且因为这段精辟的观察，使得“图案”第一次得到了在中国近现代的美术教育史上与“绘画”平等的地位：

> 图案之中，又先有几何形体，次有动物，次有植物，其后遂发展而为绘画，合于文明史。由符号而模型、而习惯、而个性、而我性之五阶段。唯绘画发达以后，图案仍与为平行之发展，故兹校因经费不敷之故，先设二科，所设者为图案及绘画

① 陈衡恪：《绘画源于实用说》，何怀硕主编《近代中国美术论集》第4册，艺术家出版社，1991年。

甚合也。[2]

② 蔡元培：《在中国第一国立美术学校开学式之演说》。

这篇《在中国第一国立美术学校开学式之演说》，在中国现代设计教育史上无疑是一篇重要的理论文献。这所成立于1918年的国立北京美术学校，是在蔡元培的亲自关怀下创办的，并且他还亲自来校任教"美学"课程。这所学校于1922年改名国立北京美术专门学校，1925年改名为"国立艺专"，聘任刚刚从美国三所美术学院留学归国的闻一多担任教务长，在他和其他教员的多方努力下，艺专增设音乐、戏剧两系。1927年曾并入当时国民政府"大学区"制改革中设立的一所新学校——北平大学（即"平大"，区别于老北大），开始称作"美术专门部"，第二年改名为"艺术学院"。但值得注意的是，无论艺专经历了怎样的人事、学科乃至社会的巨大变动，"图案"科始终占有一席之地（其教学成果有待于另文研究），最终于中华人民共和国成立后的1950年，成立了中央美术学院实用美术系。后经1952年的全国高校院系大调整，该系与中央美术学院华东分院（即今浙江中国美术学院的前身）实用美术系合并，成为1956年建立的中央工艺美术学院（即今清华大学美术学院）的主要力量。

应该指出，蔡元培这里的"图案"概念是比较偏于狭义的（笔者推测这可能也是受到康德的影响），与我们所讨论的"艺术设计"在一定程度上有相异之处，[3]但不可忽视在我国20世纪的艺术教育史上，从"图案"到"实用美术"和"艺术设计"具有前后承接的历史联系。在这一点上，这几个学科名称的演变可以视作是同一个学科（设计）不同发展历程中的历时性变迁。

③ 蔡元培的狭义"图案"观（不能完全等同于"设计"）更偏重于平面、形态、构成，所谓"图案意识"往往是指均衡、对称等"形式美"，而不太指向功能、思维、创意。

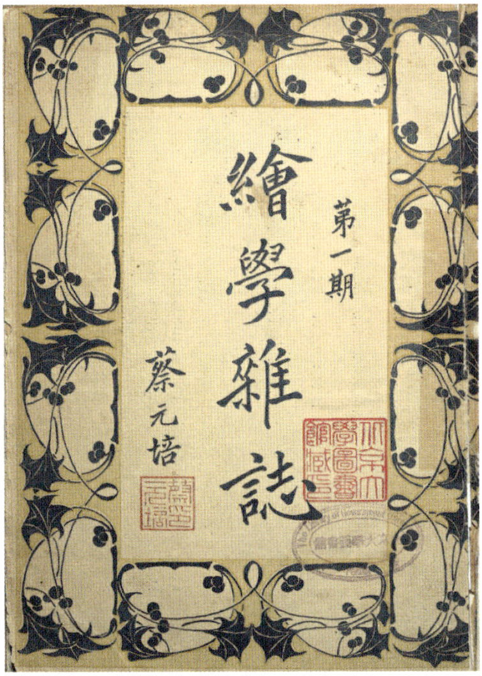

图 5-4 《绘学杂志》创刊号 北京大学图书馆藏

不过，也正是在这样的过程中，“美术”一词逐渐从蔡元培时代的广义“艺术”概念，在人们的理解中缩小到了特指“视觉艺术”乃至“绘画”。在巨大的社会变动和学科变化中，虽然保存了“图案”的学科设置，但是却在不知不觉中，把它从与“绘画”平等的一个“艺术”门类转化为从属于“美术”学科的附庸，并且设计教育在美术院校中的边缘地位很长一段时间内没有改变。当然这一切都已是蔡元培身后的故事，无论如何应该看到蔡元培对于艺术设计与绘画关系的体系性认识对于美术教育格局与学科设置的影响，在新中国成立后仍然有不可磨灭的积极意义。

二、图案与设计在美育与启蒙中的地位及其优势

在中国近现代艺术设计研究中，“图案”“工艺美术”“美术工艺”“实用美术”等几个概念的使用是非常混乱的，其中有随着时代发展词义产生变化的外部原因，更有着使用者习惯的内部因素。

更令人感到为难的是，很多时候即便是在同一位作者那里，这几个名词都有可能同时被使用，如果不还原到当时具体的“这一个”历史语境，很难笼统地梳理出这几个名词的细微差别。以上几个名词中，除了“美术工艺”用得比较少之外，都是蔡元培多次使用到的，不过他仍然没有明确地说明给后世的研究带来混乱的这几个词的差别。据此可以推测的是，这几个词的词义至少在当时人们的心目中是很清楚的，无须加以特别的解释。在他的使用中，这几个词实际上的区别可能并没有我们想象中的那么大。例如：

大学预定组织为五院：（一）国画院，（二）西画院，（三）图案院，（四）雕塑院，（五）建筑院［或将中西画合并，则（一）绘画院，（二）雕塑院，（三）建筑院，（四）工艺美术学院等四大院……］。[①]

① 蔡元培：《创办国立艺术大学之提案（摘要）》。

北平一校，成立于民国七年，初名北京美术学校，设绘画，图案两科。……十七年编入北平大学，名为艺术学院，增设建筑系，改图案系为实用美术系……[②]

② 蔡元培：《三十五年来中国之新文化（美术部分）》。

文化进步的国民，既然实施科学教育，又要普及美术教育。专门练习的，既有美术学校、音乐学校、美术工艺学校、优伶学校等……[③]

③ 蔡元培：《文化运动不要忘了美育》，《蔡元培美育论集》，湖南教育出版社，1984年。

经过前面的分析，可以看出蔡元培所说的“图案”并不是广义的“设计”，但它的确构成了早期设计教育中的一种主要形态。而在这几处论述中，我们大可认为即便不是无意混用，“图案”“工艺美术”“美术工艺”“实用美术”四个概念的外延在很大程度上有重合之处。[①]承认这一点后，我们可以看到蔡元培几乎在各个场合关于“美术”和“美育”的论述中，都为“图案”等（或曰“设计”）保留出了一个至少是不容忽视的地位。

在 1935 年发表的《与〈时代画报〉记者谈话》中，蔡元培特别提道：“我还希望你们能够多征集些工艺美术的材料。”并说：

我们中国在唐代前后极是重视工艺美术的。便是文艺美术也是在那时候最兴盛。这可以算是我国文化的全盛时期。我国的绘画本来就偏重于图案方面，工艺美术因此有很好的成绩是意中事。[②]

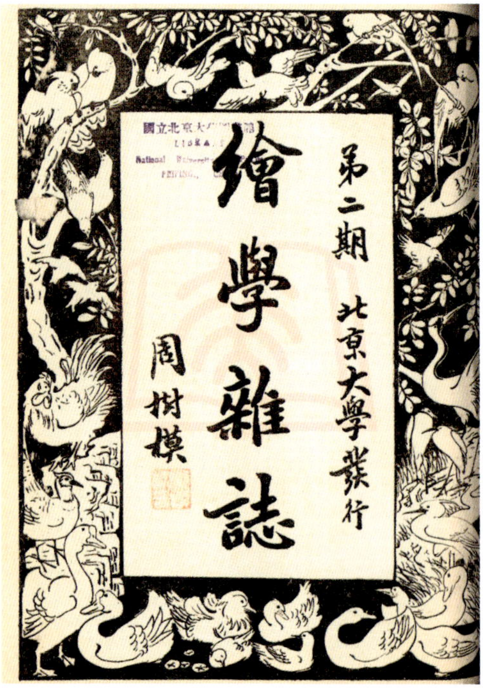

图 5-5 《绘学杂志》第二期 北京大学图书馆藏

这里我们虽然可以看出蔡元培所理解的“图案”和“工艺美术”并不仅仅是“现代性”的设计概念，但就历史联系而言，这一方面为我们提供了理解“图案”与“工艺美术”二者在蔡元培那里的关系的桥梁（这一点在设计原理研究

① 这些概念中，“工艺美术”（“美术工艺”）本是一个范围更宽的概念，它在空间上包括工艺品和实用美术，时间上则涵盖古今，但这样一个概念在今天也发生了词义缩小的情况。这些概念中，“实用美术”的提法与今天的“设计”最为接近。

② 蔡元培：《与〈时代画报〉记者谈话》。

中并不能忽视），更重要的是应该看到他这种对于日常用品美化的重视在讨论现代设计的问题时也是“一以贯之”，并且得到了更多关注的。后面可以看到，蔡元培的有关论述简直涵盖了现代设计的各个部门。可以认为，蔡元培的“大美术”（即“美育”）的观念，并不仅仅在于传播高雅的、脱离日常生活的“纯美术”或“造型艺术”，而是与日常、实用的美术（艺术设计）发生密切联系的，并且由于设计与公民日常生活的这种紧密联系，在很大程度上，使得它甚至最有资格充当“启蒙”的工具：

> 人之生也，不能无衣、食与宫室。而此三者，常于实用以外，又参以美术之意味。如食物本以适口腹也，而装置又求其悦目；衣服本以御寒暑也，而花样常见其翻新；宫室本以庇风雨也，而建筑之术，尤于美学上有独立之价值焉。[③]

③ 蔡元培：《华工学校讲义·三八 建筑》。

在美学引入中国之初，客观上要求美学不仅仅是一门学术意义上的人文学科，还必须承担某些本应属于社会学科的“启蒙”（不同于人文学科意义上的审美教育）职能。如果说传统、经典的艺术门类在启蒙这一点上难以体现其社会价值的话，那么兼有人文学科和社会学科二者特点的设计便有了特别的重要地位。既然时代规定了“中国美学学科的启蒙者必然亦是社会思想意识的启蒙者”[④]，那么蔡元培更有足够的理由去关注设计在社会中应用的方方面面。当然，在其进化论的美术观念的指导之下，蔡元培不可能明确区分开基于永恒美学标准的“审美教育（艺术感觉的提升）”和基于进化发展观念的“现代性启蒙”这两种在性质上近似，实

④ 陈伟：《中国现代美学思想史纲》，上海人民出版社，1993年，第97页。

质上却并不相同的概念的职能，而是把二者等同起来统统称为“美育”或者“启蒙”（在很多时候，蔡元培甚至赋予了后者更多的合法性，甚至称之为“开化”）。这一点不能套用于“纯艺术”，但却恰恰适应了超越人文学科与社会学科对立的设计论述。他极其敏锐地注意到在西方——

几条大道的交叉点，必设广场，有大树、有喷泉、有花坛、有雕刻品。小的市镇，总有一个公园。大都会的公园。一切公私的建筑，陈列器具，书肆与画肆的印刷品，各方面的广告，都是从美术家的意匠构成。不论哪种人，都时时刻刻有接触美术的机会。我们现在除文字界，稍微有点新机外，别的还有什么？书画是我们的国粹，却是模仿古人的。古人的书画，是有钱的收藏了，作为奢侈品，不是给人人共见的。建筑雕刻没有人研究。……在这种环境中生活，怎能引起活泼高尚的感情呢？[①]

图 5-6　《绘学杂志》第三期　北京大学图书馆藏

因此，蔡元培美育实施的必然方法和途径就是通过学校教育（社会的一部分）和社会美

① 蔡元培：《文化运动不要忘了美育》，《蔡元培美育论集》，湖南教育出版社，1984年。

化。其中，在博物馆和美术馆欣赏经典艺术作品仅仅是一个组成部分而非全部，出人意料的是，蔡元培把更重要的美育实施方法赋予了道路、建筑、公园乃至公墓等“地方的美化”，并不惜笔墨加以大篇幅的说明，“一直从未生以前，说到既死以后”。②这可以看出当时国外社会思潮（比如1919年在德国魏玛成立的“包豪斯学院”的社会主义精神）的影响，但同时也是基于蔡元培对于艺术设计重要社会价值的认识。倘若把蔡元培美学和美育思想中有关设计的文字抽出的话，我们就无法理解和把握他毕生美学研究所追求的一个崇高的学术目标。

② 蔡元培：《美育实施的方法》。

第二节 以“装饰”建构进化论的美术史观

一、“装饰”与“设计”的关系

蔡元培并不是一个中国传统式的文人，相反，他的确在努力实

图5-7 北京大学造形美术研究会一周年合影

践对于西方文化和文明的“兼容并包”。1908年至1911年，他在德国莱比锡大学直接接受西方现代高等教育，旁听哲学、美学、心理学、美术史等多门课程，尤其是受到了康德哲学的很大影响。1912年9月，他更是辞去中华民国教育总长一职，再度赴德国听课及研究。[1]他不但被认为是“五四”的实际精神领袖，并且在自己的美学思想中也坚定不移地推行“启蒙”。而作为当时新思想，代表“赛先生”的“进化论”学说，不可避免地成为“启蒙”的一项重要内容。作为坚决支持“科学”反对宗教的新文化人，蔡元培自然也在很大程度上受到了进化论的影响，体现在其美育和美术史观念中，概莫能外。他说：

> 美育是整个的，一时代有一时代的美育。油画以前是没有的，现在才有，照相也是如此，唱戏也经过了许多时期，无论音乐工艺美术品都是时时进步的，但宗教却绝对的保守。[2]

用进化论的观点来写美术史、文学史等，在当时并非“仅此一家”，至少有名的还有更加典型的胡适的《白话文学史》等多部著作。当然在今天看来，这种急于运用科学假说研究人文学科发展史的做法否认了人文学科区别于社会学科所具有的永恒的价值，暴露出致命的缺陷，这一点蔡元培也未能幸免。比如，为了强行与宗教对立起来，蔡元培认为艺术是“时时进步”的这一点，就明显不符合艺术史上的事实。但不可否认的是，作为一种理解艺术发展史的思路，“进化论”假说应用在艺术类型的演进（如油画的出现）而非艺术风格的嬗变、水准的提升等方面，对我们理解把握艺术的未来走向

① 参见《蔡元培美学美育活动年表》，《蔡元培美学文选》，北京大学出版社，1983年，第225页。

② 蔡元培：《以美育代宗教》。

不无借鉴意义。而特别值得关注的是，蔡元培的美术发展观论述，是以“装饰”作为线索贯穿起来的，并且在某种程度上“预感到新的设计理念的崛起”[③]，这一点对于我们是有很大的启发的。所以，对于这种进化论的美术史观，宜从正反两个方面加以论述。不过，本节特别关注的是，作为一种设计手段的“装饰”在多大程度上影响到了蔡元培的美术史论述。

③ 潘耀昌：《蔡元培北大时期的中西美术观（1916—1922）》，《艺术：视像与后现代思潮》，学林出版社，2005年。

蔡元培所说的“装饰”与今天人们的理解并没有什么不同。只不过明显受到康德的影响，他很能理解纯粹装饰图案的“形式美”；而今人受现代设计观念的影响，往往认为装饰并不是设计的本质，甚至——在某种程度上——“装饰即罪恶”。应该承认，“装饰”本身不是设计（这一点笔者与其他很多设计理论研究者的看法不同），但作为一种美术、美化手法，它经常被应用于设计产品外观的美化过程中。“装饰”本身并不体现设计区别于“纯美术”的本质（例如功能、创意等方面），但却是一种重要的设计手法和组成部分。装饰在中国古代由来已久，《易经》中的“贲”卦，所谈论的就是装饰的问题，但中国思想往往认为最高级的艺术应该是“白贲”，即没有装饰，或者说“极饰反素”。当然，无论是正面的肯定还是反面的超越，都至少说明了“装饰”在先民生活中的地位以及中国传统文献对于它的重视（这种重视不等于绝对地认同或肯定其在器物制作中的必要性）。蔡元培以“装饰”为线索建构起来的艺术史发展观，在很大程度上也影响到了闻一多的有关论述（当然后者在学理上有更加精深的发展）。

“装饰”的本意是“附丽”，即在一定的形体之上进行表面的美化和再加工。由于贴近“设计”，这种美术手法在日常生活中应用得非常广泛。蔡元培指出："装饰者，最普通之美术也。……其所附丽者，曰身体、曰被服、曰器用、曰宫室、曰都市。"[1]他所举的这些例证，大概除了"身体"，都可以被归作"设计"的部类。装饰是这些"设计"的产品在制作阶段的最后完成。

① 蔡元培：《华工学校讲义·四〇 装饰》。

二、"装饰"的进化

在论述"美术的起源"这个问题时（前面我们已经说过，"美术"在当时相当于今天的"艺术"概念范畴），受彼时西方流行的《艺

图5-8 位于北京沙滩的老北大"红楼"（现为北京新文化运动纪念馆）

术概论》一类著作的影响，蔡元培首先区分了“动的美术（如戏剧、舞蹈）”和“静的美术”（如图画和雕塑）两种形态。在论述后者时，他说：

> 静的美术，普通也用“图像美术”的名词作范围。他的托始，是一种装饰品。最早的在身体上；其次在用具上，就是图案；又其次乃有独立的图象，就是造象与绘画。[②]

② 蔡元培：《美术的进化》。

这并不能与具体的用具相脱离，并不像今天狭义化了的图案纹样可以脱离具体的物品成为一种平面视觉艺术（如四方连续、适合纹样等），这是“图案”区别于“独立的图像”的一个重要特点，不能忽视。蔡元培接着写道：

> 身上刻画的花纹，与颈饰腰饰上兽牙螺壳的排列法，都是图案一类；但都是附属在身上的。到他们的心渐广，美的观念，寄托在身外的物品，才有器具上的图案。
>
> ……
>
> 最早的装饰，是画在身上。……进步一点，觉得画的容易脱去，在皮肤上刻了花纹，再用颜色填上去。……进一步，不再皮肤上用工了，用别种装饰品，夹在身上。……
>
> 再进一步，不限于身上的装饰，移在身外的器物了。武器如刀、盾等，用器如舟、橹、锅、瓶等，均有画的或刻的花纹，这就是纯粹的图案画。起初是点线等，后来采用动物的形式，后来又采用植物的形式。

更进一步，不但装饰在个人所用的器物上，更要装饰在大家公共的住所了。穴居时代，已经有壁画，与摩崖的浮雕。到此时期，渐渐的脱卸装饰的性质，产生独立的美术。[①]

① 蔡元培：《美术的进化》。

这一段话可以看作是《在中国第一国立美术学校开学式之演说》一文的具体展开，也能够看出蔡元培所使用的“图案”一词似乎与“装饰”在某种程度上已经等同，而并非是很多人想当然所认为的“设计”。蔡元培的进化论思想也在此暴露无遗。纯粹的绘画起源于器物上的装饰，这一点是有很多例证的，只不过发展过程中的几个阶段恐怕并不会像蔡元培所归纳的这样明确。此外，在蔡元培看来，“美术的进化”不仅仅体现在人体装饰——器用图案与“独立的绘画”之平行发展，还体现在由私人空间向公共空间的过渡，这与建筑设计、环境设计观念的发展有密切的关系：

建筑的美观，起初限于家庭。后来推行到公共建筑，如宗教的寺观、帝王的宫殿。近来偏重在学校、博物院、图书馆、公园等。最广的，就是将一所都市，全用美观的计划，布置起来。

……

观各种美术的进化，总是由简单到复杂，由附属到独立，由个人的进为公共的。我们中国人自己的衣服、宫室、园亭，知道要美观，不注意于都市的美化。……这是不合于美术进化公例的。[②]

② 同上。

在这样的美术史观基础上，蔡元培又重新回到了“启蒙”这一美学理论的出发点和归宿，在他看来，是否完成这样的每一个“进化阶段”，甚至是衡量一个民族“开化”与否的重要标志：

> 由是观之，人智进步，则装饰之道，渐异其范围。身体之装饰，为未开化时代所尚；都市之装饰，则非文化发达之国，不能注意。由近而远，由私而公，可以观世运矣。[③]

③ 蔡元培：《华工学校讲义·四〇　装饰》。

这样由“装饰”负载的深层含义，早已经超越了在单纯论述图案的“形式美”时所使用的“均衡”“对称”等形式美学的范畴，而简直可以视作是通过“设计”的启蒙所能够达到的最高文明境界了——就这一点而言，已经完全可以视作是现代设计理念的展现。虽然没有形成自觉，蔡元培似乎已经初步形成了“装饰—纯美术—艺术设计”的发展，符合“否定之否定”进化规律的想法，也的确从理论上使得新生的设计学科印证了他自己“一时代有一时代的美育（形态而非标准——引者注）”的说法。从目前设计行业的发展看来，这种理论似乎也能够得到印证。当然他自己也认识到这一点还需要作更加严密的论证：

> 初民美术的开始，差不多都含有一种实用上目的，例如图案是应用的便利；……总之，美术与社会的关系，使无论何等时代，都是显著的了。从柏拉图提出美育主义后，多少美术家都认美术是改进社会的工具。但文明时代分工的结果，不是美术专家，几乎没有兼营美术的余地。那些工匠，日日营机械的工作，一点没有美术的作用参在里面，就觉枯燥的了不得；远

不及初民工作的有趣。近如 Morris（今译为威廉·莫里斯——引者注）痛恨美术与工艺的隔离，提倡艺术化的劳动，倒是与初民的境象，有点相近。这是很可以研究的问题。[①]

① 蔡元培：《美术的起源》。

对于设计与日常工作生活密切的审美联系，也应该视作蔡元培把艺术设计作为“美育”（这个词在蔡元培那里某种程度上等同于“启蒙”）之组成部分的重要原因之一。总的来说，在其进化论的美术史观中，蔡元培同样充分肯定了设计在审美方面的教育意义，尤其是它不断进步的现代性的价值，当然这两点分别属于“人文”与“社会”两个学科中的职能，在他的论述中似乎不可避免地要以“合而为一”的形式出现。

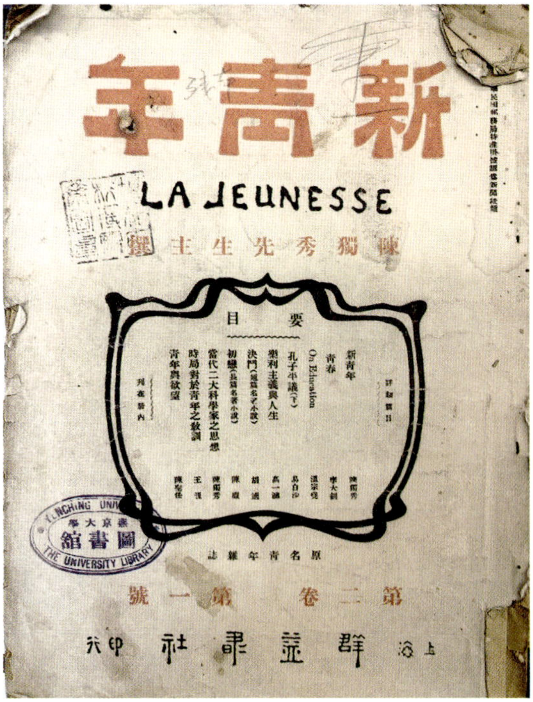

图 5-9　《新青年》第二卷第一期　北京大学图书馆藏

第三节　以城市美化为归宿的美育思想及其来源

在众多的艺术设计组成部门之中，蔡元培究竟为何特别留意于“都市公共空间的美化”？除了“进化论的美术史观”之外，他的这种思想还有哪些来源？他对于城市设计理论性的思考对于此后设计理论和设计教育会产生怎样的影响？

一、“一切美育的最终归宿是完美的城市设计”

熟悉西方设计史的人都会发现本节的小标题系笔者套用了德国建筑师瓦尔特·格罗皮乌斯所撰写的《包豪斯宣言》中的著名句式。

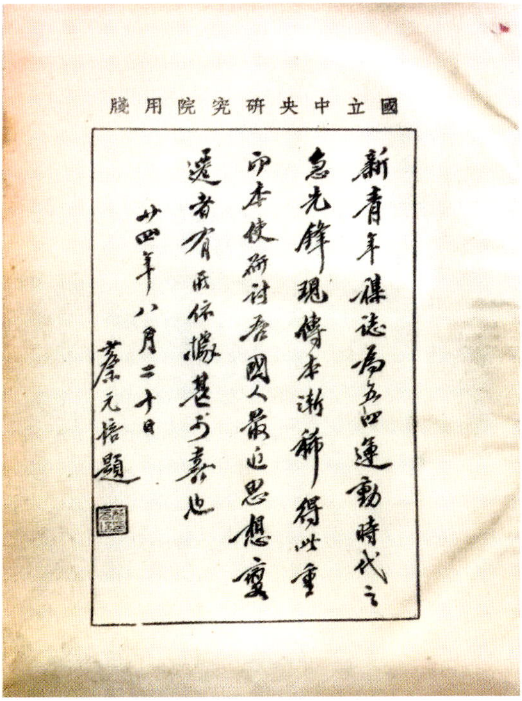
國立中央研究院用牋
新青年雜誌為五四運動時代之急先鋒現傳本漸稀得此重印本使研討吾國人最近思想變遷者有所依據甚可喜也
廿四年八月二十日
蔡元培題

图 5-10　蔡元培手迹

这篇建筑史、美术史、设计史上的经典文献的第一句话，即是“一切造型艺术的最终目标是完美的建筑”。格氏的这句话可以作多种解释，比如包豪斯的“社会主义大教堂”的思想、西方国家战后重建的历史背景、历史目的论的色彩甚至对建筑师地位的自诩等，不过基本意思还是很明白的：建筑的美化和现代化才是其推广现代设计教育的起因和目的。这种思路（乃至目标）与蔡元培之推行“美育”简直如出一辙。蔡元培是这样表述的：

美育的基础，立在学校，而美育的推行，归宿于都市的美化。[①]

① 蔡元培：《二十五年来中国之美育》。

社会之改良，以市乡为立足点。……美育之道，不达到市乡悉为美化，则虽学校、家庭尽力推行，而其所受环境之恶影响，终为阻力，故不可不以美化市乡为最重要之工作也。[②]

② 蔡元培：《美育》。

没有足够的证据证明蔡元培 20 世纪 30 年代以来逐渐明确的这种思想在多大程度上受到了包豪斯的影响。包豪斯成立于 1919 年，蔡元培此时已经结束了他在德国大学的听课而执掌北京大学。尽管笔者相信此时他一定仍然非常关注德国高等教育（尤其是艺术教育）界的动态，但我们毕竟没有看到蔡氏直接谈论包豪斯之建立的文字。更何况早在包豪斯成立的前一年，即 1918 年，中国已经建立了第一所国立美术学校并设有图案科，蔡元培还在开学式上发表了著名的演说。不过，有着留学德国经历的蔡元培不可避免地分享了与包豪斯一致的德国思想文化背景，并合乎逻辑地得出与后者相近似的结论，也同样是不可否认的。

无论如何，应该指出蔡元培的美学和美育思想，在思想根源上是来自西方而不是发生于中国本土。他虽然对于中国的传统艺术具有最基本的“理解之同情”，但他的美术史论述方式和评价标准，以及对“今吾辈学画，当用研究科学之方法贯注之”[3]的强调等，都属于西方美学的理论形态。因此长期来看，他的美育思想对于中国现代以来的艺术教育（包括设计教育）的影响有利有弊，但总的说来还是利大于弊，在当时（尤其是体现在新诞生的设计教育中）所起到的思想启蒙作用也是不能否定的。

③ 蔡元培：《在北大画法研究会之演说词》。

20世纪30年代以后，蔡元培继续坚持他以“装饰”建构起来的进化论的美术史观，但却以更多的篇幅着意于论述“都市设计”作为终极目标（“最后的阶段”），进一步明确以进化论作为衡量一个民族“开化”与否的重要标志的思想：

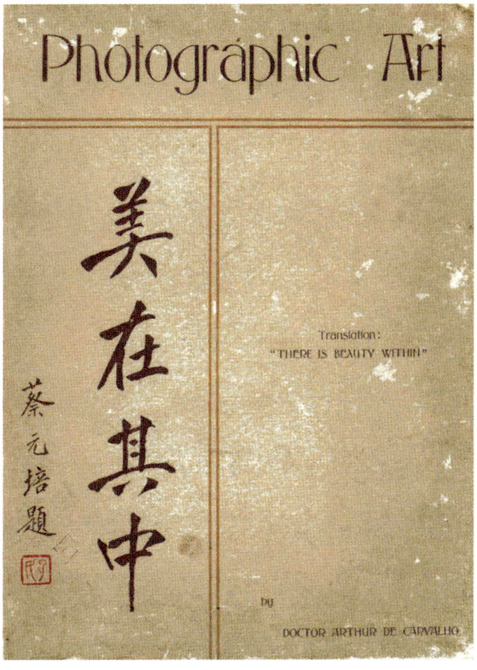

图5-11　蔡元培为嘉华露摄影集《美在其中》所题书名

人类爱美的装饰先表现于自己身上，然后及于所用的器物，再及于建筑，最后则进化为都市设计。例如未开化的民族，最初都有文身的习惯，……后来开化的民族，于日用器物上，求种种美观，……至于雕刻图画，本建筑上之装饰品，而后始成为独立之美术也。最后的阶段为都市美观的设计，如衢路之布置，广场之规划，公园之整理，花木喷泉之点缀，公共建筑之伟大，市民住宅之新式，无不通盘计划，成一系统，较之专就身体较量美丑者，其广狭之相去何如？[1]

① 蔡元培：《民族学上之进化观》。

这里虽然明确了以“现代性”作为设计的一个必要条件，这较其此前的“装饰”“图案”和“工艺美术”论述更进一步地凸显了现代艺术设计的特殊性。但如果仅仅以设计的成就作为“开化”的标志，反倒令人觉得有些矫枉过正了。设计是一个国家、一个民族走向现代化进程中必不可缺的一部分，换言之，它本身作为“现代性”的组成部分或者实现“现代性”的一种重要手段，却并不能够穷尽“现代性”的全部内涵。理性、法律、制度等这些“现代性”概念的最终实现，还要依靠多方面的力量，仅仅靠设计是不能够解决全部问题的。这一点可能被过于看重“美育”之“启蒙”职能的蔡元培所回避了。

总的来说，蔡元培对于城市设计的重视，尽管与审美教育相联系，但更多地属于现代性启蒙的范畴，旨在开通民智，“以养成高尚、纯洁、舍己为群之思想”[2]，其中甚至还包括了“改造国民性”的深层希望。但一方面，这种“希望”在很大程度上只是建立在蔡元培本人“进化论美术史观”对于“历史发展规律（‘美术进化公例’）”的把握而非史实的基础上。例如，我们知道中国早在封建王朝时期园林、建筑艺术已经达到了很高的水准，西方国家早在哥特时代就

② 转引自《蔡元培美学美育活动简表》，《蔡元培美学文选》，北京大学出版社，1983年，第229页。

取得了辉煌的建筑、广场设计成就，但这些都不能够说明当时的人们具有多么开化和进步的启蒙思想。另一方面，更重要的是，蔡元培的这些言论仅仅停留在“启蒙”的层次上，却终没能在此基础上从学理方面更进一步推进：

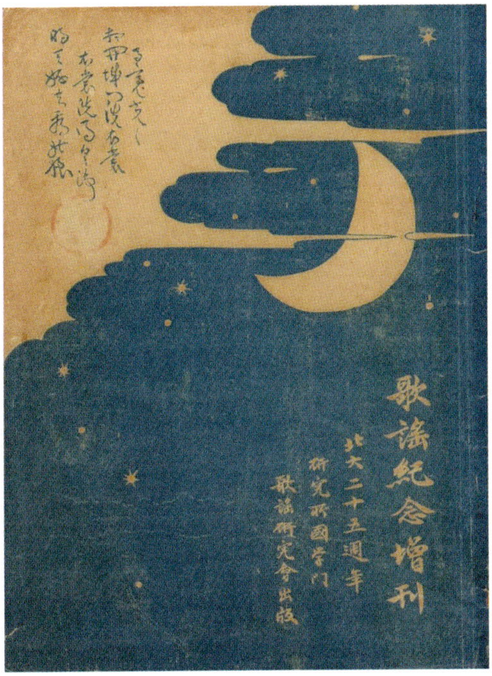

图 5-12　北京大学研究所国学门《歌谣纪念增刊》

> 现在欧洲各国，对于各都市，都谋美化。如道路与广场的修饰，建筑的美化，美术馆、音乐场的纵人观听，都有促进美术的大作用，我们还没有很注意的。[③]

③ 蔡元培：《美学的研究方法》。

> 我国有力者向来专致力于大门以内的修饰，庭院花石，虽有穷极奢侈，而门以外，无论如何秽恶，均所不顾。首都大市，虽有建设的计划，一时均未能实现，未有计划的，更无从说起。[④]

④ 蔡元培：《二十五年来中国之美育》。

对于究竟以何种标准来衡量都市设计的优劣，亦即都市设计该坚持何种美学上的标准，他并没有进行详细的论证。这固然与时代背景与中国特殊的社会环境有关，但是无论如何，蔡元培在他自己所开辟的这条以城市设计为归宿的美育思路上显得倍加寂寞。无论是他的思想影响下的艺术教育和设计教育实绩，还是他本人或其他美学家进一步思考所取得的理论成果，都无法与包豪斯后来的发展相提并论。与包豪斯处在同一个起点上的中国设计教育和设计美学，在同样的时间内既没有达到包豪斯的深度和广度，也没有形成自己的理论特色及学派，其中的原因是很值得思考的。

二、康德美学的影响及因此产生的矛盾

可以想象，德国大学长达四年的听课经历，在蔡元培知识结构形成的过程中起到了至关重要的作用。无疑，德国乃至整个西方思想文化对于蔡元培的影响是方方面面的，但在美学思想上对其影响最为直接也最为明显的，还是德国哲学家康德的哲学与美学思想。中国学者对于康德美学的接受可以上溯到王国维关于美的类型的划分，但无疑蔡元培对于康德美学的接受更加全面。以康德等人为代表的德国哲学作为一种“话语”在20世纪中国学术史上的影响还远远不限于这两个人。对于这种“德国话语的上升”（刘东语），我们在后面的论述中（如第八章）还会不断地遭遇。但是将康德美学直接套用于艺术设计的时候所产生的一个无法克服的矛盾，却是在蔡元培这里就得到凸显的。

纯粹审美判断的无概念、无功利、无目的性（“无目的的合目的性”）是康德美学的一个重要观念。在《判断力批判（上卷）》中，康德说道：

一个关于美的判断，只要夹杂着极少的利害感在里面，就会有偏爱而不是纯粹的欣赏判断了。（第2节）[①]

① 〔德〕康德：《判断力批判（上卷）》，宗白华译，商务印书馆，1964年。本节中所引康德语皆出自此书，以下仅随文注出所引章节。

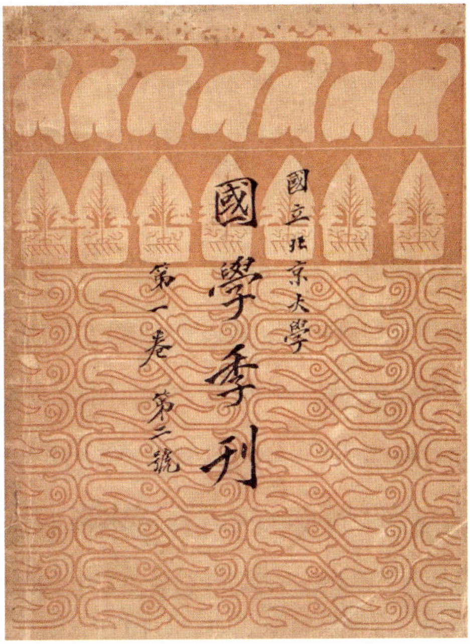

图 5-13 《国立北京大学国学季刊》第一卷第二号

正如宗白华所分析的，康德美学要求“我们要停留在这完美的多样统一中的表象的鉴赏里，不去问这对象自身的存在和它的实际目的。……所以最纯粹的审美对象是一朵花，是阿拉伯花纹等”。这是因为在康德看来：

在纯粹的美感里，不应渗进任何愿望、任何需要、任何意志活动。审美感是无私心的，纯是静观的，它静观的对象不是那对象里的会引起人们的欲求心或意志活动的内容，而只是它的形象、它的纯粹的形式。所以图案、花边、阿拉伯花纹正是纯粹美的代表物。[②]

② 宗白华：《康德美学思想评述》，《判断力批判（上卷）附录》。

因此，如果严格恪守康德的美学观念，必然得出“设计的审美价值不高”的逻辑结论。这是因为无论如何强调艺术性，设计的最根本的目的是“实用”，这也是它区别于“纯艺术”的重要特征。

这就构成了康德美学在解释艺术设计问题的时候的“二律背反”：（一）正命题：“审美”只能在超出实用、功利的情况下才能发生；（二）反命题：“审美”发生在对以实用、功利为本质的设计作品的接受中。

应该说，在康德时代尚没有现代学科意义上作为“艺术学”一部分的“设计”，所以为了支持学说体系的完整，他可以毫无顾虑地从逻辑上降低对于其所称为“第二类的造型美术”的器物、建筑等的艺术评价，尽管这种评价甚至不能够符合我们的审美经验。这样的论述在《判断力批判（上卷）》中几乎比比皆是：

> 一建筑物（教堂、宫殿、兵器厂、园亭）的美，是以一个目的的概念为前提的，这概念规定这物应该是什么，即它的完满性的概念，因此仅是附庸的美。（第16节）

> 在后者（即康德所说的“第二类的造型艺术”——引者注）的场合人工的对象之使用是主要事务，审美的诸观念因靠此为条件而受到局限。（第51节）

> 在造型艺术里我将给绘画以优先位置……（第53节）

然而正如宗白华所指出的，“康德的美学不是从艺术实践和艺术理论中来，而是从他的批判哲学的体系中来，作为他的批判哲学体系中的一个组成部分”，“美学问题是他的批判哲学里普遍原理特殊地运用于艺术领域”。[1]因此，这种理论只需要顾及逻辑上的自

① 宗白华：《康德美学思想评述》，《判断力批判（上卷）附录》。

圆其说，而不追求艺术批评和艺术教育中的解释力，因而很多时候是把理论凌驾于经验事实之上的。实际上，在艺术中没有任何充分的理由说明阿拉伯花纹的艺术价值要高于中国的园林建筑，甚至各个不同门类的艺术之间的价值也是缺乏可比性的。

对于旨在建构完整的理论体系的哲学家来说，固然只需要“自圆其说”论证其一家之言，但对于抱着“美育救国”这一实用目的

图 5-14　蔡元培　万卷十年联　纸本　北京大学图书馆藏

的蔡元培来说，如果把这种哲学体系作为对社会进行审美教育的理论基础的话，至少不能不更多地从艺术本体考虑公众的欣赏经验。更何况，通过前面的分析我们已经看到“设计”在蔡元培的美育体系中占有举足轻重的位置。对于这一康德美学运用于艺术设计时所产生的明显的“二律背反”，蔡元培不太可能没有意识到（尽管他并没有明确地指出这一点）。但若想彻底解释这个悖论，对于坚定信仰康德“审美无功利”思想的蔡元培来说却并非易事：

> 动物的羽毛，所以御寒，人因有制裘，织呢的习惯，然白鹭之羽，孔雀之尾，乃专以供装饰。宫室，可以避风雨就好了，何以要雕刻与彩画？器具，可以应用就好了，何以要图画？语言，可以达意就好了，何以要特别音调的诗歌？可以证明美的作用，是超乎利用的范围的。[①]

① 蔡元培：《美育与人生》。

以上这段话可以看作是蔡元培对于“设计悖论”的一个尝试性解释，但是这个解释并不成功。这是因为蔡元培解决这个矛盾的思路仍然是使用了康德的思路，即把“审美”和“实用”严格对立起来。这样做逻辑上的后果只能是复述康德的既有结论（对这种“不纯粹的审美”低于绘画的价值判断），因而无法从理论上说明自己在“美育”中特别重视艺术设计（包括图案与城市设计）的原因，甚至如果人们孤立地看这里的解释，简直会感到与其大量强调“艺术设计”之价值的文字（尤其是前引“初民美术的开始，差不多都含有一种实用上目的，例如图案是应用的便利；……近如 Morris 痛恨美术与工艺的隔离，提倡艺术化的劳动，倒是与初民的境象，有点相近”

云云）相矛盾。

如果不从根本上超越康德美学的范式，克服“生活”与“审美”的二元对立，就不可能发现设计的“功能之美”，从而发现设计美学的独特价值，拓展“艺术”的外延乃至传统的美学范畴（这不同于技术美学要求以“技术”而非“艺术”的眼光看待设计中的美学问题）。令人遗憾的是，蔡元培本人终于没有能够做到这一点，他过分陷入康德的思维模式而未能对其提出质疑并进行理论上的发展。不过从另外一个角度考虑，当设计学科在中国建立伊始的阶段便对设计理论和设计美学的先行者们提出这样具有一定难度的要求的确显得过于苛刻。这个问题直到 20 世纪 80 年代中期叶朗等人在“现代美学体系”和“审美设计学”的研究范式内才得到初步的解决，而重要的是在这一批设计理论研究者那里却仍然可以看到蔡元培的重要影响。实际上，以蔡元培在“美育”思想体系中对于设计的重视程度而言，已经能够显示出他作为大教育家的睿智与远见，这是令很多同时代的文艺理论家所望尘莫及的。仅凭这一点，蔡元培已可以当之无愧地成为中国现代设计学科、设计理论和美学研究的开创者和奠基人。

总体来看，中国 20 世纪初的设计和设计教育，在蔡元培美育思想的启蒙之下获得了多方面的发展，人们在对于艺术设计在工业生产中的重要性等很多方面基本上达成了共识。在他的亲自关怀之下，许多美术专门学校设立了“图案”专业，现代设计教育和设计实践也取得了一些重要的实绩。在教学实践中，他鼓励不同学派的“言之成理，持之有故”，在图案画乃至一切文化方面强调“参考了外国的作品，采取得当，而溶化在一起，造成一种新中国的图案

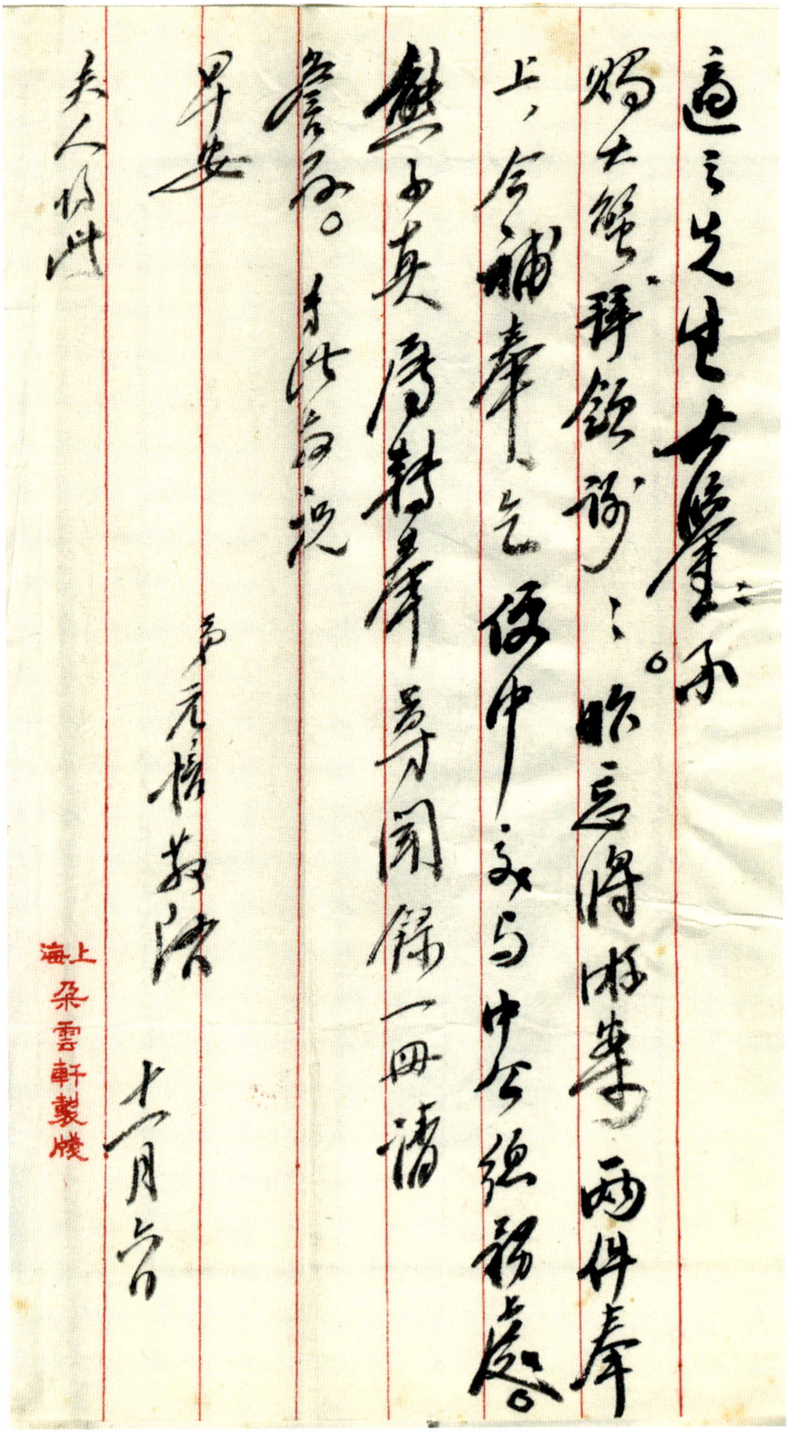

图 5-15　蔡元培　致胡适信

画，以应付现时代的需求”[①]，“第一，以固有之文化为基础；第二，能吸收他民族之文化以为滋养料”[②]，以及倡导作为素质涵养而非专业技能的艺术教育等方面的思想，都对我国的设计教育产生了多方面的影响，并在今天有极其现实的意义。尤其值得一提的是，在蔡元培重视发展设计教育和设计实践的同时，特别强调了设计理论和学术研究的重要地位：

> 中国固然要有好的技师、医生、法官、律师等等。但要在中国养成许多好的技师、医生等，必须有熟练技能而又深通学理的人。……要是但知练习技术，不去研究学术；或一国中，练习技术的人虽多，研究科学的人很少，那技术也是无源之水，不能会通改进，发展终属有限。[③]

这种论述对于设计师的培养也是起到了启示性作用的，并且1928年在国立杭州艺术专科学校开学式的演讲中，他也再次强调了大学“为研究学问而设”。这一切使得中国设计学科在建立之初就具有了浓厚的人文色彩，而后者对一个学科的持续发展的必要性是不言而喻的。[④]

蔡元培本人有不可避免的局限。除了时代的局限使得他仅仅是现代设计教育和理论草创时期的代表人物之外，他个人的局限性还体现在其他一些方面。首先，尽管对于美学理论有极高的造诣，他本人却恰恰缺乏视觉艺术创作方面的背景和审美训练，就连他的书法作品也不能尽如人意（也许仅仅比宗白华好一点），因而他本人艺术实践和艺术教育之间的隔阂始终存在。这对当今艺术教育中理

① 蔡元培：《与〈时代画报〉记者谈话》。

② 蔡元培：《〈史太师埠中国美术展览会目录〉序》。

③ 蔡元培：《在爱丁堡中国学生会及学术研究会欢迎会演说词》。

④ 相关研究参见叶朗：《北京大学艺术教育的传统》，《北京大学学报（哲社版）》，2003年第6期；陈平原：《蔡元培与老北大的艺术教育》，《文学的周边》，新世界出版社，2005年。

论研究和创作实践对立的现状也是有鉴戒意义的。其次，他在任期间也并没有将自己所提出的“思想自由之原则，兼容并包之主义”彻底地贯彻。例如，他提出“以美育代宗教”的口号，妄图以此打压各种宗教信仰在大学中的发展，最终引发盲目的学生干涉信仰自由的“非基运动”（胡适晚年对自己早年否定基督教的态度曾有所反省）。他还禁止大学从事宗教学研究乃至学生成立宗教研究社团，但他却恰恰忘记了现代大学体制正是由教会建立的。也许从那个时候起，就孕育了今日宗教学研究在中国大学中从属于哲学的附庸地位。另外，由于主张人文通识教育的欧陆大学理念，蔡元培对大学建立商科的做法也明确表示反对，但其实中国古代从不排斥这种“经世济用之学”，也并没有把“道”和“器”如此尖锐地对立起来。然而，倘若真如蔡元培所说，那么设计、广告学等学科在今天也不可能得到全面的发展。直到今天，中国大学中人文学科的部分师生往往对法学院、经济学院、管理学院等务实的社会科学持一种鄙夷的态度，都不能不说是蔡元培这种受西方大学理念的影响而形成的文化心理惯性使然。

但蔡元培毕竟是值得尊重的教育界泰斗。就此后的学术成果而言，闻一多、宗白华等后来者在设计领域中的研究也能够证明蔡元培的意义和后人对其所开辟的设计研究的发展。蔡元培在中国设计研究领域的开创之功和远见卓识，不应因为其自身理论体系的不完善性（诸如他没有把人文学科意义上的“审美教育”和社会学科意义上的“启蒙”这两种职能在其“美育”论述中分别开来，在设计理论论述中没有超越和克服康德美学的局限等），或者时代和个人的局限而被人们遗忘。

第六章

鲁迅的艺术设计思想和实践

众所周知，鲁迅对于美术自始至终有着很高的兴趣，但他留下来的为数不多的美术实践（除书法外）却几乎都是艺术设计（包括标志设计、书籍装帧等），其中如北京大学校徽设计等一些著名作品，今天已经成为中国现代设计史上的经典之作。除此之外，鲁迅对于设计多方面的问题都有一些很精辟的见解，不充分了解鲁迅与设计的关系，恐怕无法从整体上把握鲁迅的思想全貌。杨永德编著的《鲁迅装帧系年》[①]一书是第一本研究鲁迅设计的专著。该书以史实见长，然而其研究方法和观点都比较陈旧，如仍是着眼于鲁迅的“民族性”

① 杨永德：《鲁迅装帧系年》，人民美术出版社，2001年。该书仅仅从艺术设计的一个部门——装帧入手，但所展示的史料已经远远超出这个范畴，包括鲁迅其他的艺术活动，如木刻、连环画、插图等。

图 6-1　浙江绍兴鲁迅故里

论述、中西文化观的考察等，这与目前我们所见到的其他关于鲁迅美术的研究尚没有拉开太大的距离。

七十多年来，鲁迅的文艺观得到了比较全面的研究，几乎涉及鲁迅工作的各个方面。因此在鲁迅的文化理念包括其艺术和设计思想等方面，学术界已经有相关探讨。在鲁迅美术与设计研究方面，早在 1978 年，张道一即撰《鲁迅与书籍装帧》一文，整理了鲁迅关于书籍装帧各个方面的思想与论述[①]；1982 年，郎绍君发表《鲁迅的美术观》长文，对于鲁迅所理解的艺术中的“民族性”问题作出了比较概括的归纳[②]；2001 年，人民美术出版社出版了杨永德的《鲁迅装帧系年》一书，从史料和理论两个方面，都对鲁迅的书籍设计专题研究进行了一定的开拓[③]；2006 年，王锡荣撰《画者鲁迅》更是提供了极为丰富的视觉图像材料[④]。

但笔者更关注的是，很多研究者没有能够进一步指出设计实践对于鲁迅美术兴趣形成的影响，在大量论及“鲁迅与中外美术”的专著或论文中甚至没有设计的位置，这确实有些遗憾。这样的研究成果还是很不够的，这是因为不结合设计来考虑，就无法了解鲁迅人格的全貌。然而鲁迅的设计思想曾经直接影响和鼓励了陶元庆、钱君匋以及晚期“向左转”之后的李桦等艺术设计家，其文艺思想也多方面地渗透于 20 世纪中国艺术设计的历程，但是作为设计研究者的鲁迅及其研究方法留给后人的遗产却备受冷落。迄今为止，连鲁迅设计思想与实践方面的研究成果也屈指可数，更遑论其设计研究的学术史梳理。鲁迅在设计方面的遗产不仅仅应该成为设计史的重要组成部分，并且如同鲁迅的艺术思想和中西文化观一样，其设计理论研究实践给我们的启示，对于建立中

① 张道一：《鲁迅与书籍装帧》，《南京艺术学院学报》，1978年第2期。

② 郎绍君：《鲁迅的美术观（上、下）》，连载于王朝闻主编《美术史论丛刊》第1、2期，天津人民美术出版社，1982年。

③ 杨永德：《鲁迅装帧系年》，人民美术出版社，2001年。

④ 王锡荣（选编）：《画者鲁迅》，上海文化出版社，2006年。

国形态的设计学来说同样是不可多得的参考资料。

当然，鲁迅的一般文艺思想，甚至包括其对于木刻、连环画等其他艺术类型的某些具体论述，基本上也是适用于他所设想的“总体艺术”的。正如钟敬文所指出的：“鲁迅对于民间文学、艺术的称扬，绝不是仅对个别作品或个别种类的，是几乎普及于全般艺术的（自然，他有对她进行区别和批评的时候，但这里就总的方向说）。”[5]作为艺术的一个部门，设计的各个部门（如书籍装帧、建筑、服装、产品设计等）自然也在这个“艺术之宫”里面。由于目前关于鲁迅文艺思想（包括艺术批评、技巧方面的论述）的研究已经相对深入，他的一些主要观点——特别是“民族性”“东方的美”“拿来主义”等——也已深入人心，除非进行学术范式的更新或发现新的史料，否则无法在学术研究上推陈出新。

⑤ 钟敬文：《作为民间文艺学者的鲁迅》，钟敬文著译、王得后编《寻找鲁迅·鲁迅印象》，北京出版社，2002年，第111页。

第一节　鲁迅对艺术设计的兴趣与研究

早在1903年留学日本之初，时年24岁的鲁迅（周树人）便曾与同乡许寿裳、经亨颐、蒋智由等26人，共同联名撰写《绍兴同乡公函》，以所见中日之差距鉴告国人。在这篇洋溢着民族救亡情绪的短文中，他们从教育、政治（实为市政）、工艺三方面对中日进行了对比。谈及工艺时，鲁迅等人将其分为“机械之工艺”和“人工之工艺”两类。这个区分大体上类似于今天“工程设计”和“艺术设计（广义，含工艺美术）”，是符合形式逻辑要求的比较科学的分类方法。对于后者，他们这样说：

图 6-2 浙江绍兴百草园

日本一室中物，其来自西洋者，不遇（过）十之一、二，十之八、九皆日本之所自制也。或因西洋之物而仿造之，或因日本固有之物而改良之。试一入日本工艺美术各学校中，其髹漆，其凋（雕）刻，其锻冶，又若刺绣，若织物，若染色物，皆日新月异，精益求精。而又若造纸（今日新发明用木料造纸），若铜板，若写真，若制皮诸事，无不尽工极巧，日有进步。即瓷器为我中国所固有者，今日本且骎骎乎欲驾而上之。

夫我中国非无材料也，非无产物也，徒以拙于工作，遂至日用百物，事事仰给于人。……吾见二十世纪之中国，非工艺无振兴之策，盖必有工艺而后有实业，有实业而后平民得有所养，富者乃有余资，由是教育可行，陆海军可与。彼日本今日之胜于我中国者，观其工艺之间，已高出我数倍，而况其进步之弥有已也。……我中国之枯窳拙劣之工艺，必不能敌各国之工艺。[1]

这篇文章虽然不能看作鲁迅个人的思想，但必须承认鲁迅对于工艺的重视，是把它看作“中国振兴”的一个重要组成部分来思考的。这是因为工艺（包括今日所谓设计）与实业、与生活都有着密切的关系，维系着人民的日用起居与思想情绪，并且终其一生，并没有充分的证据说明鲁迅的这种看法发生过根本变化。根据萧红的记载，直到1936年生命结束前夕，鲁迅还对当时作为学生与其过往甚密的萧红的服饰衣着等提出了许多极其具体的批评和建议[2]，其细致程度令人惊叹，就连萧红本人也对鲁迅的知识来源表示出极高的兴趣。《萧红传》的作者对此有详细的记载：

萧红没有想到一位伟大的思想家，竟然对女人的衣饰也这么内行，就开始问鲁迅先生：“周先生怎么也晓得女人穿衣裳的这些事情呢？”鲁迅先生答道：“看过书的，关于美学的。”萧红又问：“什么时候看的……”鲁迅又说：“大概是在日本读书的时候……”萧红像个大孩子，一味要打破沙（砂）锅纹（问）到底：“买的书吗？”鲁迅无奈，只好说：“不一定是买的，也许是从什么地方抓到就看的……”萧红的好奇心还是没有满足，又问道：“看了有趣味吗？！”鲁迅只好说：“随便看看……”萧红刨根问底：“周先生看这书干什么？”对于这个问题，鲁迅实在难以回答，就报以沉默，许广平先生说：

① 周树人等：《在留东京绍兴人寄回同乡公函（1903）》，倪墨炎编著：《鲁迅署名宣言与函电辑考》，书目文献出版社，1985年，第1—13页。

② 参见萧红：《回忆鲁迅先生》，妇女生活社，1940年。

“周先生什么书都看的。”①

① 季红真：《萧红传》，北京十月文艺出版社，2000年，第223—224页。

“什么书都看”这种说法当然无法真正解释鲁迅，然而更令鲁迅与他人隔阂的，恐怕是迄今人们还没有注意到应对鲁迅艺术设计

图 6-3 浙江绍兴三味书屋

方面的兴趣进行综合的研究。因此，不仅仅着眼于这些对于工艺、居室、建筑、服饰、广告等设计部门的具体论述，而进一步从一种共通的研究兴趣去把握鲁迅与设计的关系，无论对于我们建构设计的学统，还是从一个崭新的角度深入探寻鲁迅的精神实质，或许都是极其必要的。

似乎有些令人沮丧的是，鲁迅作为《中国小说史略》《汉文学史纲要》《古小说钩沉》乃至《汉画像考》等众多学术成果的拥有者，却并没有在设计方面进行体系化、系统化的研究。这种现象并非仅仅发生在其设计研究领域，在所感兴趣的木刻、民间文艺等很多领域，鲁迅的见解似乎都是更愿意通过杂文、书信等形式表达，而没有留下严格意义上的学术专著，这对于后人似乎都留下了类似的遗憾。如钟敬文在论述鲁迅作为民间文艺学者的学术性格时指出，鲁迅大量的民间文艺方面的见解（除了述学的论著及其他的少数篇章之外），“是跟他（鲁迅）对当时的社会、文化的感想和批评密切地结合着的，是为他那些感想和批评有效地服务的。这是使他那些见解能够显出异彩的主要原因。……因此，它作为学术性格看（不是评价的问题），就必然要跟那些依照科学研究过程写成的著作显示出差异”[②]。

② 钟敬文：《作为民间文艺学者的鲁迅》，钟敬文著译、王得后编《寻找鲁迅·鲁迅印象》，北京出版社，2002年。

上述结论大体也适用于对同时作为设计学学者的鲁迅的评价。需要补充的是，我们应该把鲁迅看作是一位艺术家（设计师）兼研究者，并且是一位拥有两套学术笔墨的研究者。尽管他自己曾经说过：“创作家不妨毫不理会文学史或理论，文学家也不妨做不出一句诗。然而中国社会上还很误解，你做几篇小说，便以为你一定懂得小说概论，做几句新诗，就要你讲诗之原理。”甚至“研究是要用理智，要冷静的，而创作须情感，至少总得发点热，于是忽冷忽热，弄得头昏，——这也是职业和嗜好不能合一的苦处。……所以我想，研究文学是一件事，做文章又是一件事"[1]。但这里的"研究"，指的仅仅是一种诸如当时流行的"文学概论"式狭义的形态。对于这种追求体系、四平八稳的纯理论研究，鲁迅本人虽然并没有表示出明显的贬义，但至少并不从事（其形成系统的几部学术著作仅仅是在形式方面符合这种理论形态）。

鲁迅文学艺术方面的研究，更多的是贴近于文本本身和创作实践，包括理论化了的创作经验。换言之，这种研究具有鲜明的个人色彩，不为片面地追求体系的完备性而牺牲思想上的矛盾性和复杂性，因而可说是一种更有生机和活力的创作理论。尽管按照现代性的学科细分，这种理论很难用"文学概论"的体系和标尺去衡量，但却更贴近文学现象，更能体现研究者的问题意识和自由思想。无法否认，这是一种更有兴味和特点的研究，最适合表述这样研究的文体不是"概论"，而是"杂文"。对于中国当时（乃至当下）的艺术设计研究情形而论，所缺少的同样也不是"设计概论"一类的著作，而是提出一些具有独立精神的问题。这样的研究即便不被严格的学术规范所接纳，但在学科建设伊始对于学术的真正推进是有价值的，鲁迅的设计（乃至一切文艺）研究的意义也正在于此。

第二节　鲁迅所理解的"中国精神"

可以看出，从晚清开始，直到20世纪初的设计师（乃至大部

① 鲁迅：《读书杂谈——七月十六日在广州知用中学讲》，《鲁迅全集》第3卷，人民文学出版社，2006年。

分文化人）那里，中西文化的冲突和融合就一直是一个非常热门的话题。20 世纪 30 年代以来，随着“左联”的建立和左翼文艺的兴起，艺术的“民族形式”问题更是得到了比较集中的讨论。作为“五四”的一代人，鲁迅本人多次谈到对旧文明的批判和对新文艺的支持，此后在很多杂文和书信中直接对于当时的美术的“民族性”“东方的美”等问题发表过意见。无论如何，对鲁迅的文化观贸然作出概括是很危险的。如果说鲁迅激进地反传统，往往又能找出很多反例来支持相反的意见；反之亦然。此外，鲁迅的学术著作与他的杂文中的某些观点往往存在（从表面上看的）一些抵牾，而他恰恰又没有在艺术和设计的民族化等问题方面写什么科学论著。总的来说，这样“印象式”的批评，还必须在不同语境中进行具体的分析。

在 1927 年的《当陶元庆君的绘画展览时——我所要说的几句话》一文中，鲁迅借陶元庆的绘画，又表达了自己所支持的“就因为内外两面，都和世界的时代思潮合流，而又未梏亡中国的民族性”这种观点。他这样评价陶元庆的作品：“他并非‘之乎者也’，因为用的是新的形和新的色；而又不是‘Yes’‘No’，因为他究竟是中国人。”[②]在某种意义上，这仅仅应该被看作是鲁迅对于陶元庆绘画的一种评论，而不能看作鲁迅对于一切美术和设计创作的普遍意见。在 1934 年致青年木刻家陈烟桥的一封信中，鲁迅指出“有地方色彩的，倒容易成为世界的，即为别国所注意”[③]。这段话经常为鲁迅研究者所引用，但这句话本身的意思并不明确——这也可以理解为一种“利用西方的猎奇心理”（如在靳埭强那里得到利用的设计策略），而这层意思恐怕也未必是鲁迅所鼓励和提倡的文化理念，也不能简单地认为鲁迅得出了“越是民族的，就越是世界的”

② 鲁迅：《而已集》，《鲁迅全集》第3卷，人民文学出版社，2005年。陶元庆，中国现代版画家、插图家、设计师，曾经为鲁迅的《彷徨》等多部著作进行封面设计。

③ 鲁迅：《致陈烟桥》，1934年4月19日，《鲁迅全集》第13卷，人民文学出版社，2005 年。

这种民族主义式的结论。

在20世纪30年代以来的鲁迅书信中，倒是有一些指导性的言论能够反映出鲁迅个人比较明确的观点。总的来说，鲁迅承认各具地方特色的文艺所提供的多元化价值，如他说："现在的世界，环境的不同，艺术上也必须有地方色彩，庶不至于千篇一律。"[1]但他也认为对于"民族性"，并不存在一个固定不变的本质（比如形式、符号等），可以轻易加以套用在当前的艺术和设计创作中。他在答复李桦关于木刻之"中国精神"问题的时候这样说：

> 至于怎样的是中国精神，我实在不知道。就绘画而论，六朝以来，就大受印度美术的影响，无所谓国画了；元人的水墨山水，或者可说是国粹，但这是不必复兴，而且即使复兴起来，也不会发展的。所以我的意思，是以为倘参酌汉代的石刻画像，明清的书籍插画，并且留心民间所赏玩的所谓"年画"，和欧洲的新法（指技法、技巧等——引者注）融合起来，许能够并出一种更好的版画。[2]

应该说作为对于当时的青年木刻家的指导意见，鲁迅的这番言论还是比较诚恳，并且经过了一番认真思考的。全面地看，鲁迅说自己并不能够清晰地描述所谓的"中国精神"，并不是他否定"中国精神"的存在，只是认为这种"中国精神"不是某种一成不变的"传统精神"，而是在不断创造之中的。"中国精神"不仅仅指向古代，也应该向时代开放，不断获得新的内涵，因此是无法进行本质主义式归纳的。结合接下来的一段具体论述，可以看出在鲁迅那里，反

① 鲁迅：《致何白涛》，1934年1月8日，《鲁迅全集》第13卷，人民文学出版社，2005年。

② 鲁迅：《致李桦》，1935年2月4日，《鲁迅全集》第13卷，人民文学出版社，2005年。

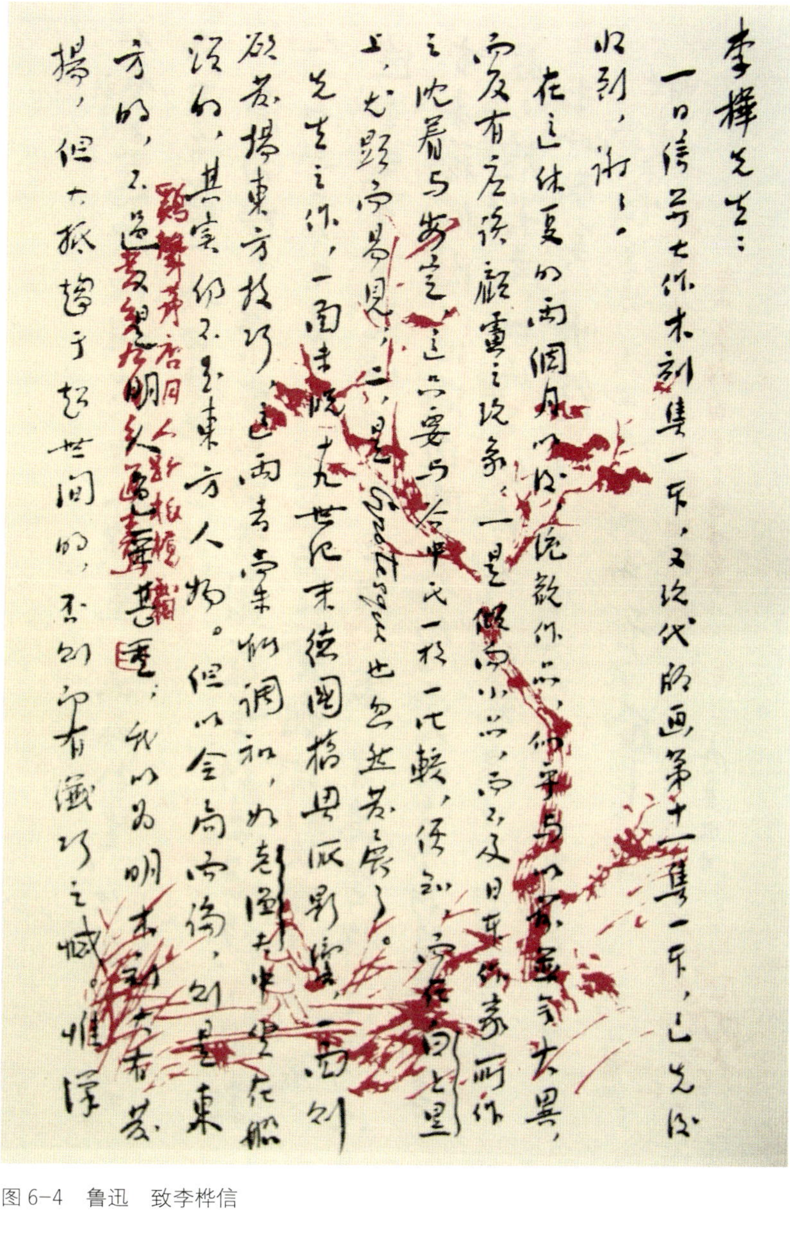

图 6-4　鲁迅　致李桦信

对静态的“中国精神”与提倡“必须有地方色彩”二者并不矛盾。正如在本书中，我们说的“本土化”也不仅仅等同于“传统”，而是呼唤创造，并且与当代中国的独特实践是紧密联系在一起的。

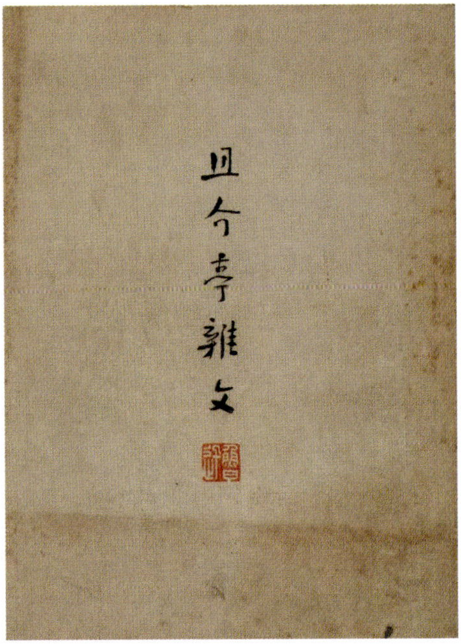

图 6-5　鲁迅　《且介亭杂文》封面

第三节　设计的社会性与时代性表述

在中国现代美学史上，无论从思想线索还是社会实践来看，都不应该否认鲁迅与蔡元培美育思想的历史联系。许寿裳在《亡友鲁迅印象记》中的这样一段记载是比较接近历史的事实的：“教育总长蔡子民先生就职以后，即竭力提倡‘以美育代宗教’，……这种教育方针，当时能够体会者还很寥寥，惟鲁迅深知其原意；蔡先生也知道鲁迅研究美学和美育，富有心得，所以请他担任社会教育司第一科科长，主管图书馆、博物馆、美术馆等事宜。”[①]其实也正是在蔡元培的“致用”之下，鲁迅写出了著名的《拟播布美术意见书》，以在社会中贯彻蔡元培所倡导的“美育”理想。在这篇文章中，鲁迅在接受蔡元培的分类的基础上，对“美术”作了更加严格的规定：

美术云者，即用思理以美化天物之谓。苟合于此，则无问外状若何，咸得谓之美术；如雕塑，绘画，文章，建筑，音乐皆是也。……美术之中，涉于实用者，厥惟建筑。[②]

① 许寿裳：《亡友鲁迅印象记》，鲁迅博物馆等选编《鲁迅回忆录·专著（上册）》，北京出版社，1999年，第241页。

② 鲁迅：《拟播布美术意见书》，《鲁迅全集》第8卷，人民文学出版社，2005年。

可以看出，尽管仍然接受了蔡元培对美术作“艺术”的广义理解，但较少受到康德影响的鲁迅，对“美术”外延的界定似乎要比蔡元培更加严格一些。他明确地把一些片面地以“技艺”为卖点的手艺工匠排除在“美术”之外：

> 故美术者，有三要素：一曰天物，二曰思理，三曰美化。缘美术比有此三要素，故与他物之界域极严。刻玉之状为叶，髹漆之色乱金，似矣，而不得谓之美术。象齿方寸，文字千万，核桃一丸，台榭数重，精矣，而不得谓之美术。几案可以驰（弛）张，什器轻于携取，便于用矣，而不得谓之美术。太古之遗物，绝域之奇器，罕矣，而非必为美术。③

③ 同上。

应该说，把这种匠人的“奇技淫巧”明确地排除在所谓“艺术之宫”以外，是非常明智的。这种“手工艺”不但不属于“美术”，甚至不属于“设计”，而只是一种熟能生巧的手工劳动。如果把它们纳入艺术设计的研究范畴，会进一步遮蔽艺术设计的“此在”。但是从“几案可以驰（弛）张，什器轻于携取，便于用矣，而不得谓之美术”这种说法来看，鲁迅仍

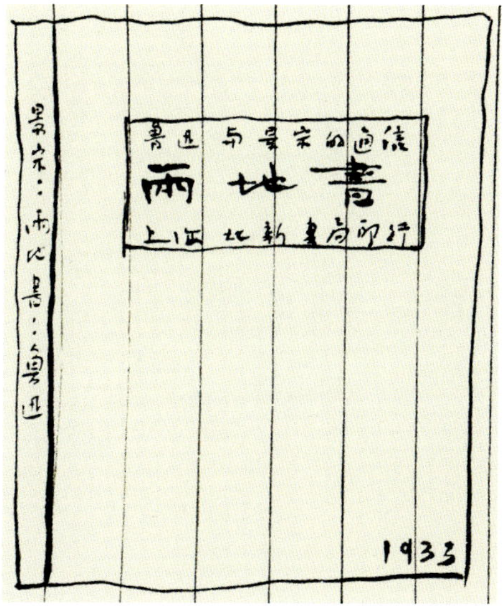

图 6-6　鲁迅　《两地书》封面设计稿

然没有脱离蔡元培的影响，把“实用”与“美术”看成了两个环节。

比蔡元培稍进一步的是，鲁迅并没有彻底否认美术的“实用性”，尽管承认这一点对于接受蔡元培影响的早期鲁迅来说是有些勉强的。但是延续了早年留学期间所作《绍兴同乡公函》中的自家思路，鲁迅还是很快地把蔡元培的思路与自己重视美术与实业关系的主张进行了比较合理的“对接”：“方物见斥，外品流行，中国经济，遂以困匮。然品物材质，诸国所同，其差异者，独在造作。美术弘布，作品自胜，陈诸市肆，足越殊方，尔后金资，不虞外溢。故徒言崇尚国货者没，而发挥美术，实其本根。”[①]在稍后的周玲荪、柳林、舒新城、刘思训、丰子恺、颜文樑等人纷纷注意到“美术”与“实业”关系的同时，不应忘记的是鲁迅思想的超前性和一贯性。

① 鲁迅：《拟播布美术意见书》，《鲁迅全集》第8卷，人民文学出版社，2005年。

“发挥美术，实其本根”也应被视作当今设计教育的一个重要基础，即坚持设计作为一门“艺术”的底线。鲁迅对于艺术的一切部门，都极其重视从“艺术”的要求去要求、规范它们的发展。正如在晚年谈到木刻的宣传作用时，他这样强调：“木刻是一种作某用的工具，是不错的，但万不要忘记它是艺术。”[②]（着重号为原有）而按照这

6-7　鲁迅　《坟》扉页设计稿

② 鲁迅：《致李桦》，1935年6月16日，《鲁迅全集》第13卷，人民文学出版社，2005年。

样的思路，拥有与木刻的宣传功能相近职能的艺术设计（特别是平面设计），更应该作如是观。如果承认这一点，我们会发现鲁迅很多在宏观上对于整个文艺的指导和论述，对于艺术设计都应该是适用的。只是后面我们会谈到，鲁迅对于“艺术”，仅仅是从内容、形式等方面进行规定的，对于“思想”的强调则局限在反映时代、反映社会等层面，并且在一些比较极端的论战场合，鲁迅对于这些的重视，远远超过了他对于“艺术”的强调。

那么，鲁迅是如何具体论述对美术“实用性”的实践的呢？以其中后期的主导思想来看，他所选择的角度是强调艺术的社会性。他反对纯粹的“为艺术而艺术”，毕生提倡“为人生的艺术”（尽管他不是文学研究会的直接成员）。当然，他对于社会性的强调，仍然像蔡元培一样，是将艺术和社会生活作为两个东西来看待的：

艺术离不开社会生活。例如一个碗，本来是白磁（瓷）的，要画上松竹梅岁寒三友，又要画上菊花或写上“真君子”字样，白碗本来就可以用了，为什么还要画上画、写上字呢？因为这样一来就美

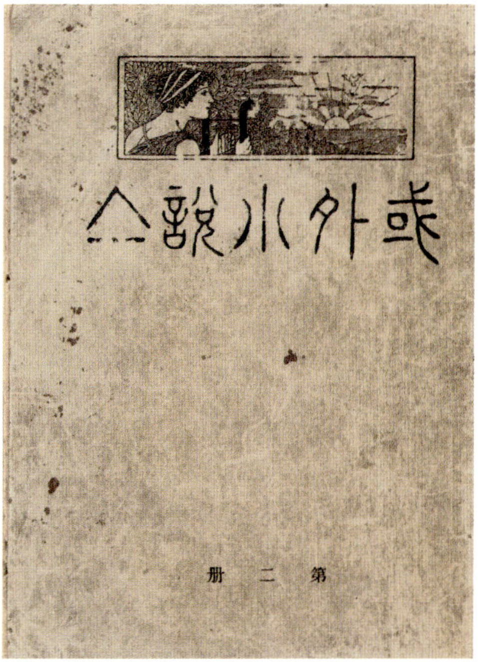

图 6-8　鲁迅、周作人编译　《域外小说集》封面（题字：陈师曾）

观，所以就叫做艺术，艺术并不是难懂的东西。[①]

抛开记录稿未经本人审阅的原因，这样对于艺术与社会生活的论述似乎过于机械了些。不过至少可以推想，从逻辑上说，囿于康德美学的蔡元培是无法明确地提出这层“功利性”的要求的。但可以看出，鲁迅和蔡元培在某些一致的“理论预设”下得出了截然相反的结论。相对而言，以下这番话更能够体现出鲁迅对于“装饰”的看法：

> 艺术家应注意社会现状，用画笔告诉群众所见不到的或不注意的社会事件。……“意义”在现代绘画上是一件很重要的事，装饰画自然例外。因它的使命不过是调剂人们精神而已，但不能承认它是纯粹的艺术。[②]

这样的论述，连同进一步明确地批判缺乏使用价值的装饰品为无意义的“小摆设”[③]，都可看作鲁迅在实践中对于蔡元培美学的超越和发展。因为按照康德美学，那种纯粹的无功利、无目的的装饰，才能提供最纯粹的审美判断，而这显然与鲁迅之提倡文艺的社会价值大相抵牾，因而后者坚决不用“纯粹的艺术”来评价它。他对于“纯粹的艺术”的理解，恰好与康德相反。如果说康德美学在中国被接受伊始就和中国学者所希望达到的“美育”之社会职能有矛盾（这里不特指“审美判断”与以实用为第一价值的设计特征的悖论），并且在蔡元培那里这个矛盾还没有得到足够注意的话，那么鲁迅可说是有意识克服这一矛盾的第一人。

① 鲁迅：《1932年12月21日在上海野风画会的演讲》，据陈广《记鲁迅先生的一次讲话》，《解放军文艺》1957年第1期，刘运峰编《鲁迅佚文全集（下）》，群言出版社，2001年，第796—798页。

② 刘汝醴记录：《鲁迅在中华艺术大学演讲纪录》，原载1976年6月南京师范学院中文系《文教资料简报》47、48期合刊，《鲁迅佚文全集（下）》，第787—790页。

③ 鲁迅：《小品文的危机》，《鲁迅全集》第4卷，人民文学出版社，2005年。

此外，如果说以上所引两处论述因为种种原因有一些矛盾的地方，其实是不难理解的。在鲁迅看来，艺术起源于人类对于“美观”的需求，然而仅仅达到了“美观”（如康德所论述的那样），即便是“出于思”（符合《拟播布美术意见书》中提出的“美术三要素”），却无法与人生、社会发生更加密切的关系，这样的“艺术”并不是最高级、最纯粹的。

应该说，鲁迅的文艺当与时代（社会现状）结合的思想，在很大程度上突破了人们对于审美的纯粹性的理想，强调了文艺（包括设计）作为“匕首”和“投枪”的社会价值，尤其是他把“装饰”从“纯粹的艺术（我们还可以加上设计）”中剔除，是对于蔡元培美学在时代背景下的极大发展，在很大程度上也促进了设计理论和设计实践的进步。但与此同时，在一些比较极端的论述（比如与梁实秋的多轮论战）中，鲁迅仍然使用了梁实秋的思维框架，严格地把“社会性”和“人性”对立了起来。这样的理论与鲁迅自己那些并没有否定“永恒价值”的文学作品构成了矛盾。如果这种极端的看法在文艺实践（包括设计实践）中得到片面提倡的话，

图 6-9　鲁迅　《朝花夕拾》封面（设计：陶元庆）

会因为过分注意时代而忽视新人文主义艺术观中的一些合理的成分。在文艺和设计思想史上，直到沈从文才对“常”与“变”的问题进行了比较系统的思考。与此同时，过分强调时代、社会对于艺术的影响，往往会对艺术的发展持盲目乐观的“进步”态度（或许鲁迅后期对于青年的失望正根源于这种期望）。究其思想根源，无论是鲁迅还是蔡元培都深受“进化论”的影响，对“艺术发展趋势”的认识还过于简单。

第四节　由艺术设计和工艺美术推想社会问题

在《作为民间文艺学者的鲁迅》一文中，钟敬文还指出：“他的许多关于民间文艺的见解，是在他写作社会、文化批评文章时出现的。因此，它作为学术性格看（不是评价的问题），就必然要跟那些依照科学研究过程写成的著作显示出差异。……他的那些文章，主旨并不再专讨论民间文艺本身的问题，多半由于所论述的事物牵扯到她，或者为了使自己的文章更有说服力、增添表现上的风趣等原因而谈及或援引到她。”[①]这种分析大致不错，也仍然能够道出鲁迅艺术设计（乃至广义的工艺美术）研究的一个类似特点。或许在很多人看来（包括钟敬文先生本人文章中的个别处也流露出这种看法），这种零碎的、主旨不在讨论民间文艺、工艺美术等研究对象本身的“杂感”，是鲁迅作为学者的一大遗憾。

这种遗憾主要指向鲁迅后期因为社会斗争太多，加之身体等原因，放弃了大量预想中的文学、艺术的研究（包括文学史写作、美术史考据和与思维方式研究密切相关的“中国汉字变迁史”等），

① 钟敬文：《作为民间文艺学者的鲁迅》，钟敬文著译、王得后编《寻找鲁迅·鲁迅印象》，北京出版社，2002年。

但其中却并不包括鲁迅已有文章中所体现出的“藉外论之”的研究方法本身。换言之，在今天看来，借用民间文艺、工艺美术等物质文化内容谈及社会、文化乃至政治问题，不但不应被视作学术的不完善，相反应该作为一种新学术范式而加以鼓励。以下这篇《忽然想到》就是一个很好的范例，这里不妨大段引用：

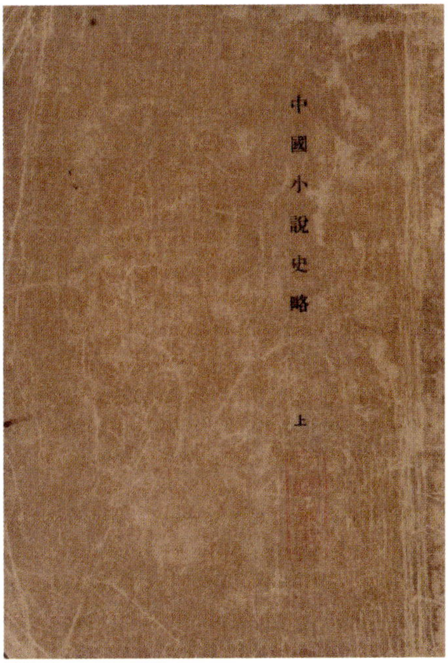

图 6-10　鲁迅　《中国小说史略》封面

我于书的形式上有一种偏见，就是在书的开头和每个题目前后，总喜欢留些空白，……

较好的中国书和西洋书，每本前后总有一两张空白的副页，上下的天地头也很宽。而近来中国的排印的新书则大抵没有副页，天地头又都很短，想要写上一点意见或别的什么，也无地可容，翻开书来，满本是密密层层的黑字；加以油臭扑鼻，使人发生一种压迫和窘促之感，不特很少“读书之乐”，且觉得仿佛人生已没有“余裕”，“不留余地”了。

或者也许以为这样的为质朴罢。但质朴是开始的“陋”，精力弥满，不惜物力的。

现在的却是复归于陋，而质朴的精神已失，所以只能算窳败，算堕落，也就是常谈之所谓“因陋就简”。在这样“不留余地”空气的围绕里，人们的精神大抵要被挤小的。

……固然是比牛毛还细小的事，但究竟是时代精神表现之一端，所以也可以推类到别样。例如现在器具之轻薄草率（世间误以为灵便），建筑之偷工减料，办事之敷衍一时，不要“好看”，不想“持久”，就都是出于同一病源的。即再用这来类推更大的事，我以为也行。①

① 鲁迅：《忽然想到·二》，《鲁迅全集》第3卷，人民文学出版社，2005年。

显然这里有些“醉翁之意不在酒”的意味，但还是应该指出鲁迅艺术设计研究的一个特点是与艺术本身近乎完美的结合。换言之，鲁迅并没有因为立意在“藉外论之”而忽视乃至曲解艺术设计现象；相反，其蕴含于社会论述之内的艺术眼力是不可忽视的。如上引文中所说的对于“空白”的应用，恐怕就不仅仅是鲁迅的“偏见”，而是体现出其超乎其他人的艺术感觉。并且，对于“空白”的突出强调，也显示出中国艺术的一个共同追求。从设计实践来看，鲁迅的书籍设计在这一点上也是不乏应用的，此处不细谈。学术界公认，他在视觉艺术和设计方面的艺术感觉要远在胡适、周作人等同辈人之上，大概在现代文学大家之中只有闻一多可与之比肩。这种“艺术感觉”，除了作为鲁迅学术研究的一种难以企及的特点外，还是鲁迅能够把艺术和社会论说结合起来的必要保障。尤其是与今天文学理论界否定纯文学性本身的极端做法相比照，鲁迅的艺术家式学者的意义也体现在此；而对于囿于形式本身的艺术学者来说，鲁迅之“由设计到社会”也足以令人“虽不能至，心向往之”。

鲁迅对工艺美术进行这种社会论说的尝试，还体现在《坟》中的《看镜有感》这篇名文中。在该文中，鲁迅赞赏汉唐铜镜“新来的动植物，即毫不拘忌，来充装饰的花纹”的开放心态和“前无古人”的创造精神，从而比照“世风日下”的宋镜的“各种顾忌，各种小心，各种唠叨”，尖锐地讽刺了时人“带上了国粹眼镜”的窘相。在此之后，鲁迅方进入“题旨”：

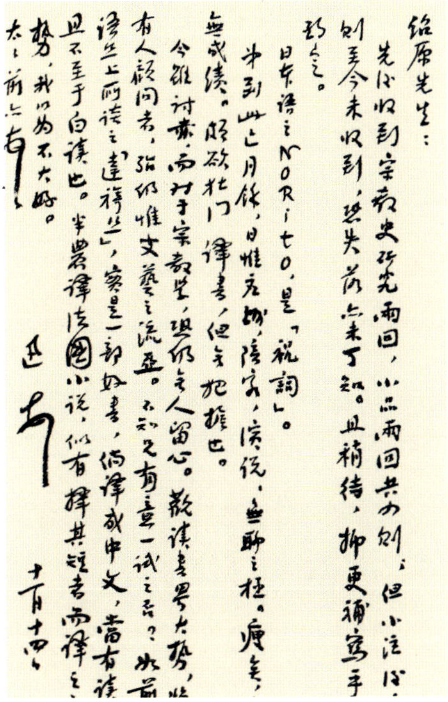
绍原先生：
先后收到宗教史研究两回，小品两回共四则，但小注似
别页今未收到，恐失落亦未可知。且稍待，如更补写手
[illegible]之。
日本语之NORITO，是「祝词」。
[illegible]到此已月余，日惟[illegible]，陪客，演说，无聊之极。疲矣，
无成绩。[illegible]北门译书，但无把握也。
[illegible]
迅
十一月十四

图 6-11 鲁迅 致江绍原信

> 所以事实上“今不如古”者，正因为有许多唠叨着“今不如古”的诸位先生们之故。现在情形还如此。倘再不放开度量，大胆地，无畏地，将新文化尽量地吸收，则杨光先似的向西洋主人沥陈中夏的精神文明的时候，大概是不劳久待的罢。[②]

② 鲁迅：《看镜有感》，《鲁迅全集》第1卷，人民文学出版社，2005年。

这篇文章我们不必多作分析，已经可以看出鲁迅独特的研究方法。这些论述当然可以被视作鲁迅提倡新文化、讽刺“国粹”派的文艺思想，但笔者更愿意把它们看作是鲁迅的工艺美术和艺术设计学术研究的一大特点。类似的文字在鲁迅那里还有很多。

20世纪50年代以来，仅仅有三十多年历史的“中国现代文学”研究一度成为显学。其中，“鲁迅研究是整个中国现代文学研究体系中最为完备、最有深度、最富成就的部分”[①]。以“鲁迅学”学科提议的出现和建设为标志的鲁迅研究的成熟，使得现有的成果几乎已经穷尽了鲁迅生平、创作与思想的方方面面。然而，这并不是说当代学者已经对鲁迅有全盘而透彻的把握，甚至由于研究对象本

① 尚礼、刘勇主编：《20世纪中国文学研究·现代文学研究》，北京出版社，2001年，第166页。

图6-12 浙江绍兴鲁迅故居

身学术背景和思想的复杂性，更加凸显现有的大量研究在很大程度上都只是对鲁迅某一侧面、某一局部（如文学成就）的开掘，使得大量研究还无法深入到鲁迅的灵魂整体与其进行对话。应该看到，作为一个鲜活的主体，鲁迅还有很多更为日常的兴趣等待研究者们去发现。

以美术为例，虽然国内至少在 20 世纪 80 年代初就有关于鲁迅的文艺思想、美术观的专著出版，相关的论文更是不计其数，但这些研究在很大程度上是孤立于鲁迅的整个生命之外的。比如把鲁迅等同于一个个案以陈旧的美术史方法进行研究，或是作为左翼文艺思想的注解，纳入先入为主的解释框架。20 世纪 90 年代以来，海内外的研究者逐渐有意识地开始纠正这种现象，把美术兴趣作为鲁

6-13 北京鲁迅故居

迅人格的重要组成部分进行研究。鲁迅研究界的李欧梵、钱理群等人分别从不同角度提出从现代艺术兴趣和美术与设计思想入手，从新的角度理解鲁迅一生的看法。[1]先是有美国学者李欧梵的《鲁迅与现代艺术意识》一文，按照作者独特的研究思路为鲁迅艺术思想披上了“现代性”的色彩。该文在鲁迅研究界有一些不同意见，但应该说这样的研究至少丰富了人们的视野。[2]在2003年出版的《与鲁迅相遇——北大演讲录之二》中，钱理群更是直接提出了从美术入手思考鲁迅整个人生历程的研究思路。这些见解都是很有启发性的。在中国，鲁迅研究也许永远不会被人们冷落。

① 分别参见李欧梵：《铁屋中的呐喊》附录《鲁迅与现代艺术意识》，岳麓书社，1999年；钱理群：《与鲁迅相遇——北大演讲录之二》第一讲，生活·读书·新知三联书店，2003年。

② 比较尖锐的意见如李允经：《鲁迅与裸体画艺术——兼与李欧梵先生商榷》，《鲁迅与中外美术》，书海出版社，2005年。

第七章

闻一多的
艺术设计批评与工艺美术思想

闻一多是中国20世纪文艺史上的一位近乎全才式的人物。他从事新文学的创作，又兼事神话、唐诗、《周易》、《庄子》等古典文学和古代文献的研究。他积极介入社会政治呼吁民主思想终被统治阶级杀害，并在后世的教科书中留下了“民主战士”的头衔。他还是出色的教育家与演说家，据说他的演讲只需忠实地整理成文字，便是一篇完整无瑕的文章（如收录于中学语文教材的《最后一次演讲》）。但更不为人所知的是，他还曾经短期担任过北京国立美术专科学校（今天中央美术学院的前身）的教务长，并从事书法、绘画、篆刻、设计的创作。

以仅仅47年短暂的生命计算，闻一多在创作与学术研究各个方面所积累的成果是其同代人难以望其项背的。从赴美前就读清华学校开始，闻一多在诗歌创作、美术创作、艺术设计与评论各个方面的兴趣已经初步展露，并且彼此之间有着很好的协调与沟通。归国后，闻一多的兴趣逐渐转向学术与民主运动，直接谈论艺术创作的文字逐渐减少。因此相对地，本章希望将闻一多前期的艺术与设计思想和后期的

图7-1 西南联大时期的闻一多

工艺美术研究分开来论述。这样的结构并不是要把一位学者的生命历程硬性地分裂为两个部分，而实在是我们研究对象的复杂性使然。必须承认，闻一多前期大量的文艺批评并没有形成严格的理论体系，很多思想还未发展成熟，有些地方甚至难免发生一些矛盾；但后期作为学者的闻一多所从事的是纯粹的学术研究，其学术生命已经逐渐成熟，并且形成了自己独特的研究方法和学术性情，当然所谈也就超出了仅仅停留在创作实践层面的感性经验。

与自家所接受的西式美术教育背景不无关系，闻一多对于工艺美术流露出极大的重视和偏爱。在国内外游学与辗转任教期间，闻一多留下了大量的美术和艺术设计（封面设计、插画和广告设计）作品，而早在清华学校读书期间的一些杂文中，他便对艺术设计创作与批评等问题进行了认真的思考。20 世纪 40 年代以后，闻一多

图 7-2　西南联合大学旧址（今云南师范大学）

转向古代文学与文献研究，但倘若细细品味，仍然能够发现其中渗透着他偏好工艺美术的“真性情”。并且其在《周易》工艺美学理论研究方面所达到的水准，在20世纪的学术史中大概只有宗白华可与之媲美。

就目前的学术史研究来看，对于闻一多的新诗创作与评论在现代文学史上的地位一直没有被人们忘记，作为唐诗、神话学者的闻一多也早已受到研究者的重视，但闻一多在研究中另有一种兴趣却很少落入论者的视野，这就是对于实用美术的重视与偏爱。近年来，关于鲁迅的美术兴趣及其思想已经得到较多关注，然而作为工艺美术学者的闻一多却备受冷落。他的相关成果一方面在中国现代艺术设计史上具有重要的意义，另一方面也应该成为我们理解一位作家创作思想的一个不可忽视的环节。在本章中，笔者将对闻一多所留下的有关实用美术方面的文字进行评述，以期引起研究者对于闻一多学术生命之“另一面”的充分重视，并挖掘其于设计之影响。

第一节　东西文艺观：从梁启超到闻一多

闻一多的很多思想往往并不仅指艺术设计，而是他对于更一般意义上的文艺总体论述。这不仅仅是因为闻一多的艺术设计思想还比较零碎，许多方面还需要从他对于其他文艺的论述中去发现，更是因为闻一多的学者气质使得他的文艺论述往往有一种从宏观上把握的理论诉求，比如在接下来笔者将要讨论的《〈女神〉之地方色彩》一文中，尽管批评对象是新诗中的一部具体作品，但闻一多已经自觉地用到了“诗同一切的艺术……”这种说法，从更加宏观的层面上提出了他的“大文艺”观。这些论述自然也应该成为研究闻一多艺术设计思想的重要参考资料。

闻一多并不是一个脱离时代的艺术家，相反，他对于民主有很强烈的向往。尽管地处远离北京内城的清华园，闻一多还是以自己独特的方式“加入”了五四运动的洪流。可以说，在精神上他完全属于接受了“五四”洗礼的一代新文化人。尽管有很好的旧学修养，但从他所接受的整个教育历程来看，现代教育制度和思想文化无疑给了闻一多更大的影响。早年北上求学，闻一多进入的是作为留美预科的清华学校，十年清华生活结束后便开始在美国接受现代艺术教育。这样的教育背景，客观上为他赋予了开阔的胸怀和世界眼光，使得他不太可能成为民族本位的文化守成主义者。但是众所周知的是，闻一多又是一位一生热爱有着数千年文化传统的祖国的文人，他曾经对《女神》之薄于地方色彩这一点大为不满。诚然，“充满矛盾的时代造成了充满矛盾的人物”①，正因为这样复杂的背景和外部原因，使得闻一多对于东西方文化的态度不免产生复杂与矛盾，这一点在其早年的评论中表现得最为突出。

在《〈女神〉之地方色彩》一文（原载1923年6月10日《创造周报》第5号）中，闻一多这样一段著名的论述经常被论者引用：

> 我总以为新诗径直是“新”的，不但新于中国固有的诗，而且新于西方固有的诗；换言之，他不要作纯粹的本地诗，但还要保存本地的色彩，他不要作纯粹的外洋诗，但又要尽量地吸收外洋诗底长处；他要做中西艺术结婚后产生的宁馨儿。②

① 夏晓虹：《觉世与传世——梁启超的文学道路》，上海人民出版社，1991年，第175页。

② 闻一多：《〈女神〉之地方色彩》，《闻一多全集（第二卷）》，湖北人民出版社，1992年，第118页。

图 7-3　清华大学校园内的闻一多像（作者：钱绍武）

这里需要指出的是，“中西艺术结婚后产生的宁馨儿”这种说法，其实并不是闻一多的独创，而是来自梁启超的影响。作为著名的清华学校研究所国学门（即俗称的“清华国学研究院”）的“四大导师”之一，梁启超曾经应清华学校中等科社团的邀请前往举办讲座，比如著名的《中国韵文里头所表现的情感》即是梁启超在清华学校的讲稿。我们知道，闻一多在年轻时就对梁任公的文字青睐有加。在清华读书时，他与朋友徐志摩、梁实秋等人更是与梁启超有着密切的交往。熊佛西、刘海粟等人的文章中也记载了梁启超与闻一多交往过程中的一些细节。[③]尽管闻一多直接论述梁启超的文字比较罕见，但可以推测的是，作为“五四”之后的一代人，闻一多显然也对梁启超的社会地位和文艺思想保有一种景仰，使得他很自然地接受了梁启超在《论中国学术思想变迁之大势》中的著名说法：

③ 参见熊佛西：《记梁任公先生二三事》、刘海粟：《忆梁启超先生》，夏晓虹编《追忆梁启超》，中国广播电视出版社，1997年。

二十世纪，则东西方文明结婚之时代也。……彼西方美人，必能为我家育宁馨儿以亢我宗也。[①]

① 梁启超：《论中国学术思想变迁之大势》，上海古籍出版社，2001年，第4页。

但正如夏晓虹所指出的，其实在这一阶段，“梁启超对中西不同的文化背景不太关心，他只想把西方的长处都采纳进来。……中西合璧既是他的努力目标，也是其措手之处。这样，传统文化便失去了独立存在的价值”[②]。如果按照当代比较文学研究中的说法，这是一种典型的“文化普遍主义”的论点。这种论点认为东西方文化将互取所长，在未来融合为一，而不太注意东西方存在的巨大的文化差异性，因此与向往世界文化多元化的“文化特殊主义”明显是对立的。[③]事实上，梁启超在后来的论述中，也已经逐渐抛弃了这种过于“理想化”的论述，转而强调“中国固有之基础”与西方的不同，并希望在此基础上向西方输出中国文化。因此夏晓虹认为梁启超不同时期的思想是存在着对立的。

② 夏晓虹：《觉世与传世——梁启超的文学道路》，上海人民出版社，1991年，第173—174页。

③ 关于文化普遍主义与文化特殊主义在艺术设计中的进一步辨析，请参见祝帅：《王粤飞、文化普遍主义及其他》，《美术观察》，2004年第7期。

图 7-4　闻一多为徐志摩《巴黎的鳞爪》所作封面设计

但是，青年时期的闻一多显然没有注意区分梁启超前后期文化思想的变化，而在一篇强调文化特殊主义立场的评论里引用了梁氏前期的论述，而这种论述与《〈女神〉之地方色彩》一文中所表达出的整体文化理想是有矛盾的。具体地说，一方面，“还要保存本地的色彩”与“尽量吸收外洋诗底长处”两者本身就很难兼得；另一方面，“中西艺术结婚后产生的宁馨儿”如何能够“保存本地的色彩”在理论上也是有疑问的。不过如果抛开源自梁启超的这句话的影响，还是能够看出闻一多仍然是一个坚定的文化特殊主义者。其间，对于西洋文化的开放心态使他区别于文化守成主义者，而对于祖国文化的热爱也使他不可能真的走向忽视地域根基的文化普遍主义。

不妨认为，对于那样一个“矛盾的时代”中的一位青年学生，在批评文章中对所描述的倾向缺乏严格的理论辨析是完全可以理解的，即便如此，这仍然不能掩盖闻一多把握艺术时的独特眼光及其相对成形的理论见解。《〈女神〉之地方色彩》一文中其他的论述无疑是支持这种文化特殊主义的判断的。闻一多指出：

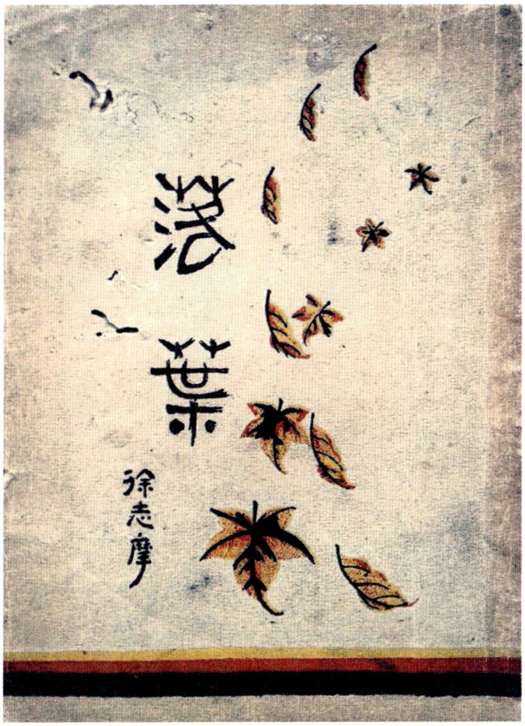

图 7–5 闻一多为徐志摩《落叶》所作封面设计

有人提倡什么世界文学。

> 那么不顾地方色彩的文学就有了托词了吗？但这件事能不能是一个问题，宜不宜又是个问题。将世界各民族底文学都归成一样的，恐怕文学要失去好多的美。……真要建设一个好的世界文学，只有各国文学充分发展起地方色彩，同时又贯以一种共同的时代精神，然后并而观之，各种色料虽互相差异，却又互相调和。[①]

① 闻一多：《〈女神〉之地方色彩》，《闻一多全集（第二卷）》，湖北人民出版社，1992年，第123页。

这里，除了对“一种共同的时代精神”是什么，以及如何与“地方色彩”相区别没有详细论述外，对于梁启超后期的文化观也有了一些更加具体的发展。可以说，这个结论性的陈述是经过了一番比较深入而认真的思考的。

当然，这并不是说这篇文章不包含任何情绪化的论述。在文章的最后，一种基于价值判断的“东方情结”似乎就有些根深蒂固：“当恢复我们对于旧文学底信仰……东方底文化是绝对地美的，是韵雅的。东方的文化而且又是人类所有的最彻底的文化。哦！我们不要被叫嚣狂野的西人吓倒了！”[②]当然，应该说这样的陈述本身就体现出一种反叛当时过分流行的西化思潮的“时代感”。在后来（1938年以后）的《画展》《复古的空气》《新文艺和文学遗产》《论文艺的民主问题》等文章中，由于战争时期民族主义情绪的过度高涨，闻一多又一次清醒地站到了集体思潮的对立面：“我的性格，喜欢走极端，我对一切旧的东西都反对，希望最好一点也不要留。”[③]他不赞成“保存国粹”，不是否认“国粹”的艺术价值，而是他更看重“利用”国粹去创造新的本土化文艺，呼吁不能因为提倡“保存”而忽视了创造；他不赞成昆明搞中国画展览，并不是否认中国

② 同上。

③ 同上，第227页。

画本身的艺术成就，而是认为在战火纷飞的国难关头，文艺家不能够无动于衷、孤芳自赏。这既是可理解的，也是很宝贵的气节。“本土”（并不等同于传统）和“时代”（并不等同于西方），永远是闻一多从内部和外部衡量艺术的两个重要标准。

所以，与其说这是闻一多前后期思想的变化，不妨说这倒统一表现了闻一多的一种一以贯之的思维方式。无论是提倡旧的还是反对旧的，都意在建设优秀的中国的现代文艺，也许下面这一段话最能够准确把握他的文化态度：

> 民族主义是我们要的，而且深信是我们复兴的根本。但民族主义不应该是文化的闭关主义。我甚至相信正因为我们要民族主义，才不应该复古。[④]

这样所创造出来的新的文艺形态无论与纯粹的传统还是西洋文化相比都保持了独特的时代和本土性格。综合闻一多各个时期的各类文艺作品，应该看得出他特殊主义的文化理念始

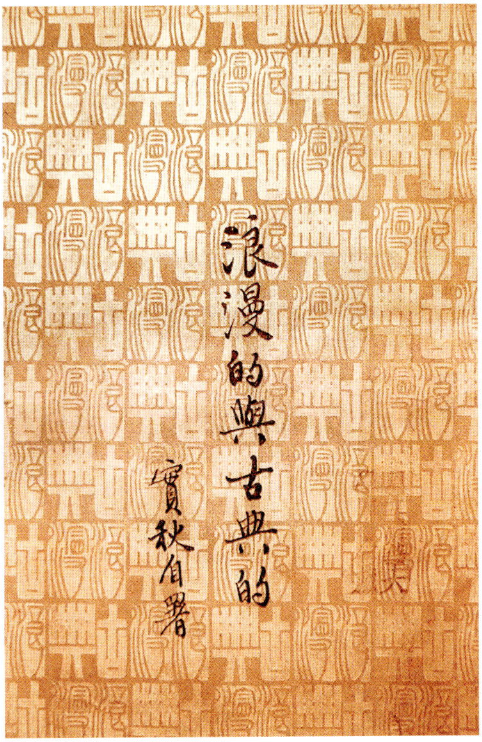

图 7-6　闻一多为梁实秋《浪漫的与古典的》所作封面设计

④ 闻一多：《复古的空气》，《闻一多全集（第二卷）》，湖北人民出版社，1992年，第355页。

终是坚定的。但这种特殊主义不是“中国传统”，而是不断创造的现代中国新文艺。事实上，这种“创造”的精神本身才正是中国传统文化的精髓。我们应该在这一文化观的基础上，审视闻一多的艺术设计思想、创作及其相关的学术研究。

第二节　设计批评的理论与实践

图 7-7　闻一多西南联大时期所作广告设计

闻一多关注艺术设计由来已久，早年在还未改成大学的清华学校读书时（1919 年至 1920 年间），闻一多就先后撰写了《建设的美术》《出版物底封面》两篇短文，直接谈论设计理论问题，对于中国现代设计有一些极其精辟的论述。在这两篇文章中，他谈到了艺术设计在社会生活中的重要性、书籍设计的要点与原理以及设计批评标准等对今天的设计研究非常有启示的重要内容，涉及的研究领域有艺术设计的地位与作用、书籍设计原理、艺术设计批评问题等几个方面。这或可作为 20 世纪初中国艺术设计自觉的先声。当然，在现代学术的意义上，这两篇文章仍然属于随笔性质的“短文”或者介于“思想”和“理论”之间的“批评”，而不是严格意义上的学术论文。所以，尽管有一些比较体系性的理论总结的意识，笔者仍然愿意把这两篇文章作为闻一多的艺术设计思想而不是学术研究来讨论。

在《出版物底封面》一文中，闻一多多次使用“封面图案”一词指代今天我们说的“封面设计”，并且特别加以解释说：

> 图案是广义的，不专指图画底构造，连字体底体裁、位置，他们底方法，同封面底面积，都是图案底全体底元素。[①]

在这样的理论预设下，闻一多进一步指出：

> 图案是一个专门的艺术，不深知艺术的，不宜轻试。[②]

在中国现代设计研究中，首先必须直面的一个问题就是“图案”“工艺美术”“装饰美术”这几个概念的混用。在近年来的研究中，研究者倾向于认为这几个概念在20世纪前半期的学者那里缺乏严格的区分，而与后来的“实用美术”或“艺术设计”提法基本等值。这几个词的细微区别我们暂时不去讨论，但闻一多的有关论述至少可以作为这种判断在当时的平面设计领域的一个佐证。这种对于设计艺术性的重视，可以说是建立在闻一多对于“美术”范畴的体系性认识之上的。以下我们便从这样的前提出发，分析闻一多这两篇文章中表达出的艺术设计与工艺美术思想。

① 闻一多：《出版物底封面》，《清华周刊》，第187期，1920年5月。

② 同上。

一、对于艺术设计地位和作用的论述

《建设的美术》是一篇未完成的手稿，因此文章结尾并没有按照作者的习惯注明写作的详细日期。该文原载于1919年11月《清华学报》第5卷第1期，署名闻多。

在《建设的美术》一文中，他指出，美术分为两种，一种是“影响于物质之文明”的具体的美术（即艺术设计），一种是“影响于思想之文明”的抽象的美术（闻氏称之为旧文化的代表）。这也是十分宝贵的认识。这种分类很可能是受到蔡元培的影响。1918年4月15日，时任国民政府教育总长的蔡元培在国立北京美术学校开学式上发表演讲（闻一多回国后曾一度承担该校的恢复工作，并任教务长及油画系主任），在不足3000字的演讲中，他明确地提出图案与美术的关系：

> 惟绘画发达以后，图案仍与为平行之发展。故兹校因经费不敷之故，先设二科，所设者为绘画及图案甚合也。[①]

闻一多进一步发展了蔡元培的思想。在他看来，在中国艺术中，图案（“装饰美术”）有着优先于造型艺术的地位。他说：

> 照美术学理上分析起来，……中国画重印象，不重写实，所以透视、光线都不讲。……但是印象的精神很足，……原形虽然消失了，但是美的精神还在。这是中国美术的特点。装饰美术（Decorative Art）最合这种性质。[②]

① 蔡元培：《在中国第一国立美术学校开学式之演说》，原载1918年4月18日《北京大学日刊》，转引自《蔡元培美学文选》，北京大学出版社，1983年，第77页。

② 闻一多：《建设的美术》，《清华学报》，第5卷第1期，1919年11月。

在这样的认识基础上，闻一多进一步思考了中国工艺美术的独特价值。他认为，中国有着很好的重视工艺美术的传统，但是近代以来，这种传统非但没有得到提倡，反而受到了摧残："只到清朝咸、同以后，美术凋零了，工艺也凋零了……建房屋的、制家具的、造器皿的都是潦草塞责，完全失了他们从前做手艺的趣味。所制造出来的东西都是粗陋呆蠢到万分，令人看着，几乎要不相信这种工艺从前还会有那一段光明的历史。"[3]对此，闻一多提出了"中国的美术要借工艺保存，中国的工艺要借美术发达"的口号。

③ 同上。

蔡元培、闻一多的呐喊，是现代中国的第一辈学者对于美术与设计关系的科学的认识。应当看到，这种认识是建立在他们对于中国美术史、设计史的深刻理解之上作出的判断。长期以来，工艺美术（艺术设计）这样一种重要的文化、艺术现象，在很多场合仍然受到极为尴尬的学科体系的束缚，其独立的艺术性受到质疑，研究视野从而受到很大的限制。在这样的研究现状中，我们重新回头审视 20 世纪初前辈学者们的精辟认识，的确应该得到启发。尤其应该看到，无论是蔡元培还是闻一多，在这一时期都是以教育家的身份出现的。而此时中国已经有了现代意义上的艺术设计教育——这与德国包豪斯学院的建立基本上同时甚至稍早，尽管它的发展道路甚至比包豪斯更为曲折艰辛——这些言论同时也应得到中国现代艺术教育研究者的重视。

闻一多不无忧虑地指出晚清以来中国现代艺术设计面临的挑战背景：尽管有着优秀的工艺美术传统，"可惜我们自暴自弃，只知道一味地学洋人，学又学不到家，弄得乌七八糟，岂不是笑话吗"？[4]但如同我们在前面所讲到的，闻一多并不是文化保守主

④ 同上。

义者，对于如何“保存”传统一类的问题，闻一多的看法极有创见：

> “保存”两字不能看死了。凡是一件东西没有用处，就可以不必存在。……与其保存国粹不如利用国粹。利用是最妙的保存的方法。[①]

① 闻一多：《建设的美术》，《清华学报》，第5卷第1期，1919年11月。

目前国内文化艺术界保护“非物质文化遗产”是从物质形态上说的，但对于艺术的创作和教育者，更应当从精神层面来传承、利用所谓“国粹”。这也是中国现代设计以独特的面貌出现在国际舞台上的必要途径。闻一多的设计实践与古代设计思想研究都向我们证明了这一点。令人敬佩的是，作为艺术实践家的闻一多对于中国设计精神遗产的喜爱，并没有使他采取一种保守的立场停留在对传统甚至复古的迷恋中，他的这一番论述的终极指向是创造、创新，并以此作为他后来展开工艺美术学术研究的出发点。这是符合现代设计甚至中国传统文化自身之精义的。

闻一多的立场与态度，对于今天设计界某些过分西化的作品是非常值得注意的一种批评，对于某些对西方文化了解不多但却过早地陷入狭隘的民族主义心态的学者来说，同样是不容忽视的忠告。

在《建设的美术》一文的最后，闻一多还谈到了对于中国工艺美术理论研究的批评。他指出：“中国人的美术知识还有一个大缺点，就是藐视图案画。装饰美术里面最要紧的一大部分就是图案画。”“图案画这个名词，在中国画史上是没有的。我们所有的这种美术，全是寻常技师自出的心裁，没有经过学理的研究。……我们中国人既然有天赋的美术技能，再加上学理的研究，将来工艺的前途，谁能料定？”[2]这种判断无疑是有前瞻性的。缺乏严密的理论体系的确是中国工艺美术研究的一点遗憾，但是在现代学术研究与艺术教育中，这正有必要得到系统的整理。钱锺书的一番话恰能概括我们对古代工艺美术思想研究的思路：“诗、词、随笔里，小说、戏曲里，乃至谣言和训诂里，往往无意中三言两语，说出了精辟的见解，益人神志；把它们演绎出来，对文艺理论很有贡献。……正因为零星琐屑的东西容易被忽视和遗忘，就愈需要收拾和爱惜。”[4]在现代设计教育中，这种研究也是不应该受到排挤与忽视的。

② 同上。

③ 钱锺书：《读〈拉奥孔〉》，《七缀集》，生活·读书·新知三联书店，2002年。在艺术设计界，罗筠筠也曾经在她的《审美应用学》中表达了类似的看法，社会科学文献出版社，1992年。

二、《出版物底封面》中的设计批评理论与实践

《出版物底封面》写于1920年4月24日，发表于同年5月7日的《清华周刊》第187期，署名闻多。这篇文章在今天的设计研究者中具有很高的知名度，但很多人对于它的具体内容并不清楚。这篇短文最重要的价值，在于它是一篇真正意义上的设计批评文章，而且很有可能是现代中国最早的一篇完整的设计批评文章。仅凭这一点，它便足以在中国现代设计史上占有重要的地位。

在《出版物底封面》一文中，闻一多在正式进入“批评”前，用比较理论化的方式谈到了自己的封面设计思想，并且以书籍封面设计为例，对于设计的价值与社会功能进行了初步理论化、系统化的思考尝试，值得在这里完整地引录。这一段论述虽然不长，但却十分精辟、具体，几乎涵盖了设计社会价值的各个方面。闻一多说：

……出版物底封面底图案底价值：

（甲）主体的。

1. 美的封面可以引起买书者注意。

2. 美的封面可以使存书者爱惜封面而加分地保存本书。

3. 美的封面可以使读者心怡气平，容易消化并吸收本书底内容。

（乙）客体的。

1. 美的封面可以辅助美育。

2. 美的封面可以传播美术。[①]

① 闻一多：《出版物底封面》，《清华周刊》，第187期，1920年5月。

由于今天书籍设计的进展，设计师的工作早已突破了“书籍封面”的范畴而趋向“整体设计”，所以闻一多的封面设计理论今天看来已经呈现出了一定的局限性。但这种从主、客体两方面界定书籍设计的社会价值，在当时对于设计理论研究是极其有创见的。特别是对于客体方面的社会价值，强调了设计在美育中的重要作用。这也是他在后来的《宣传与艺术》（1939 年）等文章中一再重复的论点。[②]这样既注意到书籍和其他设计门类在普及美育、沟通受众等方面的重要作用，又注意到接受者的反馈，突出了“艺术设计”区别于“纯美术”之重要特点：要求创作者充分考虑到接受者的实际需求与审美接受能力；然而，书籍设计工作者与接受者（社会）的互动，又并不仅仅限于迎合大众的审美品位与艺术趣味，它同时还肩负着对全社会进行美育、提高全民艺术修养的职责。

② 在这篇文章中，闻一多说：“我们的宣传品徒有形式而缺乏内容，其原因则在做宣传工作的人热情有余，技巧不足。”“宣传之不可无技巧，犹之乎作战之不可无器械，器械出于科学，技巧基于艺术。”《闻一多全集（第二卷）》，湖北人民出版社，1992年，第189页。

正因此，闻一多极其重视对于设计的批评，《出版物底封面》一文便是一次重要的批评实践。他曾说：“诗是要对社会负责了，所以我们需要批评。……个人主义时代也不需要批评，因为诗就是给自己享受享受而已，……但今天，我们需要批评，而且需要正确而健康的批评。”[3]而设计更是一种强调社会责任的艺术，照此推论，对于设计的批评应该比艺术批评还重要。但是今天设计批评的情况是令人沮丧的。如果有人要仿照文学界的做法，去撰写一部《二十世纪中国设计批评史》，恐怕在专业领域内，闻一多要属于硕果仅存的几位批评家之一了。

③ 闻一多：《诗与批评》（1944），《闻一多全集（第二卷）》，湖北人民出版社，1992年，第222页。

在《出版物底封面》一文最后的“批评”部分中，闻一多对于当时的一些出版物的艺术设计进行了尖锐的批评。我们可以从其批评的原则和方法两个方面得到启发。在该部分一开始闻一多写道：“中国现代的出版物底封面底图案艺术，笼总我可以送它两个字批评：‘太差。’”[4]下文具体的批评则主要从艺术形式美的规律、字体选择与应用、书籍设计的实用性与经济因素等几个方面（标准）展开。应该说，这几个方面与刘西渭（李健吾）的“印象式批评”颇有异曲同工之妙，其缺点是随感性强。若严密推敲，以上几点在逻辑上划分标准也欠统一，但从中却更容易看出批评家的艺术感觉与美学理想。

④ 闻一多：《出版物底封面》，《清华周刊》，第187期，1920年5月。

形式美是闻一多相当重视的一个批评标准。后来他在新诗创作中提出“建筑美”的创作原则，便与他重视视觉形式的设计有着密切的关系。他在批评《清华周刊》的封面设计时，是基于“完全违反图案底组织底要素”“不配衬”“不调和”“不平静”等这样几个角度，可以看出作为艺术家的闻一多有着极好的形式美修养。无疑，封面图案设计作为一门艺术，形式美是其最外在的表现形式，也是批评的第一要义。对此，闻一多的要求是“须合艺术底法义——如条理（order）、配称（proportion）、调和（harmony）等；须与本书内容有连属的或象征的意义；不过于繁缛”[①]，这些要求都是正当的。在该文对《清华周刊》封面设计的批评中，闻一多指出“三样色彩，太费经济，仍无益于美观”[②]。此外，对于字体应用的重视，也体现出20世纪前半叶中国现代书籍设计的一个重要特点：“宜美术的书法（除篆、籀、大草外）——刻板的宋体同日本式方体字宜少用。”[③]这从当时的大部分封面设计中能够得到印证。相比较当今广泛应用电脑字库字体（包括书法字典集字）的书籍设计，20世纪前半期的“老封面”对于文人来说自有一种永恒的艺术魅力。

闻一多的批评给笔者最有启发的一点，是他对于一种敢于讲真话的批评的“自觉”。在与《出版物底封面》大约同一时期写就的《清华底出版物与言论家》一文中他这样指出：

中国人最卑劣的表德，就是“顾面子”“不好意思”。多

图7-8 闻一多与西南联大中文系教师合影（左起：朱自清、罗常培、罗庸、闻一多、王力）

① 闻一多：《出版物底封面》，《清华周刊》，第187期，1920年5月。

② 同上。

③ 同上。

多批评，多多发表言论，正是打破这种恶习，练习公开的精神底妙法。你骂完了我，我又骂你，两人都受了“闻过”底益。梁山泊底弟兄，不打不亲热；世界上那有公开底快乐？[④]

④ 闻一多：《清华底出版物与言论家》，《闻一多全集（第二卷）》，湖北人民出版社，1992年，第312页。

闻一多所向往的这种批评，无论从文风还是方法，都可以说是承接了肇始于曹丕《典论·论文》、顾恺之《论画》、王僧虔《论书》

图 7-9　西南联合大学教室（复原陈列）

等著作的中国文艺理论批评史的学统。此一学统可说是客观的批评而非泛泛的评论或吹捧，因而言之有物而又不失真切动人，而这尤其值得今天的文艺批评家们深入借鉴。

第三节　工艺文化及社会学研究

与其师梁启超晚年之“学术转向”相类似，20 世纪 20 年代闻一多离开青岛大学之后，也逐渐由文学创作转向学术研究，只不过不同于梁启超的是，闻一多并没有放弃自己的民主热情和政治理想。后期闻一多几乎停止了新诗的创作，却在中国古典文献和古代文学研究方面收获了大量的成果。尤其是到达昆明西南联合大学之后，闻一多达到了其学术生涯的黄金时期。相对而言，后期闻一多美术方面的各类创作活动也逐渐减少。除了旅途中的速写以及个别的广

图 7-10　西南联大时期“挂牌治印”的闻一多

告画之外，他在美术创作方面基本上只从事篆刻的创作。作为学者的闻一多的学术成就，在当时已经为人所关注，近年来对其各个分支研究领域的学术成果及有关其学术史地位的综述性文献更是屡见不鲜。只是不从事美术并不等于放弃自己的美术情结，从美术和设计的视角来阅读闻一多的学术研究，其方法同样给设计研究以多方面的启发。

我们能够从闻一多的相关研究中分析出其师梁启超关于“中国历史研究法”的论述对他的影响。梁启超晚年曾经应邀两次讲授题为“中国历史研究法”的课程。前一次是 1921 年在天津南开大学讲授（讲课稿随即公开发表），后一次则是 1926 至年 1927 年在北京的清华学校讲授。两次授课的内容是不一样的，梁启超本人以“广中国历史研究法”名后者以示区别。在《中国历史研究法》中，梁启超强调了“古器物为史料之一部分”，并对礼器、陶瓷、货币、镜属等今天称为“设计”诸门类的史料作了分别的论述。如称（以礼器为例）：

> 此类之器，除所镌文字足补史阙者甚多，当于次条别论外，吾侪观其数量之多，可以想见当时社会崇尚此物之程度；观其种类之异，可以想见当时他种器物之配置；观其质相之纯固，可以想见当时陶冶术之精良；观其花纹之复杂优美，图案之新奇渊雅，可以想见当时审美观念之发达。凡此皆大有造于史学者也。……善为史者，固可以举其所闻所见无一而非史料，岂其于此可宝之故物而遗之？[1]

① 梁启超：《中国历史研究法》，夏晓虹编校《中国现代学术经典·梁启超卷》，河北教育出版社，1996年，第265—267页。

梁启超有关器物作为一种史料的论述，与今天文化史学者重视“图像”及实物史料的做法是极其一致的。这种观点在当今学术界仍然处于前沿的位置，这方面艺术设计研究者大有可以开拓的空间。同时，梁启超也意识到这样的一种对于器物的研究不同于古董家的研究：

惟史学家所以与骨（古）董家异者，骨（古）董家之研究，贵分析的而深入乎该物之中；史学家之研究，贵概括的而横通乎该物之外。……例如当其研究铜器也，则思古代之中国人何以特精范铜而不能如希腊人之琢石；当其研究瓷器也，则思中古之中国人何以能独擅窑窑而不能如南欧人之制玻璃。[1]

[1] 梁启超：《中国历史研究法》，夏晓虹编校《中国现代学术经典·梁启超卷》，河北教育出版社，1996年，第267页。

梁启超所举仅仅是几个例子，但已经可以看出他所倡导的这种“利用器物而不囿于器物”的研究方法，这实际上也就是文化史、社会史的研究。根据具体的研究内容，可以概括为一种“工艺文化学”或“工艺社会学”。梁启超把它看作是文化史的一种方法，也可以看作是工艺美术器物研究的一种思路。而所谓“古董家之研究”，也仅仅是另外一种思路。尽管二者不必强分轩轾，但都应该成为艺术设计研究的重要组成部分。对于器物的文史研究和考据也不应该是文化史学者的专利；相反，艺术研究者的视角和眼光能够对于器物提供更多的解读。更何况，来自外部的研究有可能在拓展艺术设计研究者视野和思维的同时，对于整个学术界有所贡献。

在五年之后梁启超对讲稿进行增补与修订的同时，并没有放弃这样的器物文化史的研究方法。由于这一次的讲授重在“专史”，他还专门讲授了“文物专史”的演讲，并称“此在专史中最为重要”。

当然这里的“文物”是广义的，但工艺器物无疑仍然是其中的重要部分。在具体的论述中，梁启超甚至意识到文物专史的难度，尤其是超出一般历史研究的专业化程度，可以更加清晰地证明我们上面的分析：

> 文物专史，与其说是史学家的责任，毋宁说是研究某种专门科学的人对于该种学问的责任。所以文物专史一方面又是各种专门学问的附产物。无论何种学问，要想对于该种学问有所贡献，都应该做历史的研究。……所以说，文物专史不单是史学家的责任，若是各种专门学者自家做去，还好些。……若做中国音乐史，尤其非用专门家不行。我们外行的人若去做，用功虽苦，还是不了解，许多重要的资料，无法取去。……假使要做书法史，也非有素养不可，否则决难做好。关于文物专史，大概无论哪一部门，都是如此。[②]

② 梁启超：《中国历史研究法补编》（《广中国历史研究法》），《中国现代学术经典·梁启超卷》，河北教育出版社，1996年，第528—529页。

“文物专史”同样可以理解为包括古董家式文化史的广义概念，如同我们在讲鲁迅的时候所指出的，只要接触到“文物”，就会产生“艺术感觉”即“素养”方面的问题。把这里引的论述和《中国历史研究法》中工艺社会学、工艺文化学的思想结合起来看，方可以对梁启超的工艺研究思路产生比较全面的理解。但由于缺乏这一层必要的引申，梁启超提出的研究思路，在后来还是分化为互相隔膜的不同研究领域。目前的现状往往是，一些器物、文博（通称“物质文化史”）研究工作者很少与艺术或设计界的研究者相沟通作联合的研究，相反却各自为政，彼此互不了解，往往使得其研究逐渐退化为一种局限于古董、收藏的“玩家心态”（比如王世襄的研究），谈不上对于当代艺术设计创作的积极影响，这是非常可惜的。另一方面，设计研究者也往往忽视历史研究而片面地推重“理论框架”，为数不多的中国古代工艺史研究基本上也是采取“就事论事”的旧史学方法，同样难以引起整个学术界的共鸣。尽管 20 世纪 90 年代以来，文物研究界已故的俞伟超先生等人曾经呼吁“文物研究既要研究‘物’也要研究‘文’”，但就这种理想而言，目前无论是文博界还是设计界的研究者都难以达到（甚至对于同一种事物的研究是否有必要划分成众多不同的“圈子”也是一个问题）。此时重新回顾闻一多（乃至此后将会涉及的沈从文等人）的研究对于梁启超研究的汲取与推进，无疑就更具有现实中的意义。

无论如何，梁启超本人只是提出了一种方法论层面的研究设想，他本人并未进行更多的实际研究，可谓“但开风气不为师”。在此后的《〈周易〉义证类纂》一书（1941 年）中，闻一多也开始了真正意义上的对古代经典中与设计关系密切的器物、服饰等问题的研究。《〈周易〉义证类纂》是闻一多 1941 年在昆明西南联大时期完成的一部篇幅不长但观点很独特的学术专著。闻氏自称这部著作系“以钩稽古代社会史料之目的解《周易》，不主象数，不涉义理”，旨在“补苴旧注”。[①]今天看来，这样一个没有派别成见的学术研究是非常难得的。全书按照史料的事类分为经济、社会、心灵和余录四大部分，每部分又分若干小类，故称“类纂”。第一章中我们关注的几卦，如鼎、革、涣等，基本上属于经济部分的“器用”“服饰”“车驾”等小类。可以看出，闻一多有意识地将《周易》与自己在清华学校读书时即有浓厚兴趣的实用美术（“建设的

① 闻一多：《〈周易〉义证类纂》，李定凯编校《闻一多学术文钞·〈周易〉与〈庄子〉研究》，巴蜀书社，2003年。

美术”）联系在了一起，并且也从一个侧面提示人们，在社会史研究中，被今人称作“设计”的东西是一种重要的视觉史料。

闻一多研究《周易》的方法，与此前的学者是很不同的。《周易》（尤其是《易经》）中的一些语言，由于年代久远，所代表的一些事实在今天已不存在，因而为后人的“无限解释”提供了可能和基础，而这种解释从《易传》形成的战国时期就开始了。但即便如此，闻一多的研究方法和结论还是令人感到新意迭出。与当前对《易经》卦爻辞的某些通行解释相比，闻一多的理论思维和结论的“大胆假设”，隐约地表现出一种敏锐的艺术感觉，从而很可能更能够贴近古人的生活世界。这里闻一多是以古代社会史料为线索重新解释某些卦爻辞的，他所涉及的角度包括很多事类，其中器用、服饰、车驾等是与设计问题紧密相关的。这样的研究对于中国设计研究界来说还是比较陌生的。而在《〈周易〉义证类纂》中，闻一多却实践了这种令人耳目一新的把工艺美术作品作为史料进行社会史研究的方法。尤其值得一提的是，他对于《易经》中艺术设计思想的解读与

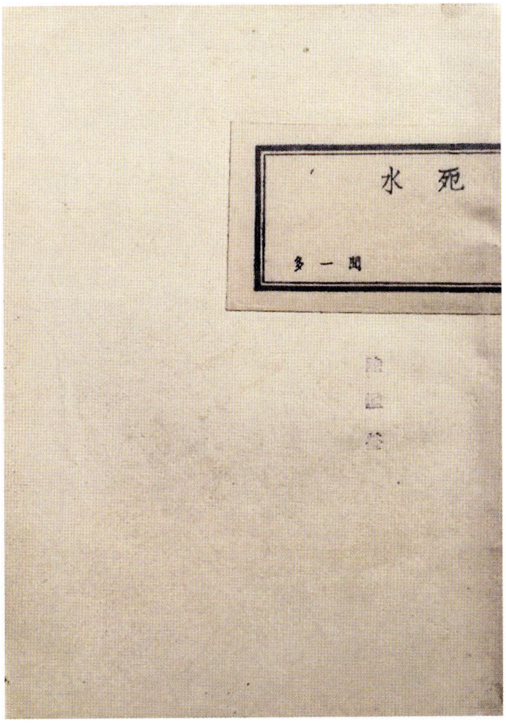

图 7-11　闻一多　诗集《死水》封面

引申，有可能还要比专业的美学家宗白华在《中国美学史中重要问题的初步探索》一文中所作的相关研究早三四十年。[①]这些都足以提醒我们注意到《〈周易〉义证类纂》在中国现代艺术设计学术史上承前启后的重要地位。当然他对于梁启超的借鉴或许并不是自觉的，还立足于美术家的视角进行了许多积极的补充，但指出这样的学术源流还是有必要的。

在第一章中，我们已经谈到了闻一多的周易研究对设计的贡献及其特点，具体论说不再重复。总的说来，闻一多对于《周易》的工艺美学研究，的确可以用“讲考据而不囿于考据”来加以概括，[②]正如他自己在《匡斋尺牍》中所指出的那样，“清人较为客观，但训诂学不是诗”。或者可以换句话说，这种研究方法，一方面要求对于清代考据学的学术史及其方法有全面的了解和掌握，但同时又不接受乾嘉时期大多数正统的考据学者对于重视玄想、奇思的“玄学”极度排斥的保守思想。与其说这是以朱自清、闻一多为代表的“清华学派”的学术特色，不如说这是在研究和创作两方面皆有心得的“艺术家型学者”对于学术的独特贡献。在这一方面，注重工艺美术器物的考察，并且有着良好的美术和艺术设计素养的闻一多，在相关的研究领域中具有难得的优势。只是大多数有艺术家和诗人背景的学者（比如林庚）在做研究的时候较少愿意去下“朴学”的硬功夫（这是不可或缺的必要条件），而前者的想象力又不是纯粹的学者能够轻易模仿的，所以对于在这两方面皆有所长的闻、朱，我们必须表示对于他们过人精力的敬佩。而其中闻一多在视觉和设计方面对于古典文献的“迂想妙得”，在中国现代学术史上可以说是独树一帜。

① 叶朗回忆，《中国美学史中重要问题的初步探索》（《美学散步》，上海人民出版社，1981年）是由其整理的宗白华20世纪60年代在北京大学哲学系的授课笔记。参见叶朗：《美学在北京大学》，收入《胸中之竹——走向现代之中国美学》，安徽教育出版社，1998年。

② 陈平原：《从古典到现代——学通古今的王瑶先生》，孙玉石等编选《王瑶和他的世界》，河北教育出版社，2000年。

第四节　工艺美术与文学史的交叉研究

半个世纪以前，闻一多的授业弟子、后到北京大学中文系任教的已故教授王瑶，在为林庚的半卷《中国文学简史》写书评时指出，写作一部文学史，几乎是每个中国文学研究者的一桩心愿。作为学者的闻一多自然也没有放弃这一理想，并一度把自己这方面的研究设想定位于“诗的史”。需要说明的是，这里的“诗”是广义的，与今天人们习惯于把“文学理论”称为“诗学”的做法很有异曲同工之妙。尽管从闻一多目前所留下的部分讲义来看，他所从事的研究和教学领域，多为断代史性质的专题研究，几乎没有类似林庚那样讲授中国文学通史（上古至清代）一类基础课的教学任务，但是至少从 20 世纪 40 年代以来，“他已开始有意识地从文化史和文学史的高度和从对象整体层面上进行研究了”[③]。只是由于他个人无

③ 张巨才、刘殿祥：《闻一多学术思想评传》，北京图书馆出版社，2000年，第190页。

图 7-12　山东青岛中国海洋大学鱼山路校区内的闻一多雕像

法预料到的原因，中国学术史上终于少了这样一部有特色的文学史，这不能不说是一个遗憾。

不过，除了所留下来的大量专题著述之外，闻一多西南联大时期曾经特别关注的一个学生郑临川先生在1984年整理出版了《闻一多论古典文学》一书。[①]通过这部听课笔记，我们得以大致了解闻一多结构文学史的一些方法。由于课程并非闻一多独自开设，所以整理稿的内容仍然是集中在上古文学。尽管这对于闻一多上古文学研究的学术史整理来说可能并无新意，但是这部听课记录与他的上古文学专著或讲义相比，仍然有一些值得注意的特点。其中尤其引起笔者兴趣的是第一节——从美术的观点看古代文学。一方面，这样的问题意识是局限在文学研究内部的学者所难以提出的，可以视作闻一多学术研究在方法论上值得注意的一个特点，而这一点在以往研究闻一多学术思想的著述中并没有得到重视；另一方面，这种研究既是文学研究，也是美术和设计研究的典范，这在中国设计研究中同样是值得关注的。这是因为，在设计研究的学术性逐渐加强的今天，缩短设计研究与整个人文社会科学领域的整体水平之间的距离，有必要提倡这种设计交叉学科的研究。这样的研究同样有可能以设计研究的特点丰富人文社会科学研究的视野与方法，从而使艺术设计学者的成果尽快与整个学术界形成对话。

闻一多的上古文学史研究，与美术与设计研究是相互影响、相互发现的。在他看来，“治文学史需有两种比较方法，才能显出其中的特点。一是与他种学问如音乐、美术等比较；二是与外国文学比较”[②]。是则可以看作是他从事这种交叉学科研究的方法论基础。闻一多所提出的两种比较的方法中，后者因为近一个世纪以来国人

① 新版收入郑临川记录、徐希平整理：《笳吹弦送传薪录——闻一多、罗庸论中国古典文学》，上海古籍出版社，2002年。

② 同上，第9页。

对于“比较文学”这门国外文学研究中的显学有意无意的“误读”而已经在国内得到了较多的响应，其成果这里不做赘述，但至少这种研究对于目前的学术界来说并不新鲜，并且显然闻一多在这里所推重的落脚点也在前者。将一门学科与其他学科相比较，要求从业者对于两个学科各自的研究成果和发展状况都不陌生，并且这样的研究有可能对两个学科的发展都做出新的贡献，当然前提是所比较的两个学科应该具有密切的关系，而且以往对于这种关系的注意还不够。无疑这是更难达到的要求，但闻一多的研究已经初步实践了这一点。在很大程度上，这部讲义也能够体现出一些闻一多对于总体艺术的一般见解，并且也弥补了闻一多几乎没有留下纯粹的美术史与设计史研究专著的遗憾。

在闻一多看来，“就文学与美术关系而言，他们是雁行式的发展”。他还进一步地指出了文学史和美术史上这种一一对应的关系：

> 我国上古文学，《诗经》时代相当于铜器的纤丽时代，《楚辞》时代则相当于铜器衰落时代。在文学发展上，《楚辞》文学比《诗经》进了一步，词藻和意境都有很大程度的提高。……可是艺术必须有节制和中庸之美，凡一种文体发达到了顶点，也就是衰落的开始。[3]

③ 同上，第12页。

值得我们关注的并不是这种对应类比的方法本身，仅靠这一点似乎无法实现我们前面所列举的那些宏伟的设想。相对地，似乎更应该注意的是闻一多对于美术与文学的“共性”和“特性”的发现。一方面，对于前者的发现是建立在“大艺术”观念的基础之上的。

在这种“大艺术”的观念中，美术、文学都被放置在共同的“艺术”标准之下进行价值判断。另一方面，对于后者的发现使得闻一多还特别突出了“设计”诸门类作为“美术”在历史研究中的重要地位，以及它作为大艺术的“这一个”门类的独特的评价标准，并且这在闻一多的设计实践中也得到了落实。

总的说来，在闻一多看来，“画之造成为美术，可分三个时期：一、装饰；二、写实；三、写意”[①]——可以看出在闻一多的研究中，对上古时期“美术”概念的界定，几乎等同于我们对于图案、装饰、器用等“设计”门类的界定，而与以造型艺术为代表的狭义“美术”观念相去甚远。这恐怕是符合美术史发展事实的。在此基础上，闻一多通过字源学上的追溯，对特指“设计”诸门类的美术与文学的密切关系进行了直截了当的揭示：“文就是花纹，是图案。”[②]这一点晚清以来刘师培等已经指出，但大多数人却

① 郑临川记录、徐希平整理：《笳吹弦送传薪录——闻一多、罗庸论中国古典文学》，上海古籍出版社，2002年，第9—10页。

② 同上。

图 7-13　云南昆明西仓坡闻一多故居

并未立足于“图案”的视角围绕“文”的视觉特征进行论述。闻一多却进一步看到：

> 既是图案必然对称，具有美的意义。先秦人对于美的观念即在对称，……后来人事日繁，人的审美能力进步，对称的观念就不很明显，然而事实上其中仍含有对称的成分。[③]

③ 同上。

没有对于“图案”的研究与理解，是不可能形成这样独特的文学研究视角的。不仅如此，闻一多对于工艺美术的兴趣还体现在了他以“装饰”为核心观念的对于（对应于古代文学几个发展阶段的）古代器物的分期研究上。他甚至立足于工艺美术的视角，对于一些美术评论家不考虑工艺美术自身的特点，而是以“纯美术”（造型艺术）的标准来评价工艺美术发展的做法提出了批评：

> 上述（关于古器物研究的——引者注）四个时期都属于装饰艺术时代，但一般评论家却不以装饰艺术为标准进行评论，如有人评第三期特色为生动，就是从美术的写实手法来立论的，我以为不太恰当。装饰美术的要点，其中之一是 Structural Beauty（彰饰之美），如鼎的一足有残损，人们食用时将担心它会倾跌，要是它本来就是完好稳固的，但在形式还表现不出来，于是加上花纹来显示它。可见古代美的观念在求实用，能实用就算是美。因此，古代器物部分每加上花纹，目的在促进人的美感，让人使用时放心。[④]

④ 同上，第11—12页。

这段批评还没有得到艺术设计研究者的充分重视，但其中对于工艺美术特点的重视，以及结合具体工艺美术事实对古人以实用为美的思想观念的揭示，都是重要的工艺和设计美学思想。尤其是闻一多提出的“纯美术”（闻称之为“美术的写实手法”）与工艺美术、设计（“点缀艺术”“装饰美术”）的不同评价标准，在整个20世纪中国文学史、美术史的研究中都是比较罕见的。并且他进一步将这种标准应用于批评实践：

> 从这一观点来看，第一期著像虽多，然非写实，故心理作用甚少，第二期著像较少，第三期已写实，第四期写实最真，故称之为衰落时代。……一般人认为古器物花纹以第三、四期最好，但就点缀艺术观点来说，最好还应该是第一、二期。[①]

没有必要把这段话作为闻一多认为“工艺美术”高于“纯美术”的论据，这是因为闻一多在这里仅仅是强调了不同的艺术门类之不同评判标准——必须承认，他对于“大艺术”评价中共性和个性的揭示是细致入微、不可混同的，他对于相当于今天所说设计门类的“装饰艺术”的正面评价，也并不等同于当今人们所理解的烦琐至极的、狭义的“装饰”（如敦煌藻井图案）等。闻一多坚持，评价图案、器物、著像（疑为“铸像”，即器物上的立体饕餮雕刻等）等“装饰艺术”，不宜用“写实美术”之“写实”的标准去衡量艺术品格的高下，而其中并没有包含“写实美术”低于“装饰艺术”的价值判断。但坚持“装饰艺术”的独立审美品格，强调“非写实”的重要意义，无论对于工艺史、美术史研究，还是闻一多时代的艺

① 郑临川记录、徐希平整理：《笳吹弦送传薪录——闻一多、罗庸论中国古典文学》，上海古籍出版社，2002年，第12页。

术设计创作（如书籍装帧、图案等，并且闻一多本人正是这样的实践者）来说，都有着极其积极的正面意义。

第五节　“为研究而创作”与“从创作到研究”

作为艺术设计领域的研究者，笔者还尤其关注闻一多在实践领域的图像成果。并非像胡适之“提倡有心，创作无力”，才气逼人而又不失严谨的闻一多不但所学专业即为美术，并曾担任国立北京艺术专科学校的教职，还精于绘画、设计、篆刻、书法（如国立西南联合大学纪念碑篆额），可谓现代文学和学术史上不可多得的“通才”。他对《周易》的研究也影响到他的创作。他为诗人徐志摩的《猛虎集》所作的装帧设计，外封展开后形成连贯的一张虎皮纹样（这令笔者联想起他对“大人虎变”的理解），其整体风格所传达

图 7-14　闻一多为徐志摩《猛虎集》所作封面设计（封面封底拼合图）

7-15　位于今云南师范大学校园内的国立西南联合大学纪念碑

出的简易而新变的艺术效果，也深得易象生命精神之奥义。尽管此前鲁迅也留下了北京大学校徽设计这样经得住历史考验的视觉艺术作品，但比较起来，无论是就数量还是专业背景而言，闻一多的美术创作似乎更值得重视。值得庆贺的是，闻一多的美术作品，已由闻立鹏、张同霞编辑成《追寻至美——闻一多的美术》画册[①]，并

① 闻立鹏、张同霞编：《追寻至美——闻一多的美术》，山东美术出版社，2001年。

且在1999年闻一多诞辰100周年的时候，举行了闻一多美术作品展。应该说笔者自己之于20世纪早期中国艺术设计产生兴趣并进入这一研究领域，与这次展览上的一些作品以及闻立鹏先生当时在中央美术学院的一次讲座是有很大关系的。

闻一多的密友梁实秋记下了闻一多这样果断而自信的言论：

> 我现在学西方的绘画是为将来做一个美术批评家。我若有所创作，定不在纯粹的西画里。
>
> ……
>
> 吾敢信我真有美术之天才，学与不学无大关系也……[②]

② 转引自梁实秋：《谈闻一多》，刘炎生编《雅舍闲翁》，东方出版中心，1998年，第194页。

综其一生而论，闻一多对于理论批评的兴趣的确超过了绘画创作，他的“画”名也终于被“文”名所掩。本章主要对他的设计理论研究和设计思想进行了比较全面的综述，但这并不等于说他在艺术创作方面水平不高或者缺乏才情。这一点在逻辑上本来应该不难理解，误解仅仅会产生在今天“理论—实践”二分的畸形专业体制所造成的狭窄视野中。无论如何，闻一多在设计方面的艺术水准，至少能够让同时期的一些职业设计师——比如作品数量甚多的陈之佛——难以望其项背。在书籍设计方面，或许可以推想到他对于作为“装饰艺术”的设计特殊性的理解。闻一多的代表作相对于当时千篇一律的仅仅局限在“封面图案”的书籍设计而言，真可谓是“范式”性的革新。深厚的学术素养成就了其从事艺术创作的深厚底蕴，而视觉艺术方面的良好感觉与设计中的创新意识并重，更保证了他超越同时期的很多专业的“图案设计师”。与他们形成鲜明对照的是，闻一多只是“为了评论”而学习和从事美术创作，并且后来真的是这样实践的。

闻一多是20世纪中国艺术设计史上一位承前启后的关键人物，他本人在设计研究和创作两方面都有一些无法绕过的重要成果。作为一位新文学的重要代表人物，闻一多同时兼事学术研究、艺术创作。在设计方面，闻一多极其重视作为“国货”的中国现代产品设计，自己的主要精力则在书籍装帧上。从某种意义上说，过早地放弃美术和设计创作，令后人对作为视觉艺术家的闻一多颇感惋惜；然而，倘若没有早年的美术创作实践经验，闻一多会在学术上取得现有的成就吗？这样看来，我们似乎又是没有任何遗憾的。他更大的贡献在中国现代艺术设计的思想及学术史上。可以毫不夸张地说，闻一多的学术研究，不管是直接的工艺美术研究，还是体现其视觉艺术偏爱与兴趣的文史研究，都是缺乏艺术实践的学者——无论是蔡元培、朱光潜、宗白华、徐复观还是李泽厚——所无法取代的。

闻一多从具体作品之外拓展了艺术设计的研究领域，注意把艺术设计纳入社会研究的视野并将其看作一种重要的文化现象。闻一多的《周易》研究更是直接把其中涉及工艺美术的作品作为史料进行文史研究。无疑，这也应该是工艺美术和艺术设计研究的重要组成部分。然而必须承认的是，从美术与设计的角度去审视，闻一多研究目前还存在着许多空白点和有待展开的问题。在中国现代文学史上，文学家与美术的关系似乎尤为密切，其中画家（包括艺术史学者）而兼文学创作者的例子也并不罕见。但无论是“创造社”的倪贻德还是滕固、常任侠等人，他们的主要贡献毕竟集中在美术领域内部，并且已经得到了较多的关注，而作为漫画家的散文大家丰子恺更是早已为人所熟知。只是工艺美术研究与闻一多文学创作的关系，目前似乎还没有得到足够的重视，这方面还大可开辟许多崭新的学术空间。

图 7-16　清华大学校园内为纪念闻一多而修建的闻亭

第八章

现代设计学术史上的宗白华与沈从文

上一章我们谈到闻一多是中国现代设计史上的一位关键人物，在某种意义上他打通了中国现代设计创作、设计思想与学术研究之间的桥梁。虽然古代工艺美术器物与今天的产品设计并不构成严格的对应，但闻一多的相关研究，还是应该进入今天设计研究的视野——把设计作为一种图像史料进行社会史研究，突出设计作品的文化史价值，理应属于建构完整的设计学理论体系的重要组成部分。

图 8–1　宗白华青年时代于南京

当然，这样的研究与侧重于美学和艺术方面的设计研究不能互相取代，二者在设计学的体系中应该并行不悖。令人感到惋惜的是，限于西南联大时期的研究条件以及闻一多短暂的学术生命，最终没有完成对整部《周易》的解说，而且也没有能够对现有的成果如何与“建设的美术”相关联，获取更多指导艺术设计创作的现实意义。具体地说，《〈周易〉义证类纂》等文献史料考证有余，而美学方面的发挥不足。不过这样的工作，在现代设计学术史上，由同样重视工艺美术研究的一位美学大家宗白华接续了过来。

所谓设计学术史，是对设计领域业已出现的理论研究著述的“元”研究——针对现有设计史论成果所进行的历史研究与理论反思。从实质上说，它的研究方法与设计史并没有严格的对立，只不过是把研究对象从“设计”置换为“设计学”。与设计思想不同，设计学术史研究者本人往往不从事艺术设计的实践，但却有可能对于设计艺术实践有很好的洞察力和领悟力。本章将要谈到的两位现代人物——宗白华和沈从文，尽管一位曾经是“美学散步”的诗人，另一位在前半生中更是中国现代小说创作的大家，但与闻一多不同的是，他们已经不亲自从事设计实践，我们所关注的只是他们对于艺术设计的理论性思考。

20 世纪 90 年代以来，由于“学术史”研究日益兴起，大有取代 80 年代学界热衷于“思想”讨论的局面，包括宗白华、沈从文在内的“五四”以来的前辈学者的学术贡献愈来愈为研究者所重视。目前在设计艺术学学术史研究领域，已经有很多人从事陈之佛、庞薰琹、雷圭元、王朝闻甚至张道一的个案研究，但笔者认为仅凭这些工艺美术界内部人士的研究成果，还远远无法体现 20 世纪中国设计艺术学研究的全面水准。在这个研究领域，有很多来自其他学科，比如哲学、美学、社会学、心理学等领域的研究成果，如果不把这些成果也视为设计艺术研究的组成部分，对于当代设计研究和创作来说都是非常可惜的事情。

以宗白华为例，他对于实用美术浓厚的研究兴趣和关于古代工艺思想的具体研究成果，目前设计理论研究者乃至整个学术界的重视都还很不够。沈从文的学术贡献目前更多地被放到物质文化史的角度进行考察。且不说他曾经供职的中央美术学院实用美术系、中央工艺美术学院等几个单位与中国现代设计的关系，以及他亲自参与指导了新中国成立后一些重要的设计实践工作，至少我们应当看到他的研究的出发点与现代艺术设计教育中“史”的教学有密切的联系，同时他也一再强调自己关于“古为今用”、为设计生产部门服务的理想。尽管他们对如何由“古”通“今”的具体创作问题阐发不多，但无论是其具体成果还是研究方法，对于设计教学和研究两方面都具有重要的意义。

第一节　宗白华对工艺与设计的学术研究

作为中国现代美学和学术史上的一位重要人物，宗白华并不算是“著作等身”，甚至他一生中都没有写过任何一部成体系的美学专著。其主要的文章也只有区区几十篇，并且都已经收集在《艺境》和《美学散步》两本并不算厚的文集中。但是从另一个方面说，宗白华的思想体系又是非常博大的。他的一生出入中西，其思想和学术兴趣随着时代的变化也发生了一些不为人所注意的转变。

从1994年安徽教育出版社大力搜集整理出版的四卷本《宗白华全集》中，我们可以发现大量未加整理的宗白华不同时期的笔记（其中绝大多数是他的讲稿）、谈话等。他所涉足的领域在美学之外还包括中国近代思想史、西方现代哲学、中国形上学、技术史等，其中涉及工艺美术、艺术设计和现代技术与技术美学的内容极其丰富。他的这些思考，有的已经写成文章收录在他生前出版的文集中，但更多的则停留在思想片段的阶段，有待于后人的悉心解读与整理。

谈论宗白华在设计史上的意义，应该把他在以上几个领域中的工作联系起来看。本节要讨论的宗白华的工艺与设计研究，自然也包括了大量《宗白华全集》的编者们所提供的新材料。除了对工艺美术、装饰图案、园林建筑等今天被总称为“艺术设计”的领域进行具体的研究之外，宗白华的工艺与设计美学主要体现在对古代文献的工艺美术式解读（包括提倡美学文献与工艺美术作品的相互印证）、艺术设计基本原理及技术美学等几个方面，这些内容都有必要从艺术设计学的角度进行文献上的梳理与研究方法的反思。

一、工艺美术在宗白华著述中的地位

作为一位对各门类艺术实践有着极高的热情和兴趣的理论家，宗白华极其注意结合具体的艺术作品（书法、绘画、建筑、戏曲、舞蹈等）来阐释其艺术理论；并且与一般将工艺美术轻看为“奇技淫巧”的研究者不同，他还特别重视对古代工艺美术作品以及工艺思想的研究。如同一位美学研究者所发现的那样，宗白华认为“在

8-2　宗白华晚年在北京大学寓所

先秦一些哲学家的著作中，有很多关于工艺的记载和描述，其中有很深刻的美学思想。……常常在他们（指先秦哲学家——引者注）对具体事物的论述中，例如关于车轮、杯子（盅）、居室、风箱（橐籥）等的论述中，来发现、揭示他们的艺术和美学思想”，“对于形而下之器物，他们则试图体会其形而上之道，即在器物的‘文章’（文饰）之中显示出‘性与天道’来”。[①]这样的转述是非常符合宗白华的原意的。

① 章启群：《重估宗白华——建构现代中国美学体系的一个范式》，《文学评论》，2002年第4期。

在《中国美学史中重要问题的初步探索》中，宗白华把“工艺美术”置于绘画、音乐、园林建筑等之前，作为总论之后的第一个专题，并对其重要性反复加以强调。他甚至认为先秦的工匠具有自觉的工艺思想，发展出了抽象程度很高的美学：“工匠内部早就自发地发展美学思想。如梓人为笋簴那一段，为先秦工艺美术高度发展中，工匠在实践里发挥的极可宝贵的美学遗产。与老庄孔孟荀的美学思想，并为先秦美学之精粹。”[①]这样的一个评价不可谓不高。宗白华把先秦工艺思想的价值甚至抬高到墨、法诸家之上，这一点在今天的中国美学史研究中都颇具先锋色彩——至少在《中国美学史》一类著作中，不谈《考工记》似乎也算不了什么，但倘若遗漏了墨、法甚至名家，恐怕都要受到一些指责和批评。但宗白华的确是这样做的，他为后世的工艺美术和艺术设计研究留下了丰富的文献。

① 宗白华：《中国美学思想专题研究笔记》，《宗白华全集》第3卷，安徽教育出版社，1994年，第517页。

宗白华著述中与工艺美术和艺术设计有关的第一方面的文献，是结合具体的工艺、建筑等作品阐述中国美学和艺术的一般思想，比如虚实、时空、意境、道器等观念和范畴。包括园林建筑、装饰图案、手工艺等在内的广义“工艺美术”，是中国艺术实践中的重要组成部分，也是与普通大众日常生活起居关系最为密切的一部分内容。相对而言，过去大量的美学家、艺术理论家和艺术史家，在谈论中国古代艺术现象的时候，往往把这些内容给忽略了，而把自己的视角局限在所谓“精英艺术”的各个门类。宗白华则不然，他自始至终没有形成这种先入为主的等级观念，而是注意从工艺美术中梳理中国艺术的一般特点，并与其他门类艺术和美学观念进行相互印证。不仅如此，他还特别关注新出土的文物，并对其从工艺美术角度进行研究。他反对“受文人的影响，瞧不起这些工艺美术”的做法，认为“现在应当打破这种偏见。……我们不仅应研究山水、人物画，也要研究图案”。[②]可以看出的是，与同时代的沈从文相类似，他也初步形成了“为当今创作所借鉴”的创造者的心态。

② 宗白华：《关于美学研究的几点意见》，《宗白华全集》第3卷，安徽教育出版社，1994年，第595页。

宗白华这一方面的工艺美术论述在他很多谈论中国美学和中国

艺术的文章中都可以发现。与研究书法、绘画、音乐、舞蹈等其他艺术的目的一样，他都是希望通过各门类艺术的微观研究，“研究中国美感的特点和发展规律，找出中国美学的特点，找出中国美学发展史的规律来”[3]。相对而言，宗白华对工艺美术品的研究，倘若不与他对工艺美术思想和美学的分析结合起来看，并没有形成区别于其他艺术门类的独立的研究方法。

③ 同上。

与此相联系的是宗白华对于古代工艺思想的研究，是为宗白华工艺研究第二方面的文献基础。除了上述对《考工记》的引证之外，笔者更愿意去关注宗白华从工艺美学的视角对先秦的易、儒、道几家的独特解读。在中国学术现代化的进程中，宗白华比较早地用平实的语言对《周易》所蕴含的美学思想进行了解说。但是宗白华的理论视野并不仅仅限于上述先秦诸家，从他为这门课程所准备的作为讲稿的备课笔记中，我们可以看出宗白华对中国美学史上各个阶段的工艺美术文献几乎都进行了详尽的资料准备与汇编工作，指出“反映手工艺昌盛及其成就的哲学思想及美学的关于艺术创造的思想，可于老子《道德经》、《庄子》、《墨子》、《礼记》、《韩非子》、《淮南子》、《吕氏春秋》中见之”[4]，并且对于后世的刘勰到戴震等也给予了足够的重视。令人感慨的是眼下熟悉这些工艺文献的研究者恐怕并不多见，就连这份名为《中国美学思想专题研究笔记》的草稿，也仅仅藏匿在《宗白华全集》中而没有得到很好的发掘与重视。

④ 宗白华：《中国美学思想专题研究笔记》，《宗白华全集》第3卷，安徽教育出版社，1994年，第501页。

在这里稍作一下引申：宗白华对《周易》等古典文献的工艺美学研究，在很大程度上开启了艺术设计学界“古代工艺美学思想”研究的先河。这一研究范式在此后的张道一等学者那里得到了继

图 8-3 宗白华手迹

承（当然后者作为专业领域内的研究者在资料发掘这一点上眼界更宽）。随着设计学学科正式获得命名，“中国古代设计思想发展史”一类的著作层出不穷。对于这一研究领域的名实问题将另行分析，在后文中则仅涉及宗白华本人的工艺美学研究方法。

宗白华第三方面涉及工艺美术和艺术设计的文献，是由他在不同历史时期谈论技术、技术史直到技术美学问题的文章所构成的另外一条线索。这条线索在宗白华全部的著述中是非主流的，但却必须引起艺术设计研究者的关注。这些文章构成了宗白华的艺术设计研究区别于沈从文、陈之佛等人的一个极为鲜明的学术特点，即宗白华不仅仅从艺术的角度对工艺美术和艺术设计问题立论，还着力于从技术与艺术结合的角度，用新的美学研究方法谈论现代艺术设计问题（尤其值得一提的是，宗白华本人已经多次明确使用了“艺术设计”的概念）。我们甚至可以说，如果没有这一方面的学术视野，宗白华的工艺美术和艺术设计研究与其他研究者就很难拉开距离。一方面，这是因为宗白华意识到“工艺美术”和“艺术设计”区别于“纯美术”“纯艺术”的一大特点，它与生产和技术问题紧密结合的特性使得仅仅从艺术美学角度对它进行研究是很不够的。另一方面，宗白华晚年也初步地认识到了从“工艺美术”到“艺术设计”概念背后所蕴含的历史的——甚至在某种程度上——必然的转变，他说：

> （有关“工业设计艺术”）外国早就注意并研究了，也取得了很好的成绩。而在我国过去没有足够的重视，研究者很少，很不够。起码说我们这些老美学工作者研究得很不够。时代总是要给人带来局限性的，我们那时研究美学注重艺术，实用品注重研究工艺美术。时代不同了，时代总要提出新的课题，现在的人造物大量是机械化的工业技术产品，怎么使技术与艺术两种因素结合起来呢？这是一个具体而又细致的新的问题。[①]

① 宗白华：《谈技术美学》，《宗白华全集》第3卷，安徽教育出版社，1994年，第620—621页。

可以看出宗白华意识到在美学研究中必须加入科学技术的新维度。这一方面在很大程度上拓展了“美学”这门学科的研究视野，使得这篇谈话记录连同宗白华此前大量谈论技术问题的文章（包括《近代技术的精神价值》《技术与艺术——在复旦大学文史地学会上的演讲》等），一同构成了20世纪80年代中国技术美学的一个重要的学术资源，同时为“艺术设计”的研究进一步区别于“工艺美术”奠定了重要的认识论基础。

此外，宗白华还留下了《建筑美学札记》等一些直接谈论园林、建筑美学的文章和观点。限于篇幅和体例，本章不打算详述他在这些方面的具体思想。考虑到“艺术设计”作为一个大的学科概念（区别于建筑、服装、广告等具体的设计部门）的学术要求，这些部门设计美学中的问题似乎也不宜在这里展开论述。

图8-4 宗白华、田汉、郭沫若 《三叶集》封面（上海亚东图书馆1920年版）

接下来的问题是，在20世纪初直至第一次“美学热”中所涌现出的众多老一辈美学家、艺术理论家中，为何唯有宗白华对工艺美术和艺术设计作出了如此高的评价？对此，除了以上谈到的一些具体的原因之外，笔者还希望从艺术与生活的关系和个人的心路历程两个方面简要谈一下自己初步的思考。

从学术自身的发展来说，宗白华作为一位热爱生活与艺术实践的美学家，从关注日常生活中的美和艺术本身生发出对于作为实用美术的工艺美术和艺术设计的喜爱及研究兴趣，是并不难于理解的。在 1980 年李泽厚为沪版宗白华《美学散步》一书所写的《序》中，把宗白华概括为“抒情、艺术、诗人”，与朱光潜的“科学、推理、学者”进行二元对立，虽然经不起当代思维方法的严格推敲，甚至互相矛盾（如“朱先生偏于文学……宗先生是诗人”句），但还是用比较通俗形象的语言在中国读者中树立起了二位学者比较感性的公众形象。一位热爱生活的美学家，无论如何难以回避“艺术与生活”这样老生常谈的实践话题。在此基础上，那位年轻时喜欢坐在青岛的海边看天上流云的美学老人，把自己的研究视野拓展到日常生活中的实用美术创造，似乎也是非常合乎逻辑的。

从外部社会环境来看，在 1949 年以来中国的社会背景中，过分抽象化、形而上的哲学和美学言论，稍不留意就有可能成为“反动”“没落”的“资产阶级思想”。20 世纪 50 年代曾积极参与“第一次美学大讨论”、与宗白华同为北京大学教授的朱光潜，就因此担当了“反动学术权威”的“罪名”。而与朱光潜不同，宗白华似乎对“美的本质”一类概念性的问题没有足够的兴趣，甚至几乎没有介入那次讨论（宗白华似乎对各种公开的“讨论”都无兴趣），而是一如既往地关注与劳动人民、生活实践结合紧密的工艺美术问题，这些角度都是经得住用马克思主义的理论去分析的。事实上，宗白华也经常引用马克思理论来印证设计创作和生产中的问题，这也是符合当时思想主潮中积极一面的。当然，这只是一个隐性的原因，并且真正从“实践”出发建立设计美学体系的工作，也只有到李泽厚那一代“实践美学”家那里才完成。

二、古代工艺思想的美学阐释

在宗白华的美学和哲学研究中，相当重视《周易》（尤其是《易经》）对中国古代艺术的影响（这一点与当今美学研究者有很大不同）。后人对于《周易》这部很难说具有“本义”的经书的阐释总是从各不相同的角度展开的，作为美学家的宗白华也不例外。的确，仅仅是“象”这个哲学范畴的提出，便使得一部《周易》与美学和艺术紧密地联系了起来。在六十四卦中，从美学出发更是能作出各种可能的阐释。在这样的研究中，宗白华一方面从文献出发提出了古代工艺思想新的阐释维度，另一方面也结合自己对于古代工艺美术作品中所蕴含的时空观的分析，总结演绎出了一般的哲学和美学思想。在这个意义上，宗白华对《周易》的研究，也可视作一位具有艺术感觉的美学研究者的工艺美术研究对于更广泛意义上的人文学科的学术贡献。

在中国学术现代化的进程中，宗白华比较早地用平实的语言对《周易》所蕴含的美学思想进行了解说。在宗白华眼中的中国文人“对于形而下之器物，他们则试图体会其形而上之道，即在器物的‘文章’（文饰）之中显示出‘性与天道’来”，而“在先秦一些哲学家的著作中，有很多关于工艺的记载和描述，其中有很深刻的美学思想”。[1]这里简要介绍宗白华对《周易》的研究，尤其是对设计有启发的独特的研究方法。

图 8-5　宗白华　《美学散步》封面（上海人民出版社 1982 年版）

（一）《中国美学史中重要问题的初步探索》

该文中，宗白华直接讨论“贲”和“离”两卦，显然在他看来，这两卦与美学（尤其是中国古代工艺美术、建筑艺术等被今人称作“设计”的艺术类型）的关系最为密切。宗白华对于文本本身并没有作太多的分析，而是从卦名的解释、卦象的构成和卦爻辞所反映出的思维方式等几方面迅速看出对艺术实践可能存在的影响，并且这种影响月印万川般地体现在中国古代各种艺术和工艺美术实践中。谈到“离”卦时，宗白华更是直接体现了他重视工艺美术作品的美学研究风格。他说：“离卦和中国古代工艺美术、建筑艺术都有联系，同时也表明了古代艺术和生产劳动之间的联系。”[2]他还举了器具装饰、园林建筑等为例，阐释了文质、虚实关系等中国美感思想的一般原则，联系多种古典文献和诗歌、工艺美术等艺术形式，讨论了中国美学和艺术的一些特点。对此，我们在第一章中已经进行过阐述。

宗白华也并没有回避《周易·系辞下》中“观象制器”这样一

① 章启群：《重估宗白华——建构现代中国美学体系的一个范式》，《文学评论》，2002年第4期。

② 宗白华：《中国美学史中重要问题的初步探索》，《美学散步》，上海人民出版社，1981年，第39页。

个言人人殊的论断，而“离”卦本身在这一段论述中就被当成了“智者”设计制作“网”的一个灵感上的来源。此时宗白华受到唯物史观的影响，认同的是“观物取象”而不是《形上学——中西哲学之比较》笔记中所陈述的“观象制器”，但远没有进行如顾颉刚式的严格的学术论证。但他把抽象的卦象和具体的产品设计联系在一起进行研究的这种做法是值得介绍的。他说古人以网为美，故多以网形作器物装饰，并据此发挥了“以附丽为美”和“以通透如网孔为美”的思想也是大致可信的。然而，他竟没有进一步发挥网的隐秀、含蓄和变幻莫测这一方面的美学意蕴，还是令人感到一些遗憾。

当然，《中国美学史中重要问题的初步探索》对于《周易》的解读和研究还显得比较浅显，很多重要的问题还没有展开便“点到为止”了。并且，宗白华对某些具体作品的判断似乎也不无值得商榷之处（比如把李商隐的诗与楚国图案相提并论）。今天看来该文中的一些结论，有可能已经被后世的研究成果所超越，也有一些问题已经转化为中国美学史研究中的常识，但他开辟的研究方法却是具有“范式”的意义和价值的，尤其是宗白华对《周易》几个具体卦象的研究，善于演绎直接从卦爻辞中解读出的美学意味，实是发前人所未见的独特方法。宗白华在一篇介绍美学研究的文章中给予了被很多人轻视、宣称“重道轻器”之“器”以如此重要的篇幅和论述，的确令当代的设计研究者倍感振奋。此前（尤其是清代）的学术研究中，并不缺乏对于《周易》从文献、思想等各个角度的阐释和发挥，但宗白华解《易》，却完全是立足于打通哲学与具体艺术作品的结合部，这就无疑要求研究者在哲学与艺术感觉两方面都具有极其敏锐的判断力，这是很多现代学者所不具备的。

（二）《形上学——中西哲学之比较》

如果说由于《中国美学史中重要问题的初步探索》这篇文章的讲稿性质，使得文字还比较通俗、哲学抽象程度不高的话，那么在1994年安徽教育出版社整理出版的《宗白华全集》中首次刊发的宗白华《形上学——中西哲学之比较》[①]这篇未经最终定稿的研究提纲，让我们对作为哲学家（而不仅仅是美学家）的宗白华有了更加完整的认识。在《形上学——中西哲学之比较》这篇气象宏伟的文章中，宗白华对有关《周易》与相关美学哲学的问题曾经进行过更加细致入微的研究，其成果比较《探》文虽不为人所熟知，但显然更值得介绍给设计界的读者。其对中国的形上学的讨论，很大程度上也是以《周易》为根基的。这是一篇哲学论文，但对全面了解宗白华的美学与艺术思想有很大帮助，自然对工艺和设计的相关研究也大有启发，因而也可说是国内美学界比较早的一篇比较美学的论文。宗白华在这篇文章中指出中西哲学均有形而上的追求，但追求的方向、进程等是大不一样的。宗白华说，西洋哲学终结于“理化的宇宙”，而中国“于形下之器，体会其形上之道。于‘文章’显示‘性与天道’。故哲学不欲与宗教艺术（六艺）分道破裂”[②]。这个结论的哲学基础主要是《周易·系辞传》中的“生生之谓易”和《周易·象传》中的“正位凝命”诸说。作为一个有着极好的美学修养的哲学家，宗白华为这些说法提供了新的阐释。

不妨通过具体的文献分析，体味其研究方法上的一些特点。宗白华对“鼎”和“革”这两个卦象的解释在《形上学——中西哲学

① 该文系宗白华早年作品，《宗白华全集》的编辑者认为写作于1928年至1930年间，但王锦民提出了充分的证据认为此文当写作于1945年宗白华任教于南京中央大学前后。参见王锦民：《建立中国形上学的草案——对宗白华“形上学”笔记的初步研究》，叶朗主编《美学的双峰——朱光潜、宗白华与中国现代美学》，安徽教育出版社，1999年。

② 宗白华：《形上学——中西哲学之比较》，《宗白华全集》第2卷，安徽教育出版社，1994年。

之比较》中有着重要的理论基础意义。尽管身为美学家的宗白华并没有像《中国美学史中重要问题的初步探索》那样直接联系美学和艺术问题来讨论卦象，但对设计研究还是能够从哲学高度上提供很多启发。更何况在此文中，宗白华是从“象”这个范畴入手来讨论这几卦的，而“象”则不可避免地和“器”（工艺美术、实用产品等）发生关联，如：

> “以制器者尚其象。”象即中国形而上之道也。象具丰富之内涵意义（立象以尽意），于是所制之器，以能尽意，意义丰富，价值多方。宗教的、道德的、审美的溶于一象。
>
> 《象》曰：“君子以正位凝命。”此则中国空间天地定位之象，表示于“器”中，显示“生命中天则（天序天秩）之凝定”。以器为载道之象！条理而生生。鼎为烹调之器，生活需用之最重要者，今制之以为生命意义，天地境界之象征。（着重号均为原有）[①]

① 宗白华：《形上学——中西哲学之比较》，《宗白华全集》第2卷，安徽教育出版社，1994年。

尽管在今天的研究者看来这样的结论可能并不新鲜：既没有深入探究道家老子和儒家《周易》所说之“象”含义上的差别，也没有明确直面《周易·系辞传》的“在天成象，在地成形”与《周易·说卦传》中以现实之“象”（“在地”者）直接对应于本卦的矛盾。但是，明确地把“象”等同于“道”，并且提出“器”中必然包含“象”（即“道”），实在是一个非常重要的发现。在这样的前提下，可以看出中国艺术形而上的精神。在这种文化氛围熏陶下的设计也应该尽可能地远离功利，去表现一些形而上的主题，以凸显其艺术价值。

即便是作为“生活需用之最重要者”的日用器物，也丝毫不妨碍其成为“天地境界之象征”——如此胸怀与气度，可作为发展中国未来设计、以中国特色的设计加入全球设计话语场的一个重要的方向。

如果肯定《形上学——中西哲学之比较》的写作时间当在1945年至1948年的话，我们可以推测宗白华之重视“鼎”卦，有可能是受到了同样重视工艺器物研究的闻一多《〈周易〉义证类纂》的影响。二文关注点有相似之处，但显然宗白华的视野更为开阔。与《中国美学史中重要问题的初步探索》相比，《形上学——中西哲学之比较》的独特之处，一方面体现在看到“程伊川《易传》曰：‘卦之为鼎，取鼎之象也。鼎之为器，法（取法）卦之象也。有象而后有器，卦复用器而为义也”[②]，另一方面则在于对《周易·象传》中“正位凝命”的阐发。后者则无疑更具有形而上的色彩与追求。

《周易·象传》说：“木上有火，鼎。君子以正位凝命。”不妨先来看看两本今人编纂的同名《周易译注》中，对“正位凝命”一句的解释。其中，周振甫离奇地解释为：“君子因此端正位子，完成上级的命令。”[③]黄寿祺、张善文的译本更负责任一些，称：“君子因此效法鼎象端正居位，严守使命。”[④]但似乎也不得要领。“正位凝命”四个字的直观含义，的确不太好译成现代汉语，但宗白华对此却有很好的解说：

“正位凝命”四字，人之行为鹄的法则，尽于此矣。此中国空间意识之最具体最真确之表现也。希腊几何学求知空间之正位而已。中国则求正位凝命，是即生命之空间化、法则化、典型化。亦即空间之生命化、意义化、表情化。空间与生命打通，

② 同上。

③ 周振甫：《周易译注》，中华书局，1991年，第177页。

④ 黄寿祺、张善文：《周易译注》，上海古籍出版社，2001年，第413页。

亦即与时间打通矣。正位：序秩之象；凝命：中和之象。[①]

此处作者旁注称："鼎象文化之创造（造型），鼎独言象。制器立法之象。"[②]在这里，宗白华再一次论述了在中国，"鼎"这样一个与日常生活密切相关的器物都能体现出"生命"和"时间"的哲学含义。在这个意义上，明显地区别于西洋的层级深入达到最后层面的"哲学追问"。中国的艺术天然具有形而上的特点和追求，是因为"象之构成原理，是生生条理"[③]。"生生"两字具有无限的包蕴性，彭锋曾经在《宗白华美学中的生命本体思想》一文中把"生"理解为"宇宙本体"，并从"先验基础"（事物存在的本来面貌）、"创生"（参天地化赞育的原创精神）、"生命"（有机与活力、动态）、"生动"（艺术气韵的表达）、"位置"（即张祥龙所说时机化、重"天时"等阐释角度）等五个方面对"生"加以极有见地的美学诠释。[④]但即便是如此，也仍然不可能穷尽"生生"二字所蕴含的信息。比如"生涩"，也应该成为一种合理的理解。

"正位凝命"四字的解说处还有这样的旁注："中和序秩之空间意象为鼎，时间意象为革。"[⑤]由此，"鼎"卦一定要与它的邻卦"革"联系起来论述。由"鼎"入"革"这一点，《形上学——中西哲学之比较》和闻一多的研究思路也是一样的。宗白华强调"革"，在于"有关于四时之变革"。"革卦与既济合观。九四打破既济之僵局，革故生新，生命乃能创造。"[⑥]中国哲学不是固定的、封闭的，而是处于不断的流淌与变换中"与时偕行"，在不同的时代获得新的生命价值。《周易》中有阴阳当位极其完满的"既济"卦，但"革"

① 宗白华：《形上学——中西哲学之比较》，《宗白华全集》第2卷，安徽教育出版社，1994年。

② 同上。

③ 同上。

④ 彭锋：《诗可以兴——古代宗教、伦理、哲学与艺术的美学阐释》，安徽教育出版社，2003年，第425—443页。

⑤ 宗白华：《形上学——中西哲学之比较》，《宗白华全集》第2卷，安徽教育出版社，1994年。

⑥ 同上。

卦“以九四入据既济之六四，则成革命”，并且“易以未济终”，永远不断变换新的面貌，不以僵死、保守和固定求永恒。相对于讲求体式、法度和传统的“纯艺术”而言，这一点更接近于设计的精神。设计具有永恒的艺术价值，它尊重传统，但认为传统也是人类不断创造、不断形成的。今天的先锋很有可能成为明天的传统。设计具有鲜明的时代性，它需要超前地对流行、时尚乃至社会审美趋向作出引领，而又永远没有终点，无法固化。正是在这个意义上，设计在现时代还承担着对社会进行现代性启蒙的重大使命，这正是设计的难度，也正是其具有永恒价值的生命所在。

宗白华的美学思想并没有仅仅停留在类似的“散步”体的文风和深度，佚作《形上学——中西哲学之比较》也让我们加深了对于宗白华哲学思想高度以及深厚的西学功底的认识。很遗憾《宗白华全集》里大量有类似价值的笔记都没有写成文章和著作，对于宗白华学术思想的研究工作目前还很值得开展下去。但至少这些文稿在提醒从事中国文化的研究者应该摒弃本位心理，甚至必须承认“中国”“美学”这样一些用以限定自身特殊性的范畴，也是在与西方二元对立的过程中被创造出来的西方学术体制下的东西，宗白华的西方学术框架和方法一再提示这一点。在当代学术体制面前，这些问题都是既不容回避也无须纠缠的基本预设。

三、从工艺美术到艺术设计
——以宗白华的“技术与艺术”论述为中心

宗白华并非仅仅如李泽厚所概括的那样是一位“古典的”“中

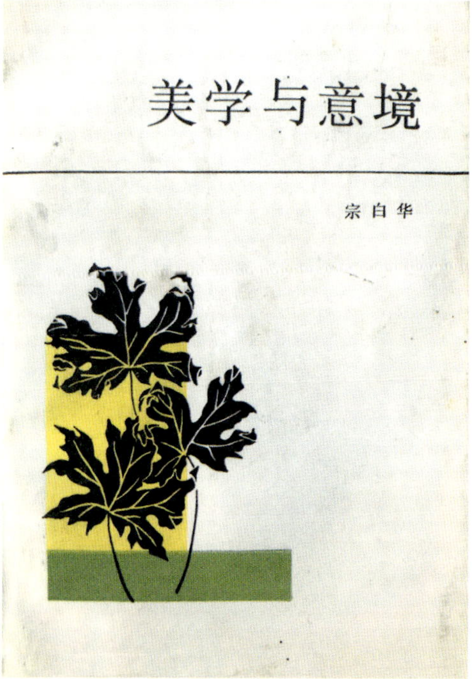

图 8-6 宗白华 《美学与意境》封面（人民出版社 1987 年版）

国的”美学史家，他的学术训练和早年求学背景其实都是以西学为中心展开的。尽管体系性的著述不多，但事实上他的理论修养相当高。对于技术问题的关注，就成为宗白华的设计和工艺美术研究区别于一般美学、艺术理论工作者的一大鲜明的特点。我们知道，作为一门特殊的艺术，“设计”这个学科虽然从属于“艺术学”，并且它也的确脱离不了艺术的母体而纯粹独立出来，但必须承认的是，仅仅从艺术角度对于设计进行研究是不够的，这样做也无法彻底与传统的工艺美术研究区别开来。这一点在今天几乎已经成为常识，但在宗白华那一辈研究者那里恐怕并不是人人都非常明确的。宗白华在相关问题上的思考有独立的思想史价值，并且在一个相当高的哲学层面上，这些思考构成了作为设计研究者的宗白华全面的研究视野。

可以看出，当时现代科学技术的发展对中国的冲击，以及在此基础上西方人文学科的某些最新动态对于宗白华这些思想的产生有一定的影响。大约在 20 世纪 30 年代，宗白华就开始关注现代技术及其哲学后果，并且分别撰文讨论了技术的价值、技术与人文、技术与艺术等方面的很多不属于传统美学领域的问题。1938 年，宗白华写作了《近代技术的精神价值》这篇文章，同年还在复旦大学进行了以“技术与艺术”为题的演讲。在那样一个国难当头的时代，具有良好德国古典哲学修养的宗白华开始思考技术的问题似乎顺理成章。但是此后由于研究领域逐渐转向中国美学史，宗白华在技术方面的研究工作并没有延续下去。直到晚年由于中国技术美学研究的兴起，宗白华才应邀发表了对于这门学科的一些意见。不过令人欣慰的是，他的思想脉络并没有被切断，我们也必须把他早年关于技术的论述和晚年的技术美学观联系起来，才能比较全面地认识在“工艺美术”之外的作为设计研究者的宗白华的整体思想面貌。

由以上文献可以看出，宗白华论述的核心问题已经超出了古代的工艺美术（尽管他有时需要以工艺美术品作为例证），而开始真正关注现代艺术设计、工业设计问题。在 1938 年的两篇文献中，尽管宗白华更多地在谈论“工艺机器”甚至“武器”，似乎与我们对于“设计”的想象有一定的距离，但倘若联系其具体的论述，不难发现他想要说明的正是艺术设计问题。而他之所以举这些例子，是与当时的社会环境、民族危亡有直接关系的。这一点我们从他晚年的《谈技术美学》一文中可以得到有力的印证：此时他对于技术和“意匠”的基本看法、技术与艺术关系的表述与前两篇文献基本上没有明显的变化，但由于外部社会、生活条件的改变，他所举的例子已经从机器、武器转向了“在物质文明和精神文明中能发挥积极的作用”的日用产品和“工业艺术设计”。所以在宗白华那里，所谓“技术与艺术”和“技术美学”的问题，实际上就是对艺术设计事件部门中的问题进行理论的、美学的反思，这是毋庸置疑的。

宗白华一方面突出了技术问题在设计中的重要性，另一方面也突出了设计在整个文化生活当中的地位。作为艺术设计研究者的宗白华在承认“工艺美术”与“设计”在作为“实用物”这一点上有研究思路上的相似性之后，敏锐地意识到“工艺美术”与“设计”有关键的不同。“设计”作为一个现代性的概念，在机械化大生产这一点上与古代（包括当代少量）的工艺美术相比是一个根本的转变。因此，设计与“近代技术”的概念紧密相维系。宗白华指出：“近代的所谓技术（Technics）一词，则往往狭义地指那根基于近代的自然科学‘发明机器和机器的运用’。”“机器完全是根据人的意匠的构造，实现着人的需用和目的。但它里面却捆绑着自然力和自然律。……但是发明家的奔放的想象力需一方面受着科学的逻辑的约束，一方面受着实际目的和应用的领导。他开拓的新境可以无穷，而不离开科学和实用。”因此，“康德所割分的‘因果世界’和‘目的世界’在近代机器技术世界里携手，构成第三世界。……它一面是‘自然的机械’，完全受制于自然因果；但另一面又是‘人为的创造’，完全服役于人生目的。它既不是完全的自然物质，因为它经过了人的意匠；然而又还够不上纯精神文化的表现，如文学艺术、哲学道德”。[1]

把设计看作科学技术和艺术创造的结合体，这个思想贯穿于宗白华论著的始终。尽管传统的工艺美术甚至“纯艺术”中也有技术的问题（甚至按照宗白华所援引的斯宾格勒的看法，技术无所不在），但在宗白华看来，只有到了设计那里，技术的问题才得以突出地强调，“它们二者实可联系成一个文化生活的中轴，而构成文化生活

① 宗白华：《近代技术的精神价值》，《美学的散步》，安徽教育出版社，2000年，第26—29页。

的中心地位”[2]。在这样的基础上，宗白华用了很大的篇幅批评了那种认为技术和艺术相对立的纯文人式看法，在他看来，“通常以为艺术是有灵魂的、美的、自然的。工艺机器是人为的、粗俗的。但艺术的美也是人为的、非自然的。不过一则偏重实际应用，一则表现自我人格，其为非自然，则是一样”[3]。

图 8-7　宗白华　《宗白华美学文学译文选》封面（北京大学出版社 1982 年版）

与很多人对他的“想象”不同，宗白华并不是技术悲观主义者。他认为：“为福为祸，应用的当不当，这个责任却不该由技术来负，而是应该由哲学来负的。”[4]“中国近百年来国际地位的低落，也是受了西洋技术之威胁。……明白这一点，我们应该急起直追，迎头赶上去，努力创造我们的技术。”[5]在此基础上，他把从事设计工作的“发明家”和“工程师”的地位提得很高，认为他们正是我们这个时代的艺术家：

> “发明”是近代人最大的愉快和幸福。……机器是现代的罗曼蒂克，发明家是现代的诗人。往往一架机器的幻异恢奇，超过一首灵巧的诗。……（发明是）艺术的天才在这时代里一

② 宗白华：《技术与艺术——在复旦大学文史地学会上的演讲》，《美学的散步》，安徽教育出版社，2000年，第102页。

③ 同上。

④ 宗白华：《近代技术的精神价值》，《美学的散步》，安徽教育出版社，2000年，第28页。

⑤ 宗白华：《技术与艺术——在复旦大学文史地学会上的演讲》，《美学的散步》，安徽教育出版社，2000年，第103页。

个新的活动领域。虽然发明不能代替纯艺术的精神表现与创造。工程师计划着近代技术的实际应用。……他是国家建设方面的设计人才。[1]

宗白华的上述论述，尽管有时代背景的深刻影响，但也的确为正面、积极地认识设计的价值奠定了重要的基础。他指出："你要把（技术和艺术）这两种因素结合在具体的物上。""谁都要劳动，谁都要使用器具，谁都要在劳动和使用生活器具中陶冶自己的情感、审美趣味。技术美学或工业设计艺术在物质文明和精神文明中能发挥积极的作用。"然而眼下"设计的产品要么不好看，不招人喜欢，要么就过于华丽、装饰累赘，摆着虽然也好看，但是，用起来却不方便"。[2]这与作为学科研究的设计学（或称工业设计、技术美学、工艺美术，这几个概念在宗白华这里乃至当时整个中国学术界往往是混用的）的缺席有密切的关系。

宗白华本人没有从学理上建立起一个设计学的理论体系。作为老一辈美学家，他的主要任务是呼吁"这个学科急待研究又不能着急，要扎扎实实地研究"。这方面应该说他做得已经足够了。但他也提出了很多有价值的研究方向和设想，已经能够看出他思考设计问题的路向与思力，诸如按照美的规律创造、形式美的继承与发展、非自然的技术如何再造出自然等问题。结合设计学的学科特点，他对于"设计社会学"的思考作为学科的提议是最具有学术价值的，并且在今天的设计研究中仍然没有得到很好的重视与展开。宗白华指出：

研究这方面的问题不能忘了同社会学的关系。因为人对物

① 宗白华：《近代技术的精神价值》，《美学的散步》，安徽教育出版社，2000年。第28—29页。

② 宗白华：《谈技术美学》，《美学的散步》，安徽教育出版社，2000年，第32—33页。

的尺寸需要是社会性的需要，不光是纯生理上的需要。中国古籍上讲“器”与“礼”是不能分开的。……使用功能中有社会功能，有象征功能。古代说的当然是工艺制品。……技术产品除大众化的东西外，也不能完全排除不同人使用器物的社会功能和象征功能的问题，不过含义有所变化而已。[3]

③ 同上，第33页。

如果说以上这一段论述还是就艺术设计中“艺术”这一方面进行立论，并且更多地强调了设计与工艺美术在相关问题上的相似性的话，那么以下这一段文字则着重强调的是艺术设计中“技术”一面的宏观社会价值，换言之，设计社会学作为一门交叉学科，可以从很多角度让我们对于设计问题的复杂性形成新的看法：

我们中国还缺乏近代技术，更缺乏那技术的精神陶冶。我们一方面需要那缜密、精细、负责、踏实、富有组织力和服务的精神，我们也需要那根基科学的发明能力和创造的精神。[4]

④ 宗白华：《近代技术的精神价值》，《美学的散步》，安徽教育出版社，2000年，第30页。

笔者愿意把这段论述作为设计在现代社会中“启蒙”职能的一种体现。尽管今天的知识分子都不再愿意使用“启蒙”这个字眼，甚至视哈贝马斯为后现代社会中的一个异类，但无论如何不能否定的是，在中国，讲求理性的现代科学精神直到今天也是一项未竟的事业而没有在公众中间扎根。作为社会现代化过程中的一个必要阶段，我们有必要从积极意义上肯定理性和“技术精神”的价值。这种启蒙的工作即便自诩为“知识分子”的人不愿意去承担，也应该是现代设计师和设计社会学研究者义不容辞的责任。

图 8-8 宗白华在教学活动六十周年庆祝大会上

当然，设计社会学的研究还应该包括更多的内容，而不仅仅限于上述这两个方面。但宗白华所提供的这些视角，都是设计社会学研究中的关键问题，在今天的设计研究者中也还没有得到足够的关注与思考。更何况宗白华的一些想法和美学阐释，有时也并没有区分“装饰”（工艺美术）与“设计”这两种不同的艺术门类。这也许与 20 世纪 60 年代我们国家在工艺美术创作方面的认识水平有一定关系。彼时传入中国的现代设计观念受到了狭义的“工艺美术”的冲击，走了一些弯路。直到 20 世纪 80 年代以后伴随中国当代（时间意义上）设计的兴起，中国的现代（概念意义上）设计才逐渐走出囿于形式层面的“工艺美术”对思想的辖制。尽管宗白华的有些具体结论今天看来已经不能经受时间的检验，但这毕竟开创了美学界重视古代工艺美术作品的学术风气，成为今天中国设计自主知识体系研究的一脉重要学统。

第二节 沈从文的工艺美术情结与物质文化研究

作为20世纪中国设计研究历程中一位有些特殊的人物，沈从文的后半生从文学创作转向物质文化研究的背后固然有时局环境变化的外部原因，也是遵循了他一生对实用美术情有独钟的“内在理路”。从学术史的角度看，沈从文从“工艺”到文化视野的拓展、“小心求证”和“图像学”的研究方法与相关成果，无论就其广度还是深度而言都比同时期的实用美术研究更为自觉和深化，相对于此前实用美术研究的空疏学风具有一种范式转换的意义。沈从文在物质文化领域内的相关研究间接影响到了20世纪80年代以来设计艺术学中的若干分支学科的建设，是中国现代设计学学科建构过程中的重要环节。

在中国现代文学史上，具有良好的视觉艺术修养与研究热情的作家或许并不罕见，但对工艺美术和艺术设计问题抱有极大兴趣并取得巨大学术成就的，大概除了鲁迅与闻一多之外，首推沈从文。与鲁、闻二位不同的是，沈的后半生几乎完全转变成一位工艺美术研究者，并撰写出几部专业性极强的研究专著。尽管实在无法推测如果鲁迅和

图8-9 沈从文像

闻一多活到20世纪50年代之后是否也会像沈从文那样经历一个“工艺美术”的学术转型，但相对于专业的工艺美术教育家，笔者显然更欣赏也更愿意去关注文学等领域中这些“局外人”的眼界与声音。这样做一方面是因为尽管陈之佛、颜文樑、庞薰琹等人对中国现代工艺美术教育鞠躬尽瘁、做出重大的贡献，但限于自身的“大艺术”眼光与学术修养，他们在教育思想之外对于中国现代设计学科建设的积累实在难以尽如人意；另一方面中国现代工艺美术和教育实绩也并不能够令人乐观，其中的深层原因往往是“旁观者清”的。

沈从文并不是一位严格意义上的设计史论家。事实上，对于沈从文这样一个“杂家”，其所属学科是很难严格界定的。这从他于新中国成立后所供职的几个单位中也能够看出：离开大学的教职之后，他一方面先后在中国历史博物馆（现中国国家博物馆）、故宫博物院、中国社会科学院历史研究所等学术机构任职，另一方面也与中央美术学院实用美术系（后独立成为中央工艺美术学院，现已并入清华大学成立清华大学美术学院，在某种程度上也可以视为今中央美术学院设计学科的前身）长期保持着一种“不定期咨询服务关系”，[①]此时他除了与陈之佛一同署名组织编写《中国工艺美术史》等文化部（现文化和旅游部）教材之外，还于1958年9月至1961年5月出任中央工艺美术学院学报《装饰》的编委，同时也是该杂志早期的主要撰稿人之一。令人遗憾的是，沈从文与后者的这些关系连很多设计领域中的人也并不清楚。

本节对于沈从文设计学术研究的考察并不仅仅限于他后半生的学术专著，而且包括沈从文前期文章中有关设计研究的论述，以及其后半生中尤其具有方法论意义的几篇文章。如其本人所说：“我

① 参见沈虎雏编：《沈从文年表简编》，沈从文全集编辑委员会编《沈从文全集·附卷——资料·检索》，北岳文艺出版社，2003年，第45页。

在试探中进行的研究方法，还从来没有人做过。”“从文物研究来说，我所研究的问题多半是比较新的问题，是一般治历史、艺术史，做考古的到现在还没有机会接触过的问题。”[②]笔者也倾向于认为，与其大部头的《中国古代服饰研究》等著作中所进行的微观研究工作相比，其研究方法和学术思路本身亦更具意义。

② 沈从文：《从新文学转到历史文物——一九八〇年十一月二十四日在美国圣若望大学的讲演》，沈虎雏等编《沈从文别集·自传集》，江苏教育出版社，2005年，第180—181页。

一、工艺美术情结的产生与发展

在谈及沈从文的“晚年转业”之时，人们往往持一种惋惜的态度，有人甚至表现出对于沈从文“不涉政治”的“气节”的敬仰。这些恐怕都不是最重要的。尽管从年谱上看沈从文的一生的确“泾渭分明”，但如果仔细考察沈从文的人生历程，不难看出他对于审美和艺术的兴味是一以贯之的。沈虎雏说：“他对文物的兴趣比对文学的兴趣产生得更早一些。”巴金也这样回忆“转行”之前的沈从文：“对瓷器、对民间工艺、对古代服装他都有兴趣，谈起来头头是道。”[③]事实上，晚年他所发现的仍然是自己早已关注并有极高的热情从事研究的事业，也的确做出了一个纯粹的文物研究者所无法做出的贡献。或者说，沈从文之所以转向工艺美术（而不是古典文献学），仍然是基于一种向往鲜活生命的冲动。他自己说“这份工作和个人前半生搞的文学创作方法态度或仍有相通处”[④]，甚至建议“那些有兴趣研究中国文化史、艺术史与工艺史的朋友，都值得回去看看。……文献上的字是固定的、死的，而地下出土的东西却是活的、第一手的和多样化的。任何研究文化、历史的朋友，都不应当疏忽这份无比丰富的宝藏”[⑤]。“兴趣是最好的老师”，

③ 转引自汪曾祺：《沈从文转业之谜》，沈从文《花花朵朵　坛坛罐罐：沈从文文物与艺术研究文集》，外文出版社，1996年，第4页。

④ 同上。

⑤ 沈从文：《从新文学转到历史文物——一九八〇年十一月二十四日在美国圣若望大学的讲演》，沈虎雏等编《沈从文别集·自传集》，江苏教育出版社，2005年，第180—181页。

可以说如果没有对于工艺美术问题的兴趣与热忱，沈的“被迫转业”是不会取得如此成就的。[①]

在对沈从文的阅读中，笔者尤其注意其“工艺美术情结”是如何发展，以及他的文学作品与学术研究是如何联系起来的。在其小说创作中，他就曾特别关注于“乡下人”的手工艺趣味与心灵价值。尽管学生时代的沈从文就从“边城”来到北京，在投考燕京大学不中之后，长期旁听当时还在沙滩红楼的北京大学多门文史类课程，并由此进入北京文坛结识了郁达夫等著名文人，逐渐成为“京派”的一位代表作家；但在心灵深处他一直把自己看成是一个“乡下人”，体现着其对于乡土生活深深的眷恋与认同。在沈从文的文学创作和批评中，他也一再思索着“常”与“变”的问题。不妨认为，如果简单地把这两组二元结构进行一次近乎机械的比附，把都市生活与“变”相比附的话，那么“乡下人”的生活方式更多的是与“常”

① 需要看到，20世纪八九十年代的“沈从文热”主要是针对他在文学创作方面的成就而展开的，除了少数的文物考古学者之外，很少有人注意到他后期学术著作的重大意义。国内外几部比较权威的《沈从文传》的作者（如金介甫、凌宇等）对于传主的记叙大多局限在其前半生，也在很大程度上说明了这一点，当然这也与当今学科划分过细有关。近年来随着沈从文晚年的助手的回忆录以及《沈从文全集》的出版，这种现象有所改观。

图 8-10　湖南凤凰沈从文旧居

结合在一起的，并且这种“常”并不必然因为工业产品的广泛应用而蜕变。

在这样的生活方式之中，工艺和生活物品的精巧意匠设计显然孕育了沈从文最初的对于“艺术”和“美”的感受。《凤凰之子——沈从文传》的作者、美国学者金介甫指出：“因为没有读过书，三三和其他乡下人必须从日常生活中寻找快乐。沈从文爱写他们的生活，……干完了活休息时，他们就吹奏自己造的笛子，或者玩点手工艺活，如用杂草编织动物。……这类活计烘托出一种小乡镇的气氛。因为这类活计天天都在干，而且这类活大都在室外进行……人的劳动跟大自然密不可分。”②金介甫甚至进一步指出了与拉斯金不同，在沈从文眼里并不存在着“手工艺”与“现代设计”的那种简单的二元对立：

② 〔美〕金介甫：《凤凰之子——沈从文传》，符家钦译，中国友谊出版公司，1999年，第258—259页。

> 乡下人精美手工艺品的价值，也在于它丰富了手艺人的梦想。说明这些卑贱人不是不懂得周围的美，也不是不能创造他们自己的美。手工艺品是为生活服务，它们本身并非是生活的终结。像威廉·莫里斯等反工业化主义者一样，沈从文也并没有给手工艺品以拉斯金式的理论说明。因为沈从文只是凤凰县的小娃娃，他被湘西的一切制造工艺和设计所吸引，因此他看不出机器生产的丑陋的一面。③

③ 同上。

与此相联系，大约从20世纪30年代开始，沈从文已经写作了大量的杂文关注艺术教育乃至城市设计方面的很多问题。在1937年撰写的《艺术教育》一文中，可以看出沈从文对“艺术”外延的理解已经比许多新文学作家有所拓展，并注意到作为艺术的设计及其宏观社会价值：

> 其一是在街头散步，一见触目那些新式店面“美术化”的招牌，其一是随意遛进什么南纸店，整整齐齐放在玻璃橱里的“美术化”文具。见到这个不能不发生感慨，以为当前所谓“美术化”的东西，实在太不美，当前制作这些“美术化”玩意儿的人物，也实在太不懂美了。[①]

① 炯之（沈从文）：《艺术教育》，《国闻周报》，1937年第14卷第5期。

这种论述出现在写作出《边城》这样唯美文学的作家沈从文笔下，很容易令人产生理解中的矛盾：一方面，“沈是理想主义者，认为到处皆是美”（金介甫语），整个社会艺术水准的沦丧会让他从心底感到不安；另一方面，作为一位标榜艺术之“人性”和“神性”的纯文学作家，关注在常人看来如此世俗、形而下的设计问题，并把它与国家的艺术教育和社会审美教育联系起来撰文论述，也会令一些把设计看为“半艺术”甚至将其排除在“艺术之宫”（借用张恨水的小说名）之外的“文学”家不以为然。事实上，倘若我们能够对“艺术”的“精英色彩”进行某些“祛魅”，进而重新认识作为一门高等教育学科的设计学的话，这层认识上的顾虑是很容易打消的。不在这样的学科定位中审视作为一门人文学科（艺术学）的设计学，很难对沈从文形成全面而立体式的理解。

因此，沈从文对于“常”与“变”的叙述，并不仅仅针对文学，同样也适用于他对于设计问题的理解。仅仅追求“变”——即为政治、商业、时尚服务——的话，的确与我们理解的作为学科的艺术设计还相去甚远；但如果从观念上打通“设计 / 艺术”这种人为的二元对立的话，作为艺术的设计同样可以表达一些形而上的追求，即所谓属于“常”的方面。在这个意义上，一位优秀的设计师和一位大诗人、大哲学家所从事的工作并没有质的不同，也只有这样才能够从根本上刷新很多人（包括从业者自身）心目中对于“设计”的某些片面的理解。

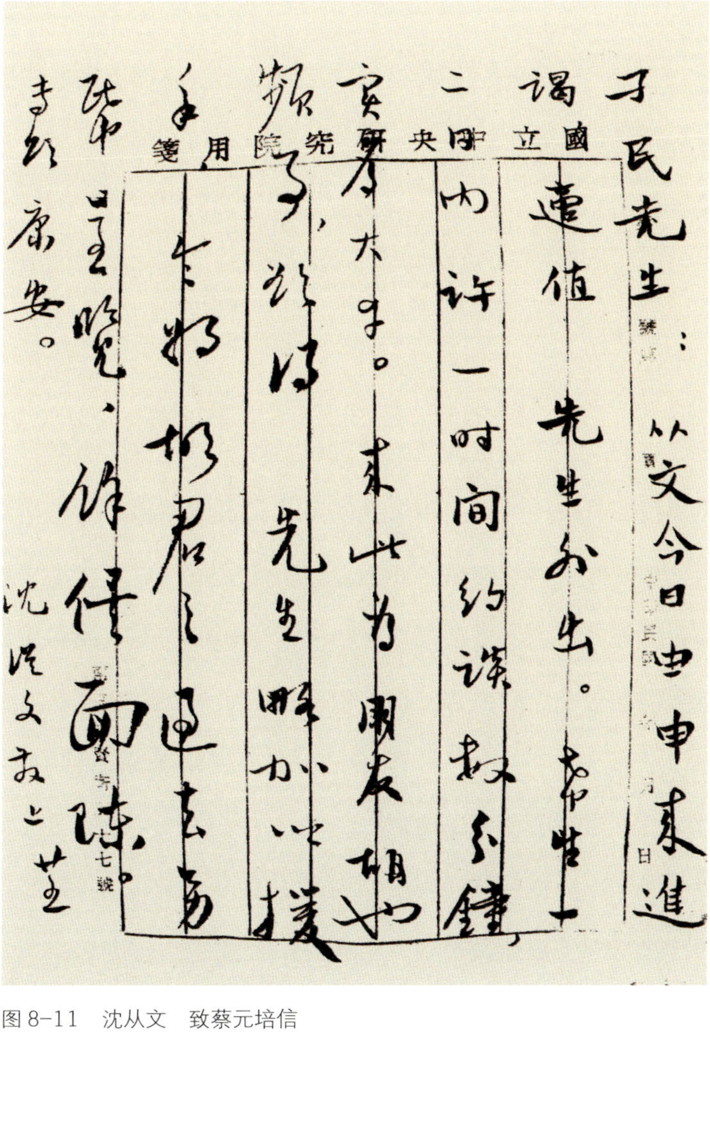

图 8-11　沈从文　致蔡元培信

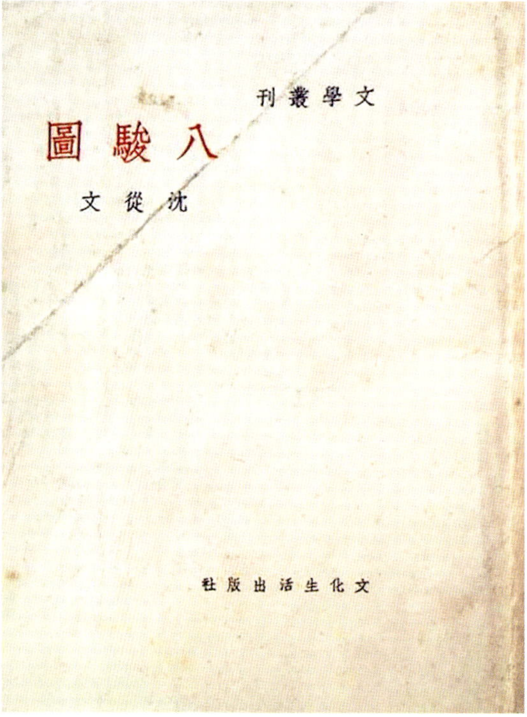

图 8-12　沈从文　《八骏图》封面（上海文化生活出版社 1935 年版）

不妨更换一下论述的角度。如同早已有敏锐的文学史家所指出的，沈从文的文学创作其实存在着“两套笔墨”[①]：他既可以写《三三》《边城》这样的湘西题材的“优美文学”（夏志清语），也可以写大量如同《八骏图》这样与社会现实关系密切的带有批判色彩的文字。沈从文的大量设计论述中似乎也交织着以上两种笔墨错综复杂的关系，不过他的工艺美术情结却是始终贯穿其中的。从形而上的角度看，如同金介甫所分析的：“沈从文对于乡下生活方式的消失、手工艺材料的退化和跟大地不能和谐相处等，都不太关心，他关心的是他们淡泊生活中在人际关系上那种不加计较的道德，在趋于衰退。”[②]再落实到具体的层面，他甚至撰写了《苏格拉底谈北平所需》，对设计师在社会中的重要地位进行了描述。在沈从文看来，作为艺术家的设计师（包括城市设计师、建筑师）在社会宏观审美教育和启蒙中所起到的作用是独特而不容忽视的。这种对于蔡元培美育理想继承的声音，出现在

① 参见钱理群、温儒敏、吴福辉：《中国现代文学三十年》，北京大学出版社，1998年，第281页。

② 〔美〕金介甫：《凤凰之子——沈从文传》，符家钦译，中国友谊出版公司，1999年，第261—262页。

20世纪30年代之后的文坛颇显难能可贵。笔者坚信分析沈从文的研究在艺术设计史上的独特贡献，是无法忽视其这一层浓重的“工艺美术情结”所变奏出的思想背景的。

二、从“工艺”到“文化”的拓展

尽管20世纪80年代以后沈从文一再把自己的转业解释为“实因为我不能适应新的要求，要求不同了，所以我就转到研究历史文物方面”[③]，但不难发现他对于工艺美术的研究兴趣，最初就是针对艺术教育中的问题提出并不断深化的。1948年前后，沈从文对于当时的图案教育重视手工技术而轻视工艺史学习的做法有了更加严厉的批评：“学校在学习上虽必须分组，惟共通基本训练，必从史的系统印象入手。必须扩大他们的兴趣和知识，眼或心，到更多方面去。如只能训练他们用手的技术，结果恐不会有何成就。……不让他们从多方面透彻理解传统，再有所取舍，有所综合，言创造，当然也就不免容易堕入虚空。”[④]然而，如果根据这些言论认为沈从文的学术研究仅仅是为艺术教学服务的，就不免有些狭隘。经历了1953年前后的从“某一器物本身的工艺历史……扩展到服饰、制度及物质文化史的广阔领域”[⑤]的重要学术理想的跨越之后，沈从文的物质文化史研究已经不仅仅局限在某一具体的学科内部，而有可能对整个人文学科的发展做出前人没有做出的贡献（尽管在实践中这一点的实现仍然与他的初衷和理想有一些距离），并且由于自己与美术院校的密切关系，这种研究思路和研究方法在很大程度上拓展了设计学的研究视野。

③ 沈从文：《从新文学转到历史文物——一九八〇年十一月二十四日在美国圣若望大学的讲演》，沈虎雏等编《沈从文别集·自传集》，江苏教育出版社，2005年，第180—181页。

④ 沈从文：《收拾残破——文物保卫一种看法（续）》，《论语》，1948年第163期。

⑤ 参见沈虎雏编：《沈从文年表简编》，沈从文全集编辑委员会编《沈从文全集·附卷——资料·检索》，北岳文艺出版社，2003年。

1954年发表在《光明日报》上的《文史研究必须结合文物》这篇文章，比较明显地记录了沈从文研究视野的变化。他已经不仅仅满足于以教学为目的囿于“花花朵朵瓶瓶罐罐”本身的研究，而明确地从方法论层面表现出一位文物学者介入“文史研究”的信念。甚至在阅读这篇文章的时候，人们已经开始倾向于把沈从文看作一位文史研究者而不仅仅是“文物专家”或“工艺美术史家”。在这篇文章中，沈从文通过大量的实例批评了那种通过“集释法”研究古典文献而忽视与实物联系的做法，指出“新的文史研究，如不更广泛和一些有关问题联系，只孤立用文字证文字，正等于把一桶水倒来倒去，得不出新东西，路是走不通的”①。

① 沈从文：《文史研究必须结合文物》，《花花朵朵 坛坛罐罐：沈从文文物与艺术研究文集》，外文出版社，1996年，第19页。

当然必须承认，在中国现代学术史上，沈从文并不是第一个对这种“纸上谈兵”的文献研究方法提出批评的学者。早在沈从文之前，王国维的“二重证据法”、陈寅恪的“以诗证史”等著名的提法，已经令学界耳熟能详。事实上，沈从文的文章中也明确地提到了对于王国维的继承。但从设计学的立场上看，沈从文的从工艺到文化，依然有重大的学术开创意义。换言之，尽管人们一般不会把《文史研究必须结合文物》当作一篇设计学的文献来阅读，但显而易见的是这篇文章对于设计学术范式转型的贡献，要比它在一般文史研究中的意义和价值深刻得多。

作出这样的一个判断，笔者是基于以下这样几种理由：首先，尽管针对的是文史研究领域中的问题，但从沈从文在这篇文章中所举的大量例子可以看出，他的出发点仍然没有偏离当时的艺术教育乃至设计创作中的问题。比如，他结合当时“艺术创作中民族形式问题”的讨论，指出了当时一些时装设计、建筑设计中知其然而不知其所以然地滥用“民族图案”，出现不着边际的生硬装饰乃至闹出“关公战秦琼”一类的笑话。在这样的论述中，无论如何其着眼点是在艺术设计本身而不是文史研究领域。换言之，像王国维、陈寅恪这样的学者，恐怕无论如何是不会在论文中援引如此具体的艺术现象和设计问题的。其次，尽管是根据具体的工艺美术实物指出历史研究中的一些问题，但沈从文所调用的大量研究资源，主要还集中在器物创作时代的形质、用途、技术、功能乃至命名等方面，尽管它们不属于传统的纯艺术、纯文学研究，但的确属于艺术设计的研究方法和研究范围。最后，与王、陈二位的研究实践相比，沈从文此后大量的研究实践显然更为具体、细微，用他自己的话说，他主要是在为文史等研究领域“打打杂”，做些准备工作，而并没有大规模地转向一般的文史研究。沈从文在这里仅仅是陈说了它对于传统的文史研究的补充、印证等作用，尤其是史料价值。这是沈从这篇文章的最大贡献，或许仅凭这一点，还并不能够算作独立的历史学研究方法，但却的确有可能对传统的工艺美术和艺术设计研究注入新的活力和可能。

当然并不应该就此忽视了设计艺术之“艺术”本体。换言之，此种研究方法是一种自足的理论思路，它不应该也没有必要“指导”设计实践，左右设计创作的方向。它只是发现了设计在文史研究领域中的一种新价值，提出了新的研究视角而已。如果在创作中要求设计刻意去记录当下的时效性问题或时代特征，则是对设计这门综合学科中人文方面价值的扼杀，而在当代艺术设计创作中，后者同样是有必要加以提倡的。钱锺书等对于陈寅恪“以诗证史”的批评，正是因为陈寅恪混淆了不同的研究思路的不同学术价值。杜甫的“诗史”固然能够让史家大为兴奋，但如果真的用“史”的标准去苛求一切诗歌创作，笔者相信也并不是陈寅恪的本意。当然艺术设计与纯文学稍有不同。事实上，我们讲设计从本质上是一门艺术，正是不希望放弃其艺术特征，进而用纯文学、纯艺术等一些形而上的理念来要求它，提升它的人文价值。

沈从文“文史研究必须结合文物”的研究思路，在国内后来也得到了一定回应，这里尤其值得提到的一位学者是俞伟超。俞伟超尽管是一位考古学家，但他极其重视以马林诺夫斯基为代表的功能主义人类学的一些研究成果。功能主义人类学派是一个极其重视实物的学派，他们对于器物功能的分析对设计学者很有启发，但他们把一切形式都通过功能去解释，而相对忽视艺术性的要素，因而与艺术设计学还是有很大的不同。马林诺夫斯基等人在中国的一些弟子，如费孝通等人，其研究领域已经越来越远离对器物本身的研究。但俞伟超却是在马林诺夫斯基的基础上立足考古学研究的视角进行了发展与丰富。俞伟超写过一篇与本节中所讨论的沈从文的文章题目相近的名文《文物研究既要研究“物”，也要研究“文”》，是20世纪80年代以后考古学界大量类似文章中比较有代表性的一篇，也是后来诸多物质文化研究者的论述中对设计学界最有启发性、关系最为密切的一篇纲领性的论述。在这篇文章中，俞伟超指出：

通过这样一些物质遗存，能够看到的东西，不仅是古代的生产能力，还有当时人们的精神世界以及社会组织状况。这就是说，马林诺夫斯基所概括的物质底层、社会组织、精神文化这三个因子，都可以进行探索；……所以，如果把“文物”理解为“文化遗物”，……就包含着“文化”方面的东西，应该追寻它所含有的社会组织和精神世界的奥秘。[①]

① 俞伟超：《考古学是什么——俞伟超考古学理论文选》，中国社会科学出版社，1996年，第134—135页。

俞伟超上述思想，尽管学科立足点稍有不同，但在拓展学术视野的愿望方面与沈从文是一脉相承的（20 世纪 80 年代以后两位同在中国社会科学院工作，前者在考古所，后者在历史所）。俞伟超甚至对把物质文化研究的介入视为考古学“学科纯洁性的丧失”等几种今天看来有些可笑的反对意见提出了有力的批评：

考古学文化范畴的扩大，使探讨文化发展规律成为考古学理所当然的研究目标，这显然是一种理论的进步，绝不是对其本身性质的迷惑，更非学科纯洁性的丧失。[②]

② 同上，第173页。

这样的言论恐怕也会在很大程度上打消设计研究领域中反对者的顾虑。这是因为尽管这些论述是针对非现代性意义上的“准设计”而发表的，但它们与现代设计在物质和精神属性方面的共通性对于设计研究领域的拓展是极有启发意义的。如同沈从文所说：“我个人觉得这个工作若做得基础好一点，会使中国文化研究有一个崭新的开端，对世界文化的研究也会有一定的贡献。因为文化是整体的，不是孤立的。”[③]应该说，虽然沈从文自己最终仍然仅仅被人们当作“工艺美术研究者”来看待，但他的理想在今天的文史研究中仍然没有过时，只是我们还需要付出双方面的努力，其中既包括文史领域的研究者拓展研究视野、更加重视艺术设计的史料和学术价值，也包括设计领域的研究者自身加强与其他人文社会科学的对话、吸

③ 沈从文：《从新文学转到历史文物——一九八〇年十一月二十四日在美国圣若望大学的讲演》，沈虎雏等编《沈从文别集·自传集》，江苏教育出版社，2005年，第180—181页。

8-13 沈从文 《废邮存底》封面（上海文化生活出版社 1937 年版）

收与借鉴，甚至在条件成熟的情况下，发挥自己在艺术感觉方面的优势，进而不失时机地介入史学领域，提出具有学术价值的新问题。

三、从“大胆假设”到“小心求证”

除了几部专著以外，沈从文大量的工作是写作散篇的工艺美术研究论文。按照他自己的说法：“因为材料多，我研究是用新的方法来做，先不注意文献，只从出土的材料来看问题；不谈结论，先谈实物，以向各部门提供最新资料。”[①]这样的概括是很符合他的研究实际的。沈从文的论文内容，从图案、陶瓷到服饰、家具，几乎涵盖了古代工艺美术的各个方面，但总的来看，似乎有两点是比较令后人遗憾的：其一，如前所述，沈从文虽然有通过实物的研究改进史学研究方法的宏大愿望，但他始终把自己定位在为其他研究部门“作后勤工作”，没有在史学这个更广阔的领域中发挥他的全部才能；其二，他更多的精力是放在实际而琐碎的研究工作上，除了《文史研究必须结合文物》等不多的几篇文章外，很少撰文专谈研究方法论问题，甚至很少从理论上系统地反思自己的研究。这使得我们只能从他众多具体论文的字里行间去发现一些带有方法论意义的字句——好在

① 沈从文：《从新文学转到历史文物——一九八〇年十一月二十四日在美国圣若望大学的讲演》，沈虎雏等编《沈从文别集·自传集》，江苏教育出版社，2005年，第180—181页。

他的一些史学文章的开头或结尾等处，往往能够找到这样的“只言片语”——当然更多的则需要我们从中进行归纳、概括和总结。这与今天的文学史、艺术史学者是有很大不同的。虽然笔者并没有完全否定史家反思“方法”甚至“史学史”的理论实践，但这里想说的是，沈从文的做法一定自有其值得分析的原因。

以上两个方面也是互相联系的：沈从文也许正是意识到在自己所从事的研究领域中头绪太多，许多实证的问题没有得到解决，使得在物质文化研究刚刚兴起的时候便舍弃实证工作而大谈其方法，或者在研究成果积累不足的情况下急于颠覆传统的历史学，都是不合时宜的。此外，沈从文看到物质文化史的研究对从业者专业素质的要求极高：“他必定要知道历史、知道文物，必须具有各方面的知识，还得有文学和艺术知识，才能综合资料，提出新的看法。这种人员的训练很不容易。”[②]在这种情况下，更需要一种务实、严谨的学风。

② 同上。

在此意义上，沈从文从一位新文学创作家向历史文物研究者的转向不可谓不彻底。我们注意到历史和现实中更多的“作家型学者”，其学术研究往往不是同其创作有密切的关系，就是在学术研究中保持着一种文学创作的激情和想象力。比如我们在前面一讲中讲过的闻一多，作为一位诗人，在他的文史研究中往往会提出一些耸人听闻的结论。当然这种“大胆假设”是必要的，更何况闻一多在传统学术尤其是小学方面颇具功力，使他的很多假设都不至于落空。但值得注意的是，如果仅仅停留在“大胆假设”上而缺乏实证的功夫，只靠想象力，是不可能彻底地解决学术问题的（比如周汝昌的一些研究）。片面地学习这种方法并走向极端，则很容易把学术从“实

图 8-14　沈从文　《新与旧》封面（上海良友图书印刷公司 1940 年版）

学”变为“玄学”，这样轻浮的学风至少在史学研究中是要不得的。沈从文今天所留下来的学术文章中，恰恰保留着他写给作为后辈的周汝昌的一封信[①]，用自己大量的实物观看和艺术创作经验，对过于主观臆断的研究方法提出了委婉但令人信服的批评。

因此可以说，由于长期与实物的接触和把握，沈从文意识到当时看似繁荣的文史研究中存在着太多的轻忽、疏漏与谬误，这种深切的感受使得他把自己的精力几乎全部投入到具体而细致的“朴学”工作之中去。换言之，在对胡适“大胆假设，小心求证”这两句话的理解和接受中，沈从文显然赋予了后半句以更多的合法性，他已经看到缺乏后者这种学术功力的文史研究，给后人留下了很多笑柄。因此，无论是他的散篇研究论文，还是《中国古代服饰研究》这样厚重的专著，都是在实践着一种“小心求证”而非“大胆假设”的研究方法，并且在其中，沈从文也的确找到了他自己能够适应的立足之地。

谈到这里，不妨把笔墨稍稍荡开：尽管胡适当年提出“大胆假设，

① 沈从文：《“杏犀乔”质疑》，《花花朵朵　坛坛罐罐：沈从文文物与艺术研究文集》，外文出版社，1996年，第30页。

小心求证”这两句话的时候受的是浓重的西学色彩的影响，但今天看来仍然是一种令人向往的治学方法。理想地看，二者的兼顾是再好不过的了，可是这看来却是一个即便非常成熟的学者也难以达到的境界。闻一多在这一点上的研究实践是比较成功的，但无论如何，闻一多的研究更多地属于文史研究，而不是自觉的设计学研究。他仅仅是在研究古代文献和古典文学的过程中使用到了某些艺术设计的思维方法，带出某些艺术设计的问题，值得为设计学者所发现，并在图文结合研究方面做出了一些研究实践。尽管如此，闻一多的研究方法直到今天也并没有得到很好的继承——他所从事的研究对于研究者自身知识结构甚至艺术天分的要求太高了。

在闻一多之后，同样具有比较成功的文学创作经验的沈从文无疑是理想的人选之一，他并不缺乏“假设”所需要的某些主观因素，并且已经具备了比闻一多更加优越的外部条件（沈从文在博物馆工作的同时可以接触到大量的实物），但他却更为严谨地选择了实证性的工作。应该说，沈从文的取舍有积极的意义，也有被迫和无奈的一面，那就是他自己说的：“实因为我不能适应新的要求，要求不同了，所以我就转到研究历史文物方面。”

不妨以沈从文晚年倾注精力最多的一部专著《中国古代服饰研究》为例。这部专著的体例与今天流行的各种学术专著是有很大不同的。尽管研究对象的年代从上古直迄清朝，但这并不是一部完整意义上的中国古代服饰发展史。作者并没有对服饰历史的发展脉络和深层逻辑作过多的梳理，总的来说是资料性的长编，而非体现史家“史识”的专著。但这样说并不是否定其学术价值，而是提醒读者注意到适合这样一种体例的全新的叙述方式。其中最值得注意的

图 8-15 沈从文 《花花朵朵 坛坛罐罐：沈从文文物与艺术研究文集》封面（外文出版社 1994 年版）

就是这部著作采用的是典型的“材料在先”而非“观念在先”的研究方法，尽管在材料的甄别和取舍等方面不可能完全去除研究者的主观意愿（比如对于唐代服饰这样材料比较丰富，研究成果比较多的专题，作者就仅仅“就前人所未及之处，略加引申”），但毕竟作者过多地把功力下在资料性方面，而从艺术角度的阐释不是很多。像 18 节中谈论马山蜀墓“对龙凤大串枝彩绣纹样”时那一大段精彩的从“图案格调”方面进行的阐发，很见作者的艺术感觉，但这样的论述在全书中并不多见。整体来看，对工艺美术史缺乏了解的一般读者很难注意到作者的这番努力，全书的确更像一部对着具体材料所作的丰富而完整的解说词。可以说，作者“去为其他研究和教学部门打打杂、建建议”的“夫子自道”，既有谦虚的一面，也的确在很大程度上反映出某些实际的情况。无论如何，从学术意义上强调“小心求证”，也是在“大胆假设，小心求证”二者不能兼得之后的最佳选择。

笔者认为，宗白华、沈从文在 20 世纪中国设计史上，在设计和工艺美术领域之外开辟的新的研究视角是应该被今天的设计学研究所主动吸纳的。

宗白华对于设计和工艺美术的重视是20世纪其他中国美学家、艺术理论家所不可企及的。他不仅在《谈技术美学》《关于美学研究的几点意见》《漫谈中国美学史研究》等文章中明确地表示出了对于设计和古代工艺美术品的重视和研究，还在很多文章中对包括园林建筑在内的很多具体的设计作品进行了深入的研究，为设计美学研究提供了至今不可逾越的典范。在《中国美学史中重要问题的初步探索》一文中，他更是直接启用了国家1998年才在教育部专业目录中正式定名的“艺术设计”这一词汇，并且在真正深入的意义上开始了对中国设计与文化课题的研究，这为后代的设计实践提供了可供参照的理论资源，也成为后人在中国古代器物制造思想研究上的先声。对中国古代制器和工艺美术思想的研究，是中国设计寻找自身面貌和传统的重要工作，相关文献的解读和整理也应该成为当下中国的设计专业的必修课程。

而关于“物质文化”的提法，日本学者曾经作了这样一个实际上是以艺术设计为核心的定义，即“住房或家具、农具或渔具、武器、衣物或服饰、食具或炊具、工具器械、运输工具等与生活有关的一系列‘东西’”[①]。但长期以来，“物质文化史”这个研究领域在国内还是作为历史学或考古学的一个门类来进行研究的；相应地，在美术史领域，往往同样的研究对象有可能成为“工艺美术史”的一个部门。尽管我们都可以把它们作为设计的交叉学科来进行研究，但这些学科本身并不能成为设计学的组成部分。[②]具体地说，前者和博物馆学尤其是文物的关系更为密切，而后者则相对地局限于工

① 参见俞伟超：《文物研究既要研究“物”，又要研究“文”》，《考古学是什么——俞伟超考古学理论文选》，中国社会科学出版社，1996年。

② 尽管在“艺术设计”名称正式在教育部专业目录中确立（1997）和“设计艺术学”被国务院学位委员会采纳为研究生招生目录中的二级学科（1998）之前，20世纪大多时间中“工艺美术”一词往往充当着包括“艺术设计”在内的广义概念，但就目前的使用情况来说，“工艺美术”与特指伴随着现代生产方式而诞生的“艺术设计”（即“现代设计”）的不同是显而易见的。

图 8-16 沈从文 《中国古代服饰研究》封面（上海书店出版社 2002 年版）

艺和技术领域（甚至从美学角度对于工艺美术品的研究在国内也并不多见）。然而，今天我们立足于艺术设计学的视角对二者进行整合是很有必要的。一方面是图像学、风格学等艺术史研究方法对于“文史研究必须结合文物”这一命题的完善与丰满，同时也对于研究者的艺术修养提出了更高的要求；另一方面，这种借鉴或沟通也能够体现出“古为今用”的创造者心态，应用于当代设计的创作、教学与研究。早在 20 世纪 50 年代，沈从文就已经陈说了这样一些想法（尽管彼时尚没有“设计学”学科名称的正式提出），他本人的研究实践在现代设计学学科建构的历程中也进行了有益的探索。

总之，“物质文化”是一个更广义的概念，它可以涵盖作为“文物”的古代工艺美术、现代的狭义工艺美术以及设计。而即便是研究古代的文物，其着眼点也应该是“古为今用”的理论意识，而不是停留在“以古论古”的历史方法。沈从文的研究便体现出这样的特点，因而他的研究方法并不同于传统的“工艺美术”，而是指向现代性的学术研究，强调方法和实践中的创新意识。但同样从事“物质文化”研究的王世襄等人，则停留在纯粹的“文物”“传统工艺”历史研究方法甚至“收藏”“玩家”的心态，这与“设计”注重创造与发展的“现代性”精神实质是有较大区别的。作为“设计”研究的组成部分，我们有必要把一些对设计学科建构有重要意义、可以通往或指向现代艺术创作和教育的研究成果整合起来。同时我们也可以在此基础上，把“设计”和与现代性追求相抵牾的传统艺术、工艺美术研究（比如大量工艺美术史和图案的论述）严格地区别开来。

第九章

中国现代设计
与传统的历史联系

尽管有一系列似乎可以对应于“设计”的实践行为，但其实中国古代并没有现代意义上的“设计”。但现代意义上的中国设计也并不是1979年以来才有的，中国的“设计史”应该特指“现代设计”（广义），滥觞于19世纪末至20世纪初的这一新兴行业的历史。从这个时期开始到今天的中国设计，还包括“现代”（狭义）和“当代”两个不同的时期。尽管20世纪的中国设计是一个有机的整体，但是从历史撰写和科学研究的层面上说，“中国现代”与“中国当代”是两种截然不同的社会形态，“当代设计”不同于“现代设计”（狭义）。20世纪初的“五四”前后，闻一多、鲁迅、张光宇、钱君匋、叶灵凤、陈之佛以及“月份牌画”的作者们，已经开始注意结合西方现代派美术和设计的风格及观念创作设计，其中有的人甚至在西方现代派精神内核与民族语言拓展两方面的结合上卓有成绩，这是我们必须看到的。但是时代的变动限制了许多有才华的从业人员在设计方面做进一步的探索。

1949年以后的中国，社会主义现实主义一度成为官方的主导美学，艺术创作风格也受到了很大的影响。在这样特殊的时代，我们不能够对现代设计有过高苛求。20世纪60至70年代的招贴等政治广告，在形式方面几乎是红光亮的英雄人物形象，这种设计文本可能在当代美术断代史研究方面吸引了一些海内外读者和研究者，却几乎对于今天的设计实践并无直接借鉴之处。当然，由于招贴创作者与接受者之间的互动性，这时期的文本可以作为解读当时国民性、意识形态和大众文化的很好材料。1979年开始，中国历史进入一个新的纪元，中国当代设计随之得以前所未有地壮大。

在20世纪80年代中期，文学界已经有人建议取消“现代”“当代”的截然对立，钱理群、陈平原、黄子平、陈思和等先后提出应该打通“近—现—当”这样人为划分的时间观念，把整个20世纪的文学作为一个整体进行研究。这种“整体观”在当时是非常有创见的，也在今天很多学者那里得到了实践。尽管应当看到当年文学界提出“20世纪中国文学”这个框架的一个最大的成绩是对以“1898年—1916年”为时间期限的“近代—现代文学”，而不是以1949年为界限的“现代—当代文学”的打通上。当然，无论是“现代”（狭义）还是“当代”的中国设计师和理论家，对于“本土化”相关问题的探索与思考，都是我们今天进一步在前人基础上开创中国设计局面的动力与资源。

本章将尝试对20世纪前半期的设计外部环境作一整体的描述，讨论中国20世纪前半期设计与传统文化的联系及其本土化的探索。20世纪中国早期设计取得了不可忽视的成就，尤以平面设计的成绩最为突出，成果保留也最多。这一段“传统”不应被切断，其所取得的一些辉煌的创作实践与理论成果更不应该被忽视。然而遗憾的是，今天几乎国内外的“世界现代设计史”著作中都不会提到中国20世纪二三十年代设计的贡献。当然，倘若一一罗列出20世纪前半期各个“设计”门类中的成就，既不实际也无必要。因此，选取书籍和广告这两个领域的作品来研究20世纪前半期的中国设计，管窥这一时期设计的若干特点，尤其是其在何种程度上凸显了传统文化根深蒂固的影响，以及有意识地对传统文化“批判地继承”，或许具有一定的代表性。

第一节 “艺术设计”在中国的滥觞

如前所述，尽管并不确切，但在约定俗成的语境中，作为一门学科名称的“艺术设计”（或简称“设计”）和作为一个完整名词的“现代设计”基本已经是可以等值互换的概念。中国设计是伴随着19世纪末至20世纪初民族工商业的振兴与新式美术教育的发展而起步的，作为学科的艺术设计教育大抵与西方设计教育的滥觞——德国包豪斯学院同时建立起来。[1]中国设计滥觞于20世纪初期，由于历史风格的相似性，直到20世纪最初的三十至四十年（确切的起讫时间，笔者暂定为1898年至1937年），都可作为一个完整的中国设计“滥觞期”来论述。

① 参见祝帅：《教育改革不能切断历史传统》，《南京艺术学院学报·美术与设计版》，2003年第1期。

如果说“艺术设计”与“工程设计”的区分还是显而易见的话，那么如何区分“设计”“图案”“工艺美术”“文物”乃至“物质文化”等几种邻近研究的界限？这是一个自从1997年“设计艺术学”学科正式获得命名后便一直受到关注的问题。但现有的一些结论都过于理想化或者不得要领，仍然没有揭示出“设计”区别于传统的

图9-1 鲁迅译 《艺术论》封面（上海大江书铺1929年版）

工艺美术的特质。在提到蔡元培的用法时我们已经初步涉及这一问题，但在讨论当代设计创作时我们还是应该进一步明确“设计”的一些独特之处。毫无疑问，尽管我们“不应把传统手工艺和现代工业美术对立起来”[①]，但作为一种20世纪以来才出现的行业，设计与传统的图案、工艺美术的区别总还是客观存在的。相比较“工艺美术”等概念，“设计”的特殊性究竟何在？什么才是设计区别于其他工艺活动的特质？

① 张道一：《实用美术的类别》，《实用美术（14）》，上海人民美术出版社，1983年，第18—19页。

不妨从“现代性”的概念出发，理解设计与工艺美术等学科的区别。“现代性”是当前社会理论乃至文化、文学理论研究的一个热门话题，这里借用“现代性”的概念却并不是赶时髦，而是希望解决具体的设计学科定位的问题。因此省去对于哈贝马斯、利奥塔、吉登斯、泰勒诸家的理论之争，只谈它应用于设计研究的种种可能。而“社会学科”与“人文学科”的传统划分，成为笔者接受“现代性”理论的一个前提。如果说人文学科回答的是“常”的问题，那么可以说社会学科所要解决的就是“变”的问题。与其说这是社会学科“急功近利”的消极一面，不如说这也正是其价值所在。人文学科与社会学科在一个社会里往往是交织在一起的，二者“相辅相成，缺一不可”。也只有立足在社会学科特点的基础上，我们才有可能接受“现代性”的论说，这一点是很多急于把“现代性”社会学理论套用来解释文学艺术的研究者所忽视了的。[②]

② 在这一点上不存在所谓“（艺术中的）审美现代性”的概念。艺术中的审美属于人文学科的范畴，具有永恒的价值，伟大的艺术作品不会“过时”，而以无限发展为基本理论预设的“现代性”则仅仅在社会学科的范围内才有意义。尽管在操作、实用等方面设计应该具有对公众“启蒙”的任务，但在艺术方面应当恪守这种永恒的艺术标准。如果机械地把进化论挪用到艺术中，那么这种“审美现代性”无疑等同于否定了艺术美永恒标准的存在（像很多“现代艺术”所宣称的那样），使得符合这种“审美现代性”要求的艺术作品很容易“过时”，失去永恒的艺术价值。

“设计学”学科的建立，为我们提供了一个部分地超越人文学科、社会学科对立的研究视角。这是因为设计学是一门交叉学科：作为一门“艺术”，设计中占主导地位的自然是人文学科，我们国家的学科分类方法也证明了这一点；与此同时，“设计”又是一个典型的“现代性”概念，它是伴随着20世纪工业生产的发展而建立起来的，不可避免地要与20世纪每个具体历史时期的经济、政治甚至法律发生密切的关系。而此时，强调社会无限发展、不断进步的“现代性”理论便有了用武之地。在过去的设计研究中，很多人都注意到了设计的“审美教育”职能，这无疑是设计的一个重要属性，是由其人文学科（艺术）这一方面的特点决定的。但好的设计作品同时还在潜移默化地承担着对公众进行“现代性启蒙”的任务（事实上，20世纪以来，人类的生活方式在很大程度上受到了现代设计的支配，设计师所体现出的“超前性”是显而易见的），这是其社会学科一方面特点的体现与流露，这一点却很少受到设计理论研究者的关注，或者没有把这两种职能从理论表述上区分开来（如蔡元培）。

可以看出，囿于人文学科内部的传统工艺美术是无法体现出这种“现代性的追寻”的，传统的工匠既不可能也无必要承担“启蒙者”的重任。我们可以从这一点出发，发现“设计”的某些重要特点。当然，传统工艺美术中的一些重要思想、观念等，可以成为当今艺术设计的

图9–2　陈之佛为《鲁迅自选集》所作封面设计（上海天马书店1936年版）

借鉴，也可以立足于设计的视角对它们进行研究，但这一切都还仅仅局限在人文学科内部。倘若仅仅靠这些研究，或者排斥社会学科中的“现代性”“经济全球化”“法治”“理性”“启蒙”这些每个现代民族国家都注定要经历的阶段，是无法自然而然地生发出中国的设计学来的。从这个意义上说，“设计”在根本上只能是“现代设计”，这既使它区别于“工艺美术”“图案”等传统的学科和职业，也是与文学、美术等传统的艺术门类有着很大区别的地方。[①]当然在20世纪的中国设计史上，“艺术设计”与“工艺美术”“图案”“物质文化”的纠葛远比这里的分析复杂得多，但从这样的理解角度，“设计”作为一种只有可能出现在“现代”之后的活动，就具备了与历史中的“工艺美术”比较明确的区分标准。

然而，在整个中国设计的滥觞期，由于没有如文学那样明确地提出“欲新民，必新一国之小说”（梁启超语）之类的论说强调其在“启蒙”中的中心位置，没有明确的理论追求和同人“社团”之意识，更遑论明确的“艺术运动”乃至《中国新文学大系》那样自我经典化的过程，处在艺术和文化边缘地位的“设计”（当时也称作“图案”或“工艺美术”），始终没有取得与文学等其他姊妹艺术门类相提并论的社会影响力。看来“设计”话语权的低落，在中国也是由来已久，这种情况难免令人沮丧。徐悲鸿在1944年的一篇文章中，曾不无轻蔑地指出：“想使一般资质较低之青年，习图案美术，执一完善之艺（指技术、技能——引者注），以求生活，必不致溷迹教育界，以自误误人也。”[②]作为国立美术学院的院长，徐悲鸿类似的论调很难说仅仅是一种个人的偏见。但是，中国的设计仍然在这样的筚路蓝缕中发展和完善。在这样的背景中，重新发

① 许多研究者看到陈之佛等人当时使用的“图案”一词就是英文“设计”（design）的汉译。但指出这一点，并不等于说陈之佛对于“design”的理解就是现代意义上的设计，可以说，他对“图案”的理解尽管要广于雷圭元时期的理解（纹样），但至少仍有两方面与今天的“设计”有明显不同：其一，“图案”仅仅指方案、图纸，而不会用来指称最终的设计完成品；其二，从其个人的实践来看，“图案”相对集中在平面艺术方面，我们不可能指望陈之佛的“尚美图案馆”设计建筑、汽车、服装、现代工业产品等。“图案”一词在不同时期、不同学者甚至同一学者的不同文章中往往都有不同的用法，不能一概而论。

② 徐悲鸿：《中国艺术的贡献及其趋向》，《徐悲鸿研究·画论辑要》，江苏美术出版社，1991年。

现并阐释对于“设计学”学科做出重要贡献的那些有远见的先驱者，有助于我们把握并理解当时“设计”所赖以生存的文化背景和社会思潮。相对后来的徐悲鸿，蔡元培对“设计”的认识似乎更为理性：“惟绘画之发达以后，图案仍与为平行之发展。”[3]几乎在同时期，朱夷白也曾呼吁“那些长发的画家，快快放下手里的油图板和丢开了眼中的模特，去研究图案的工作”。[4]我们需要在这样“众声喧哗”的大背景中观照中国现代设计史，从而得到比较全面而不乏“同情之理解”的把握。

图 9-3　陶元庆为《蝴蝶》所作封面设计

③ 蔡元培：《在中国第一国立美术学校开学式上之演说》，《蔡元培美学文选》，北京大学出版社，1983年。

④ 朱夷白：《画室杂掇》，《文华》，第45期。

第二节　作为艺术经营的中国现代书籍设计

由于 20 世纪初期的设计史中参与书籍、广告等设计的从业者多有着留学日本、英美等地的学术与艺术背景，加之“新文化运动”的推波助澜，因此，我们无须回避这一时期的艺术设计接受日本及英美风格的影响。但笔者尤其关注的是，这一时期的设计在整体接受外来艺术风格影响背后的对于传统有意无意中的继承与革新。没有足够的胆识能够像王德威那样提出“没有晚清，何来‘五四’”这样一个足以改变文学研究“范式”的口号，但笔者意在提示研究

图 9-4 钱君匋为《两条血痕》所作封面设计（上海开明书店 1927 年版）

者注意到这一时期对于外来文化和艺术风格的接受不是无所依凭，而是不可避免地以传统为参照系和思维背景，从中关注旧学修养极深的一代学者和艺术家在接受西方文化过程中的选择和变异，也许应该成为一个新的研究思路。

在这样的背景中，笔者希望发掘这一段设计史中传统文化资源曲折婉转的体现。总的来说，由于传统文化对于这一辈人的深层滋润，20 世纪初期艺术设计的整体成就，相对于当代中国设计，尤其是平面设计领域中的状况，还是有诸多值得我们借鉴和反思之处的。

相对而言，书籍设计是 20 世纪前半期中国设计中成就最高的领域之一，并且其实物资料在今天得到了大量的保存。今天许多图书馆以及私人收藏者那里都还保留着相当数量的 20 世纪早期中国出版的书报资料。由于纸张的寿命等原因，我们直接接触到更古老一些的书籍的机会就少得多了。这里笔者并非一概否认其他门类设计的艺术价值，比如早期标志设计也有鲁迅的“北京大学校徽”这样的名作，但显然在各种设计的载体里面，书籍（尤其是人文方面内容的）最有保留价值，因而为我们今天鉴赏和研究书籍设计提供了便利的条件。而仅仅起到宣传时政、商品之用，“用后即弃”的传单、广告，除非是有心人或收藏爱好者，一般是不会得到大众的普遍珍视与收藏的。这也是为什么陈之佛当时开设的设计公司——“尚美图案馆”除了为天马书局所作的装帧设计，留下来的作品并不多见的一个客观原因。

也正是因为书籍的这种长期保留的价值，促使设计师在面对书籍设计的时候，往往更加着力经营，自觉地用艺术标准来要求它。并且，以传统意义上的“画家”而不是学习图案出身的“设计师”为主要作者的早期书籍设计现象，也显示出人们对于书籍比其他设计有更高的艺术追求。当时从事书籍设

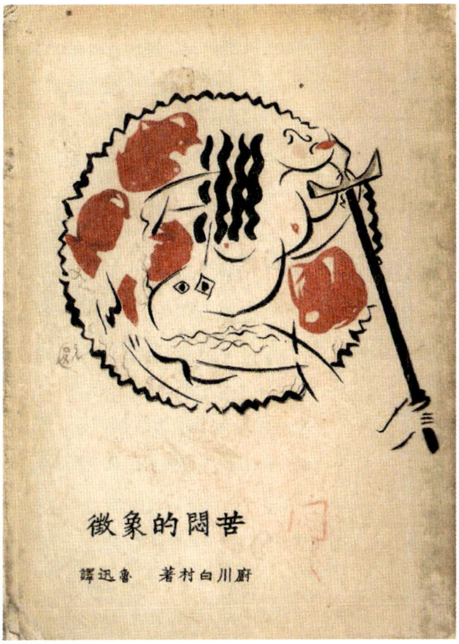

图 9-5　陶元庆为鲁迅译作《苦闷的象征》所作封面设计

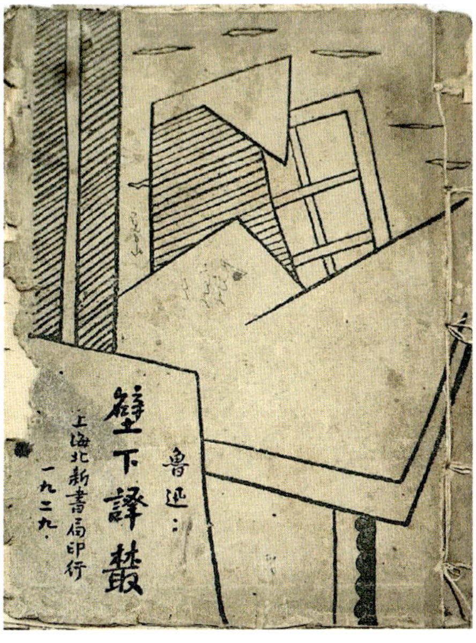

图 9-6　鲁迅　《壁下译丛》封面（上海北新书局 1929 年版）

计的几位代表作者，无论是鲁迅、闻一多、丰子恺，还是陶元庆、司徒乔、钱君匋，基本上都有着“纯美术”教育或修养的背景，其中不乏版画家、国画家、漫画家，而罕有仅仅以“纯设计”名世的。即便是专业学习工艺美术的陈之佛，也是同时以“工笔画家”的身份出现的。尽管稍后中国自己的现代设计教育也培养了大量学习“图案”专业的学生，但从书籍设计的创作实绩来看，那些最优秀的作品还是出自画家之手。

这种现象是很值得注意的。直到今天，国内很多美术院校的“书籍装帧”专业还是往往设在版画系而不是设计系。很长一段时间内，中央工艺美术学院的“书籍艺术”和“装潢艺术设计”是两个行政上具有同等级别的系（且不论其逻辑划分标准上的不同级别）。后来尽管该院“书籍艺术系”并入“装潢艺术设计系”，但在本科招生时一度还是分为“书籍设计”“装潢设计”两个不同的专业（比如 1999 年）。再看今天的设计界，尽管设计教育背景的书籍设计师愈来愈多，“书籍设计”和“平面设计”在某种程度上还是两个独立的圈子。不触书籍的平面设计师和不做海报的书籍设计师为数都不少，两个圈子内部都有各自比较权威的展览、评选、机构乃至代表人物。如果说由于操作形式的不同，广告与平面设计划分为两个圈子还可以理解的话，书籍与平面设计的“不相往来”就说不过去了。

总的来说，从现状看，国内平面设计（特别是海报设计）的平均艺术水平和设计感觉目前已经超过单一的“书籍设计”，这种情况正好与 20 世纪前半期截然相反。因此这里不妨也对这种“书籍设计”的独立的“传统”作一分为二的辨析。值得肯定的是，强调书籍设计与一般平面设计相比的特殊性（即强调其作为平面设计中“这一个”的部类），或者说更多地重视书籍设计与纯美术的联系，有利于突出书籍的艺术品位，要求创作者把它作为一件艺术作品来进行“经营”。一个不容易引起重视的例证是，20 世纪前半期很多书籍封面的显著位置都有创作者的签名或者印章（可参见陶元庆为鲁迅《彷徨》所作的封面）。此外，这种创作方式还要求创作者同时具备一定程度的手绘和插图的技能。但当代的书籍设计师更多则是设计类教育背景出身（有的甚至仅仅具有熟练的软件技术准备），在纯艺术的感觉和技能方面都有欠缺，然后又过早地与其他设计门类“孤立”起来，其作品水平当然无法与 20 世纪前半期相提并论。

20 世纪前半期（尤其是 20 世纪 30 年代以前）的书籍设计拥有较高的艺术品格，也与从业者具有的深厚的人文学养密不可分，而这种难以表述的“文气”和“书卷气”更是无法轻易被当代人所模仿的。尽管受到西方现代派艺术潮流的强烈冲击，但当时的书籍设计者往往都具有旧式的教育背景，“传统文化”的因素无论如何都在他们的创作中发生作用。换

图 9-7　郑可为李桦《春郊小景集》所作封面设计

言之，尽管形式上接受的是西方，但在集体无意识中“传统”的因素和艺术形式还是根深蒂固地体现出来。在这一方面，作为批评家（而不是设计师身份）的鲁迅在对陶元庆的评价中已经一语道破：“内外两面，都和世界的时代思潮合流，而又未梏亡中国的民族性。”这是因为陶元庆“究竟是中国人”。[①]

与其将这个论断看作鲁迅对于陶元庆的评价，不如看作是鲁迅自己对于现代设计创作的理想和追求。只是需要补充的是，对于已经没有旧学教育背景的我辈而言，“究竟是中国人”这一点似乎已经不再是自明的了，仅仅凭这种“无意识”可能不再会像鲁迅所说的那样不“梏亡中国的民族性”。此外，还应该看到这一时期书籍设计的成就还得益于文人的综合修养。不仅很多作家、学者亲自设计了许多水准不俗的封面，他们全面的知识结构还促使他们对于封面设计进行了一定程度的理论性思考，如闻一多的《出版物底封面》一文。但就强调设计师的综合人文背景这一点而言，在今天尤其值得注意。今天的作者已经很少有机会、有能力亲自设计书的封面了。这里面有电脑技术上的原因，但更多的是文化修养、艺术感觉，以及由专业分工带来的艺术技能方面的欠缺。更何况，许多书籍设计师本身欠缺的也是这几个方面。因此，回顾20世纪上半期的书籍设计，对于创作而言有重要的意义。

但是也要指出，过多地强调与美术而不是设计的联系，是20世纪前半期中国书籍设计的一个致命的缺点。尽管不乏有创意的优秀作品，但大多数作者还是仅仅停留在“装帧”“装饰”“美化”的层面，缺乏整体的设计构思。比如，同样是“虎”，与闻一多的作品相比，同是学养深厚的文人周作人亲自设计的《谈虎集》封面

① 鲁迅：《当陶元庆君的绘画展览时》，《而已集》，《鲁迅全集》第3卷，人民文学出版社，2005年。

就要差得多了——并不是他所选取的日本画中具象的“老虎”本身艺术水准不高，而是相对于闻作，周作人此作实在是缺乏“设计”中必要的创意意识以及“简洁”的传达要求。（或许周作人正可以被看作是闻一多所批评的那种以“写实艺术”标准看待“装饰艺术”的人）这种思维定式还是对此后的中国书籍设计形成了较为不利的影响。当代书籍设计师应该努力打开视野，走出自身的小圈子，更多地关注平面设计领域的进展与动态，乃至整个设计界的最新成果。在坚守前人所具有的纯美术感觉与艺术品位的同时，大力提倡书籍设计中的“整体设计”，是当代书籍设计学习前人又超越前人的独特的道路与契机。

图 9-8　周作人　《谈虎集》封面（上海北新书局 1936 年版）

第三节　作为文化史史料的中国现代广告

2001 年底，一本名叫《上海摩登——一种新都市文化在中国（1930—1945）》的文学史研究专著由北京大学出版社出版并在文化界热销。这本书让中国的学者们看到了撰写中国文化史的一条

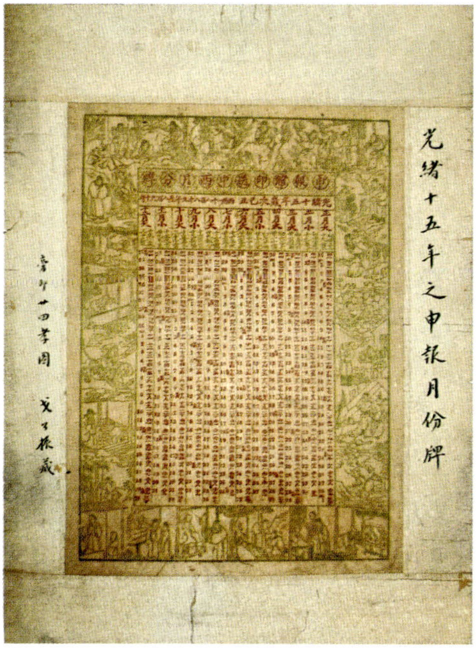

图 9-9 二十四孝图 光绪十五年《申报》月份牌 戈公振藏品

全新的线索，即在延续了一个多世纪的“宏大话语”之外开辟文学史研究的新道路。该书的作者是美国哈佛大学中国文学教授李欧梵，他将笔墨集中在对于上海这个当时的“世界第五大城市”的欲望资本主义、消费现代性发展线索的叙述上，从一个隐蔽但又确实存在的角度重新描绘了上海20世纪前半期的“文化地图”。通过这样的视角，我们可以对许多作家（比如茅盾）有新的“还原”性的审视，在此之前，这种撰写文化史的方法对中国文化界来说还是比较陌生的。

我们注意到，作者在这本书中，使用将近一章的笔墨透过当时的传媒、广告和“月份牌画”的视角记述了上海的现代性发展史。①可以理解为，作者认识到了当时的艺术设计为他的研究提供了不可忽视的图像史料。这也印证了笔者2002年观看“AD盛典——中国百年广告藏品展”时的感觉：中国的现代性历史与艺术设计有着不可分割的血缘关系，艺术设计在有意无意间用形象记录了一个时代的变迁和社会的历史。在20世纪历史学领域兴起的“新史学”研究范式中，艺术设计尤其可以充当一种文化史的史料。“作为20世纪最重要的文化现象之一，广告以自己

① 参见〔美〕李欧梵：《上海摩登——一种新都市文化在中国（1930—1945）》，第二章“印刷文化与现代性建构”，毛尖译，北京大学出版社，2001年。

图 9-10　杭穉英　《轻舟女伴》月份牌

独特的方式记载和表现了时代的变迁，这也就是承认了广告的文化史的价值。”②

② 陈刚：《穿越现代性的苦难》，中国工人出版社，2002年，第137页。

设计与人类起居生活内在的密切联系使得它在作为一种史料进入文史研究的时候具有重要的地位。这种作用是通过设计形象产生的。直到今天，我们也常常擅于利用设计记录某个时代，比如根据“月份牌画”构建沦陷时期的上海，以及通过经典的广告形象甚至声音回忆 20 世纪 80 年代等。在当代文化研究中，广告的文化史价值更不应该被忽视。在 2002 年中央电视台主办的“AD 盛典”颁奖典礼上，一个名为“经典广告回顾”的节目再次唤起了我们“世纪末”的怀旧情结。因为“燕舞”“日立”等影视广告在一代人的心目中早已经超越一般意义上广告的“告知”与“劝服”功能（“燕舞”品牌今天已不复存在，“日立”也早已修改了他们的形象设计），其深入人心的广告设计业已成为那个时代的文化象征，这也许是这几则广告设计者初始策划时所想不到的。从设计形象的变迁中，我们窥见了整个中国社会 20 年的现代性历程，同时也使艺术设计成了我们这个时代一面最为显明的镜鉴。在当代社会，很难想象出任何一种别的文化或者艺术形式会有如此广泛的普遍性与代表性。

根据马克思主义经典作家关于意识形态相对独立性原理的论述，如果作为经济基础的生产关系发生变动，迟早会引发思想上层领域的变革。在此论断基础上可以认为，最先发生变革的思想上层建筑领域或载体便是人的欲望及其形象表征。在意识形态诸领域中，无论是纯艺术、哲学、宗教还是其他任何人文科学，其变化都要晚于人类传播方式和形象的变革。加拿大传播学家 M. 麦克卢汉认为“媒介即信息”，而作为形象的载体，传播媒介的变革也恰恰集中地体现在了不同时代的设计之中。广告大师大卫·奥格威的主要贡献之一，便在于开创了这样“形象”的时代，从而保持了设计与社会变革的这样一种同步性。因而，设计作为时代的物化和社会历史的同步记录者，进入文化史研究的领域是当之无愧的。

中国内地 20 世纪 80 年代以来的经济建设与设计领域的进展，进一步凸显出设计的重要地位和作用。一位研究中国现代性的文化史学者在描述中国社会的时代性时指出：“在中国内部，经历了整个（20 世纪）90 年代的发展，中国日常生活的主导意识已经彻底完成了由‘生产’转向了‘消费’的过程。……消费的冲动和欲望的满足已经成为一种基本的社会驱动力。它建构了完全不同于中国‘现代性’宏伟的有关‘启蒙’和‘救亡’的叙事的新的价值选择。”“这种消费主义文化的迅速崛起，既是中等收入人群的自我认同和话语生产，又迅速上升为一种主导的社会价值，变成媒介和社会生活的关键性价值。”[①]不难看出的是，这种文化带来的欲望的膨胀、消费的渴望，对于品牌、时尚的迷恋以及个人主体性存在的证明，都在设计中得到了最真实而直接的反映。招贴广告中英雄人物的地位逐渐隐退，代之以平常的个体，使得沃霍尔的名言“任何人可以在

① 张颐武：《消费时代的文学：想象中的全球化》，《山花》，2002年第10期。

十五分钟之内成名”在中国内地已经接近于现实；品牌的附加值在许多情况下甚至也超过了商品本身成为价值的源泉，使得当代社会中充满了“物化”的气息。在消费文化中，现代社会的消费实际上已经变成了符号化的物品、符号化的服务中所蕴含的“意义”的消费，

图 9-11　杭穉英　“明珠牌电池”月份牌

即“由物质的消费变成了精神的消费”。在现代商品中，由品牌、设计等因素带来的附加值往往先在地对购买行为产生影响。“人们购买某种商品或服务主要不是为了它的使用价值，而是为了寻找某种感觉，追求某种意义。”[②]所谓的这种“感觉”和“意义”，正是艺术设计创造的消费意境。换言之，通俗化、平面化、反精英、个性化……中国设计所具有的后殖民性和所谓“全球化”的特征，正是 20 世纪 80 年代以来中国内地所经历的一系列深刻变革的形象化对应。

② 郭庆光：《传播学教程》，中国人民大学出版社，1999年，第55页。

“内部研究”与“外部研究”的区分，最早是通过美国学者韦勒克和沃伦合著的《文学理论》的介绍而成为中国学术界的“常识”的。在《文学理论》中，从文本、结构、语言、修辞等“本体”角

度进行的文学研究属于“内部研究”，而从读者乃至社会、文化的角度进行的研究属于“外部研究”。[①]作为“新批评”派的学者，韦勒克和沃伦更突出强调“内部研究”的意义，但并没有因此否定“外部研究”的价值。事实上在文学理论中，“内部研究”和“外部研究”并不是一开始便平行发展的。“外部研究”起源于“内部研究”理论范式的衰微之际，从文本之外开辟了新的研究思路，使理论不至于僵化而是走向多元。“外部研究”不是一个特定的学派，它的外延也是动态拓展中的，从接受美学、法兰克福学派到近年来兴起的“文化研究”，都属于这样的思路。如果说“进化论”在艺术观念（而不是技巧）的发展史上几乎不发生作用的话，那么在理论研究的学术史中却并非“一无是处”。在很大程度上，从“内部研究”向“外部研究”的拓展，就体现出文学理论自身的生长和繁荣，使得它在当代学术中保持了“前沿”的位置。

① 参见〔美〕韦勒克、沃伦：《文学理论》，刘象愚等译，生活·读书·新知三联书店，1984年。

在设计领域，这种理论发展的趋势却并不明显。尤其是在中国，“设计理论”往往特指“内部研究”，而较少有“外部研究”的视角，更遑论如福柯、德里达等那种“文学理论”超出文学的广泛解释力，这是滞后于当代学术进程的。事实上，设计能够提供的外部研究的角度，甚至有可能超过文学、影视等艺术“文本”。从作为一种文化史、社会史史料，作为“文化研究”（Cultural Studies）的视角，作为传播学、社会学等学科的研究对象等方面来看，艺术设计都有其独特而尚未被研究者所注意的价值，能够为诸多人文和社会学科提供支持。在今天，广告外部研究的方法是值得大力提倡的，这既有助于在人文社会科学领域的大背景中为艺术设计学尽快找到自己的话语权，也是设计学和广告学这种交叉学科自身的要求，是它相较于其他艺术、文学门类在对文化史研究中更独特的优势所在。而眼下“创意产业”理论的兴起，注定会为设计学和广告学的研究者带来许多新的契机。[②]

② 参见祝帅：《广告文化研究的四种进路》，《广告研究》，2007年第3期。

第四节　早期中国设计教育的产生与发展

一般认为，1906 年由清末书法家李瑞清（清道人）在南京两江优级师范学堂中设置的“图画手工科”，肇始了中国现代设计教育。但这只是“废科举，兴学堂”以来，设计课程进入新式学堂的第一个记录，此时的设计还不足以成为与绘画并行的独立专业。此后的各地师范学堂中相继建立起来的图画手工科中的图案教学，构成了中国现代学科设计教育纳入高等院校之前的酝酿期。1918 年对于设计教育而言不啻是一个伟大的转折，北京美术学校建立并设中国画与图案两系，设计从此成为一门与绘画并行发展的独立的学科。次年，北京美术学校增设西画科，中国留学生陈之佛在日本由学习绘画转为学习设计。而正是在这一年的德国城市魏玛，包豪斯在魏玛工艺美术学校的基础上建立了。这不是简单的巧合，究其实质，正是社会发展与经济规律使然。只是此后两所学校中设计专业的发展际遇却大不相同。

自从 1997 年设计艺术学学科正式建立、2011 年学科更名为“设计学”以来，一直有这样一种看法，即认为中国现代设计在起步伊始就有着先天的缺陷。这种看法看似有一定合理的成分，但至少是不全面的。20 世纪初，中国城市商业经济繁荣，市民文化兴盛，加之远离欧洲战场，使得洋务运动之后中国民族工商业得到很大发展，在20世纪20年代前后，上海已经成为工商业较为发达的大都市。这时期艺术设计的实践主要体现在商业美术上：当时上海的著名商号、烟草公司都有从属于本公司的广告设计人员，随着“月份牌画”的流行，还出现了不少商业美术的工作室和事务所，周湘、李叔同、李毅士、陈之佛等更是将艺术设计教育转换为实践的先驱。并且我们可以通过陶元庆、闻一多等人的书籍装帧，庞薰琹的装饰绘画，窥见当时设计的独特风格。与此同时，中国现代设计也在很大程度上受到西方现代艺术流派的积极影响，包豪斯成立的信息早在20世纪20年代就被介绍到了中国。

因此，具有鲜明的民族文化特征而又主动接受西方现代艺术影响的中国现代设计，可说是具有一个很高的起点。但是，我们尚需承认，中国现代设计从建立之初就过多地学习西方而缺乏对本土文化资源的真切研究，并且缺乏明确的“艺术”意识，似乎是比较符合历史实际的。从闻一多在汗颜面对中国古代工艺美术遗产的同时，对于当时设计状况的激烈批评[①]看来，20世纪初中国

图9-12　杭穉英　韦廉士医生药局《孔融让梨》月份牌画

① 闻一多:《建设的美术》，《清华学报》，1919年11月第5卷第1期。

的设计氛围并没有像很多人想象中的那样理想。对于“老封面”“月份牌画”，我们可以用艺术的眼光去欣赏它，但设计师不是职业收藏家，设计师研究现代设计史的目的不是怀旧，更不是模仿，而是希望从中分辨出一种对今天的创作有价值的东西来，并在其基础上继续创造。

20 世纪中国设计教育史上，蔡元培较早地发现了设计教育的重要性，燃起了中国现代设计教育的星星之火；陈之佛等在早期设计教育及其转化为商业实践的过程中做出了努力，也开始了学术上的研究——较早地向中国读者介绍欧洲现代派美术和包豪斯；庞薰琹等在学堂教育向新中国专门化学院教育转轨的过程中做了若干工作，他既是中央工艺美术学院的创办者，也是新中国工艺美术与设计学科的奠基人，为本学科在20世纪90年代末获得独立的地位（“设计”）铺设了道路。[②]但应当看到，1949 年以后的若干年中，设计教育是一种自生自灭的状态。在百废待兴之时，商业的沉寂没有对设计人才提出更新的要求，作为商业性较强的美术门类也无法承担类似政治宣传教化的职能，显然也无法引起人们足够的兴趣。直到 1953 年，三大改造完成，工业化建设开始，从一定程度上对设计人才产生了新的需求。1956 年 11 月 1 日，第一所国家级工艺美术专业院校——中央工艺美术学院在中央美术学院及其华东分院图案系基础上建立起来。中国设计专门院校从无到有——相对于当时不重视设计教育的人文环境而言如此；有专门的高校、有严格的教学规范、有明确的教学体系，相对于此前草创的学堂教育也是如此。我们可以说中央工艺美术学院的成立，堪称 20 世纪中国美术教育的一件大事。新中国工艺美术专业创始人的历史贡献，可比之徐悲

② 有关史料梳理可参见袁熙旸：《中国艺术设计教育发展历程研究》，北京理工大学出版社，2003年。

图 9-13　李叔同 1912 年担任《太平洋报》广告部负责人期间所作的木刻广告

鸿、林风眠、潘天寿等人之于现代美术教育（尽管前者的理想高于实际成果，也并没有提出后者那样明确的理论范式）。

我们也必须看到，虽然聚集了一批西方归来的教员，但在当时的历史条件下，现代艺术思潮对现代艺术设计的影响较为有限，且在很长一段时间内，教学秩序也难以保障，一整套教学设计与规范还未来得及检验与巩固。20 世纪 50 年代以来，中国现代设计教育与实践的发展活力已经远远不够了，因此我们对于这一时期的设计教育和设计研究的成就，尤其是中央工艺美术学院的历史意义，也不应该过高地估计。1995 年中央美术学院成立设计系，就明确提出与中央工艺美术学院的“传统的工艺美术教育”拉开距离，在大量吸收海归派教员并全面借鉴包豪斯基础教育的基础上也探索出一条独特的中国当代设计教育发展之路，尤其是平面设计教育成果一度极为突出，但在移动互联网时代，传统平面设计的活力已经在人工智能、大数据等新技术革命面前受到釜底抽薪式的质疑和挑战。

眼下，立足于当代设计创作实践对于 20 世纪早期的设计教育史有洞见的研究和反思都还太少。无论如何，笔者相信客观面对、深入解读百年中国设计的得与失，全面总结设计教育模式的经验和教训，对于设计创作者来说不无借鉴的意义，在当代设计发展中更是一项不可或缺的工作。

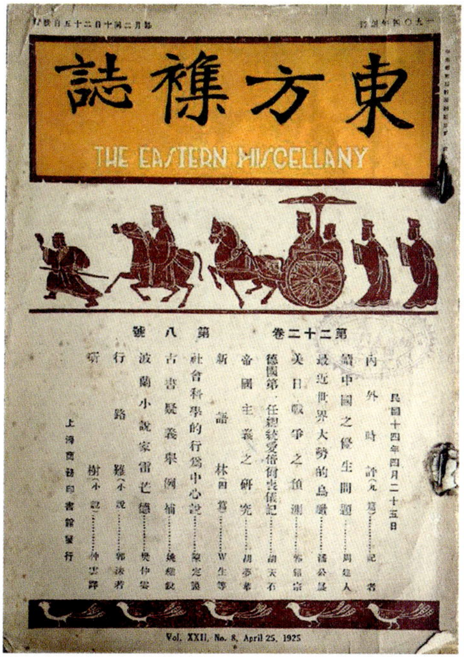

图 9-14　陈之佛为《东方杂志》1925 年第 22 卷所作封面设计

第十章

中国当代设计的本土化探索

在学术界很多人看来，“当代问题”无以言“学”，所以一段时间内几乎没有人愿意在这个问题上花费太多的精力去搜集整理。应该说，类似的偏见即便在一些比较成熟的领域中也普遍存在。20世纪80年代，我国高校的中文系开设中国当代文学史类课程时，往往不敢称“中国当代文学史”而只使用“中国当代文学”这样一个模糊的称谓。但《文学理论》曾针对学术界不去研究当代文学的现象这样写道：“反对研究现存作家的人只有一个理由：即研究者无法预示现存作家毕生的著作……但是我们能够认识现存作家的环境、时代，有机会与他们结识并讨论，或者至少可以与他们通讯，这些优越性大大压倒那一点不利的因素。如果过去许多二流的甚至十流的作家值得我们研究，那么与我们同时代的一流或二流的作家当然也值得研究。……学院派人士不愿评估当代作家，通常是因为他们缺乏洞察力和胆怯的缘故。他们宣称要等待‘时间的评判’，殊不知时间的评判不过也是其他评论家和读者——包括其他教授——的评判而已。”[①]

① 〔美〕韦勒克、沃伦:《文学理论》，刘象愚等译，生活·读书·新知三联书店，1984年，第37—38页。

今天，该学科的吸引力和可行性已经初步显现，当代史学建立的合法性也已经通过相关领域的实践成果加以确立，《中国当代文学史》也被正式列入了高等院校教材。但在设计界，尽管有了一些初步的史料整理，“中国当代设计史”目前仍然是一门有待建立的学科。作为一门学科，论者就不能仅仅停留在“资料长编”的准备工作阶段，而是应该有自觉的撰史方法和体例设计，尤其需要强调的是“史识”意识。举例来说，中国现代史上第一部哲学史并非胡适的半部《中国哲学史大纲》，而是谢无量的《中国哲学史》，但是中国现代学术史研究中，人们关注更多的自然是胡适的《中国哲学史大纲》，而不是谢无量的著作。在文学史方面，周氏兄弟之前更是早已有陈子展、钱基博（钱锺书之父）等人的《现代中国文学史》，但今天仍然能够留在人们记忆中的无疑是《中国小说史略》《中国新文学的源流》，而不是陈、钱二位之题目更“宏大”的著作。其原因很好理解：关键看论者是把书当作史家著作还是“资料长编”来经营。换言之，要看作者究竟真的是“有感而发”还是仅仅是为了“填补空白”而抢占选题。如果是后者，那么难怪葛兆光会用“那个特别手快而且特别善于抢先占领选题的谢无量”这样“大不敬”的措辞来攻击第一部《中国哲学史》的作者了。葛兆光用一个连续出现逗号的长句作如是批判：

> 1916 年，那个特别手快而且特别善于抢先占领选题的谢无量就写过六卷一册的《中国哲学史》，不过他的著作常常只有一个新式的名称和一堆粗加选择的资料，尽管谢氏当时已经对“哲学”有一定的知晓，如说哲学分“形而上学、认识论、伦理学三种”，但是，它（注：原文如此）的叙述并不具备范式（Paradigm）的意义，所以当三年后的 1919 年，胡适的《中国哲学史大纲》由商务印书馆出版之后，一下子就被取而代之，后来，胡适自己说，“中国治哲学史，我是开山的人”，仿佛谢无量的书压根就没有存在过似的。[①]

① 葛兆光：《思想史的写法——中国思想史导论》，复旦大学出版社，2004年，第2—3页。

这段论述不无讥讽，但这里所引入的“范式”概念正是目前的中国现代设计史研究所缺乏的。如大部头的著作《中国现代艺术设计史》的“当代”部分，由于作者对当代设计实践发展的陌生，在论述创作趋势时有明显的“隔”的感觉，使得中国当代设计史的研究成果无法与当代文学史学科的同类成果相提并论。在这样的现状中，不妨先分门别类地做一点专题的研究，为的是为日后撰写相关著作打下更坚实的基础。即便是较“小”一些的研究，也能够突出自家的“问题意识”和“史实眼光”。

第一节　思考设计创作本土化问题的学者

20 世纪 50 年代之后，由于特殊的历史原因，中国的现代设计基本上处于停滞的发展状态。20 世纪初的现代艺术设计的传统不但没有被新中国所继承，在艺术设计问题的研究上也乏善可陈。尽管还可以举出陈之佛、庞薰琹、雷圭元、王朝闻、张仃、郑可、邱陵等很多对 20 世纪 50 年代以来的中国实用美术教育做出贡献的前辈教育家们，但我们不得不承认他们在新中国成立后的大量著作与思想尽管有学术史史料的价值，却对推进中国当代设计创作和学科发展方面并没有突破性的意义，其学术成就也无法与其他学科相提并论。看来前人未竟的工作，只能留给下一代人去完成了。20 世纪 80 年代的改革开放和昙花一现般的“文化热”，为中国当代设计及其教育与相关研究的建设提供了土壤。在这期间，一些学者果断地意识到应首要解决设计本土化的问题，以深入研究中国古代思想为突破口，较早地开始了理论而系统的学术研究。

首先应该注意到的学者是张道一。作为陈之佛的入室弟子、东南大学艺术系的教授，张道一在同辈学者中对设计学科的贡献的确非常切实和突出，在教学上的成果也令人钦佩——当今国内许多设计理论的重要学者正是出自他的门下。张道一早年曾师从陈之佛等人从事图案与装饰设计，后来逐渐转向学术研究，撰写了大量研究中国古典文献中的工艺美术思想的文章。其治学特点是文献考据与学理阐发并重，但遗憾的是他并没有针对中国古代工艺思想问题写作专著。他的大量文章收录在两卷本的《张道一文集》中。

张道一在中国工艺美术思想史方面的贡献是极具开创性的。在他那里，《考工记》《韩非子》等很多古代文献中所蕴含的精义得到了阐微，并且作为一种学术范式为后面的相关问题研究者（无论是张道一的弟子还是诸葛铠、杭间等人）设定了长期以来难以逾越的框架。他的初步梳理有很高的学术价值和独创性，所得出的一些重要的结论和理论成果尽管是初步的，但是很长一段时间以来仍然是后来的学者所未能超越的。最有代表性的专著则是杭间的博士论文《中国工艺美学思想史》。这毕竟是古代工艺美术思想研究方面的第一部专著，然而这部专著并没有超出张道一此前一系列相关论文所设定的研究思路、理论框架和某些具体的结论。

此外，20 世纪 80 年代中后期开始，在美学界也有一些学者开始关心设计美学（当时被称为技术美学、审美设计学、审美应用学等）的问题，其中较多思考中国设计与中国文化关系问题的是罗筠筠，尤其是她的《审美应用学》一书的第二章《中国古代审美应用学理论的发展》。由于篇幅的限制，作者的论述只是非常粗线条式的，其中虽有创见但未能深入地展开论述，但应该提到作者在理论结合具体工艺品实践方面对北京大学美学研究传统的某些继承以及与张道一的细微区别。只是无论是从文献的整理和发现，还是从其初步的结论两方面来说，张道一对中国工艺思想史的研究的首创性都是不容忽视的。

今天看来，由张道一所开辟的这种学术范式已经逐渐式微，并暴露出比较明显的局限。其一，这样的研究方法尽管在理论研究的科学程度上比宗白华有明显的提高（如重视文献等方面），但其立足点终究是学术研究而不指向设计实践。这样的研究的接受者主要是纯粹的设计理论研究者和设计史论专业的学生，只在理论话语圈内部得到较多的呼应，追求“为研究而研究”的自足性而与当代设计实践相脱离。因而，这样一些成果在直接面对中国当代设计实践的时候往往失去解释能力，事实上也根本没有得到设计师甚至高等院校中设计实践专业师生的足够重视。其二，研究者所采用的中国传统思维的“归纳法”，在揭示了古代器物的一些一般属性的同时，遮盖了很多更细腻、更微妙、更能代表中国思维方式的特殊性的成分，以至于研究者在做了大量复杂的文献整理和哲学式的研究之后，得出的竟是极其简单与一般化的结论。比如罗筠筠称“实用是根本”“实用与装饰互相促进”等这样一些内容是“中国古代审美应用学的核心思想”，[①]但其实这些思想在西方也存在，并不能充分体现中国思想的特殊性。而杭间得出的“以人为本”“强调实用、讲求功能”“文质彬彬”等结论性内容也存在类似的问题（见《中国工艺美学思想史》）。类似的研究近年来参与者日众，但其中确乎还存在这样一些亟待突破的关键症结。

① 罗筠筠：《审美应用学》，社会科学文献出版社，1995年，第80—90页。

以上种种问题或许在很大程度上也跟作者没有突破理论与实践的二元对立有关，笔者所担心的是这样的研究很容易沦为为理论而理论、为文献而文献的技术工作。总之，这些如此重要的著作在得出初步结论后便止步不前，无法直接转换为设计实践的资源与动力或用来解释设计作品，更无法回答诸如“广告设计如何能避免符号化地利用传统文化资源”这一类更加具体的问题。因此，我们还需要立足于设计史本身，寻找理论研究与当下创作实践密切结合的新的范式。

第二节 新中国动画设计与传统的创造性转化

新中国的动画设计应该是1949年以来中国大陆地区在艺术本身成就最高的艺术和设计门类之一。[①]按照学术研究的“通例”，在正文开始之前似乎不应该作这样带有个人色彩的价值判断。但是，无论是一种“同情之理解”，还是认真思考动画设计的创作实绩，笔者都无法不对我们国家1986年以前的大量动画片表示由衷的钦佩。在各个门类的艺术创作中，笔者也只看到动画界的前辈明确提出了“中国动画学派”，并在这样一个大的精神下展开多元化的创作实践，大胆实验水墨、汉字、壁画、剪纸、木偶、戏剧等几乎所有的“传统艺术”资源在动画设计中的运用。相比较而言，1986年之后中国的动画界就的确有些令人失望，其中固然有一些历史原因对于“中国动画学派”精神的切断，但与从业者的自身素质与历史知识的欠缺也有很大关系，而其中对于文化传统认同的失落和对于国外流行风格的追随并存，更是时常令一些熟悉此前动画的观众扼腕叹息。无论如何，作为一个普通的观众和批评者，笔者都无法对投资巨大、商业意识空前的《宝莲灯》这样的作品感到欣慰。在

① 由于历史的原因，20世纪中国动画艺术分为比较明显的四个时期：20世纪20年代至1942年为第一期，主要作品不是很多，但起点比较高；新中国成立至“文革”前为第二期，此时期动画体制逐渐形成，动画艺术家们在这一时期制作了大量优秀的作品；“文革”后至1986年为第三期，这是第二期的创作者们发挥余热的时期，仍有许多重要作品，但从作品的内容、风格等方面与第二期相比并没有表现出文学界（如“伤痕文学”）这样明显的区分；1986年至今为第四期，这一段时期的作品由于与此前“中国动画学派”学统的中断，基本没有进入本节的讨论范围。

这样的现实中，重新回顾1949年至1986年中国动画片的成功因素应该是研究现代艺术设计对传统的创造性转换过程中无法回避的一个重要课题。

即便是受到较多批评的新中国动画“美术思维”有胜过“电影语言”，笔者也更倾向于将其作为一种独特的个性与取向来欣赏。本节希望进一步把“动画”作为设计的一个门类来论述。由于本书主题集中在应用方面的学理探讨，所以不妨姑且搁置“学科分类”这样细致的“正名”工作，力图全力审视设计创作自身的文化意味。把“动画”放在“设计”的框架内来论述，不是降低动画的艺术性

图10-1 北魏 九色鹿 壁画 敦煌莫高窟第257窟

和学科级别，也无须刻意强调张光宇、张仃、郛强等一些重要的动画设计参与者与我国设计教育的前身——“中央美术学院实用美术系”的因缘，而是提醒动画研究者注意这样一个在以往的研究中没有得到强调的问题：“设计”意识和创意的因素，是美术电影创作中的一个重要环节。在这样的“理论预设”的基础上，笔者将以艺术现象和问题意识为主线，探讨中国现当代动画对于各类传统文化资源的借鉴以及某些极为成功的转换。

一、“民族风格”的自觉追求

中国现当代的各门类艺术（尤其是 20 世纪以来新诞生的艺术类型）似乎还没有哪一门艺术像动画设计一样，明确打出“中国动画学派”的民族化呼召，并且在题材内容、创作手法、观念意识等方面对“传统文化资源”完成了一系列成功的创造性转换。关于传统如何在现代的艺术创作中得到合理的应用，从 19 世纪末梁启超提出的“诗界革命”开始，就一直有各种各样的讨论，其中不乏非常具体的实践构想。仔细回溯历史，不得不承认 20 世纪中国的动画设计在这一方面取得了非常高的创作成果，对今天的艺术和设计创作具有诸多借鉴之处，对它们的反思自然也应该成为设计文化研究的一个重要方面，然而无论是学术界还是艺术界（包括动画创作自身）却往往忽视作为一门“儿童艺术”的动画的价值。以著名导演阿达执导的《三十六个字》为例，其利用设计意识在对传统文化资源进行创作实践中的转换方面所取得的成就竟然被许多领域（包括动画本身）的艺术家所忽视。2004 年，艺术家徐冰参加“深圳水墨双年展·水墨空间”展览的题为《山水》的作品，其创意观念与20年前的这部动画片完全相同（笔者相信是徐冰没有对这部动画片的记忆，而不是有意的抄袭）；在动画设计领域，1998年由北京电视台新拍摄的同是与“汉字教育”有关的动画片《学问猫教汉字》，无论是形式还是创意，都已经无法与《三十六个字》相提并论。

1986年以前中国动画在“传统的转换”方面所取得的成功，固然与多种因素有关，但对于“民族风格”的自觉追求和发扬，却是一个不容忽视的重要前提。在中国动画的第一时期，由万氏兄弟导演的第一部长篇动画《铁扇公主》，本身就是在迪斯尼公司制作的《白雪公主》的巨大成功之下“催化”出来的一部优秀作品。与

图10-2　美术电影《三十六个字》剧照（编剧、导演：阿达）

今天设计界同样“落后于西方”的现状有些类似，但万氏兄弟没有采取“追随”的态度，而是“突发奇想”地迈出了中国动画从登场伊始便走上民族化道路的重要步伐。按照万籁鸣的说法：

> 那时我思想上的考虑是，既然美国人可以搞表现他们西方民族特色的《白雪公主》，我们当然也可以搞具有我国民族特色的《铁扇公主》。我忽发奇想，如果《铁扇公主》能够绘制成功，就可以有机会让全国人民也包括广大海外侨胞和一部分外国人一睹两位“公主”的芳颜，从思想内容到艺术形式上作一个全面的比较。难道中国“卡通”就注定不如美国“卡通”？[①]

仅就所选取的题材而言，这部动画片已经为后来的“走民族风格之路”埋下了伏笔。而尤其难能可贵的是，这样的论述中还包含着一种“文化输出”的战略心态。事实上《铁扇公主》以及后来的许多中国动画片都实现了这一理想，但近20年以来的实绩却并不能够让人如此乐观。在艺术设计领域，王序、陈绍华等一批优秀的设计师已经有类似的理想，但以王序为例，从实际工作情况来看，他在向国内设计师介绍国外同行的作品和文化方面可谓卓有成效，然而在“中国设计师应主动去与外界沟通，用简单明了的设计语言，把中国的哲学带到其他地方去”[②]这方面，却还无法与前者相提并论。这种当年林语堂所做的工作，即便不可避免地要对“中国文化”进行某些“简化”，也还是有价值和意义而不可忽视的。比较而言，这种工作的难度也的确要比“引西入中”大得多。

1955年，中国的一部颇费心力制作的动画片《乌鸦为什么是

① 万籁鸣：《我与孙悟空》，北岳文艺出版社，1986年，第88页。转引自张慧临：《二十世纪中国动画艺术史》，陕西人民美术出版社，2002年，第43页。

② 王序等：《传统与国际化六人谈》，《艺术与设计》，1999年总第7期。

黑的》（导演：钱家骏、李克弱）在意大利“第八届威尼斯国际儿童电影展览会”中获奖。然而，中国的动画电影艺术家和设计师们却并没有为此感到放松，这是因为一些评委们把这部动画片误认为苏联作品。但坏事未尝不能转化为好事，以此为契机，中国动画明确了“走民族风格之路”的“学派”性追求。著名导演特伟，还把“追求民族风格”的纸条贴在了墙上。[③]

在“民族”和“传统”面前，人们可能高山仰止裹足不前，也有可能积极发掘创作资源并与现实紧密结合，进而完成创造性的转换。如特伟所说：“每当我们考虑如何使动画片这个外来的艺术形式具有更加鲜明的民族风格时，就会很自然地想到我们祖国优美的传统艺术——水墨画。……我们坚信，新事物一定会成功地获得发展，使我国的美术电影更为丰富多样，保守思想阻挡不了它的前进。”[④]只有在这样的思想背景下，“中国动画学派”才能从理论到实践真正地形成学术特色。如果说《骄傲的将军》（导演：特伟）还只是在情节和气势方面渲染“民族特色”的话，那么同时期的《过猴山》（导演：王树忱）则是在共同的民族心理方面展开了创作中的实验。此后，动画界更是广泛开展了在动画设计创作中有意识地运用各种传统文化艺术资源的尝试。1961 年，水墨动画片《小蝌蚪找妈妈》在技术上的实现，对于现代设计史来说，应该真正成为一座伟大的丰碑。继齐白石之后，中国画画家李可染、程十发等人的画也先后在现代设计意识和技术的条件下“动”了起来，而水墨动画的技术至今也仍然是不被国外同行所了解的“国家机密”。[⑤]

此后，不仅仅是中国画，壁画、民间美术等多种文化符号都陆续成为现代动画创作中的“民族资源”。这一时期内动画工作者们

③ 参见《中国银幕》，1999年第6期，第38页。

④ 特伟：《创造民族的美术电影》，《美术》，1960年第3期。

⑤ 参见《中国银幕》，1999年第6期，第38页。

图 10-3 美术电影《鹿铃》剧照（造型设计：程十发）

的设计意识也获得了极大的提高，在传统的现代转换方面取得了大量至今仍对设计实践不无启迪的成果。比如源自敦煌壁画的《九色鹿》、得益于民间皮影的《金色的海螺》、具有少数民族艺术特色的木偶片《阿凡提的故事》、剪纸片《除夕的故事》以及刚才提到的《三十六个字》，都堪称设计思维在动画舞台上淋漓尽致的发挥。这些作品既是"民族"的，也完全可以放在现代艺术史上讨论，可以说它们既保留了传统，又在现代意识下重新解释、利用并转换、发展了作为一种必要的创作背景的"传统"。

二、"民族心理"的深度拓展

同样不应该忽视的是，在"民族风格"的形式、语言和题材之外，

图 10-4　木偶美术电影《阿凡提的故事》剧照（造型设计：曲建方、阿翁）

艺术家和设计师们在更为深刻的内容层面也展开了积极的“民族化”实践。如果说《九色鹿》（1981 年）等神话传说题材的影片在内容方面基本上还停留在对于敦煌壁画中产生于印度的佛本生故事的表现（其价值主要体现在对静态壁画形式的转换以及整体的美术设计等方面）的话，那么以《牧笛》（导演：特伟、钱家骏，1963 年）为代表的另一类动画片则可谓展开了更加纯粹的艺术实践。后者不但兼有前一类作品的优点，并且大胆地突破了“讲故事”的层次，在艺术作品的情调和意境等方面对于“民族化”问题进行了更深入的拓展。

没有一句对白的《牧笛》，甚至情节本身似乎也有欠完整，但却在艺术探索方面显得更加自觉。根据笔者推测，成年人在观看这部动画片时应该比少年儿童有更加深刻的理解。无论如何，《牧笛》

出现在以“载道”为主旋律的新中国动画领域，所带给人们的清新的气息和诗情，让人们看到了新中国动画的另外一面。或者可以打一个不恰当的比方，这部影片在动画史上的价值，有似沈从文的《边城》之于20世纪30年代的左翼文坛。其中所充满的一种田园诗般的气氛，更是延续了中国传统文化中道家的精神气脉。观看这样的影片，能让人想起陶渊明的诗句来。在某种意义上，这样的作品不仅从形式和内容上，而且也从民族心理层面表现了在儒家之外另一种传统的生活状态和“静穆”的美学意蕴。

继《牧笛》之后，我国还制作了《鹿铃》（1982年）、《山水情》（1988年）等几部在表现形式和意境方面都比较严格地遵循前者所开辟的“范式”的动画作品。这几部水墨动画几乎都凭借独特的中国民族情调在国际上获了奖（此后中国的水墨动画却似乎停止了探索，随着老一辈导演和设计师的逐渐退出，水墨动画的前

图10-5　美术电影《牧笛》剧照（导演：盛特伟、钱家骏）

景不能不令人担忧），但却必须承认在艺术表达，尤其是设计意识方面并没有太多的新探索和创意诞生。然而，与水墨动画的创作几乎处于同时期的天才导演阿达（徐景达，1934—1987），却在特伟等人的“道家意境”之外，从内容（人性、国民性）和形式（自觉的设计意识）等多个方面广泛地实验了动画设计的另外一种可能，创作了《三个和尚》（1981年）、《三十六个字》（1984年）、《超级肥皂》（1986年，合作）、《新装的门铃》（1986年，合作）等几部经典的作品，并且同样在国际上取得了巨大的成功。而更难能可贵的是，这些作品在现代国际舞台上获得巨大认同的同时，仍然保持了独特的民族性和“中国意识”。阿达在进行《三个和尚》的构思时，首先就强调了“中国的”：“区别于外国的动画片（特

图10-6　美术电影《三个和尚》剧照（导演：阿达）

别是美国Disney的），要有鲜明的民族特点，中国人所喜闻乐见的。”[①]按照他的看法：

> 我认为现代电影要推陈出新，既是中国的又是新的，风格要有别于其他任何一部影片，是以自己特有的艺术语言来向观众说话的，这样才能在艺术上有所创造。[②]

这种观点颇有些像当年鲁迅在观看完陶元庆的绘画展览之后所表达的感觉：

> 内外两面，都和世界的时代思潮合流，而又未梏亡中国的民族性。……他并非“之乎者也”，因为用的是新的形和新的色；而又不是“Yes”“No”，因为他究竟是中国人。[③]

天才的阿达在长期的创作实践中也达到了和鲁迅近似的认识，并且他成熟期的几部作品也可以说的确达到了这样“民族化而国际性”的追求。

阿达所留下来的几部动画片可谓各具代表性。其中，《三十六个字》的出现显得尤为特殊。其创作手法也极其符合设计的思维和方法，更与中国的象形字和书法有直接的关系。《三十六个字》，1984年由上海美术电影制片厂摄制，曾获南斯拉夫萨格勒布国际动画电影节最佳教育片奖。《三十六个字》所依赖的载体仍然是象形字，但是作者并没有表达更多的深层的文化含义，而是通过一个故事将这些汉字串联起来，使它们在动画这种现代的表现形态中重

① 阿达：《动画片〈三个和尚〉的导演构思和工作方法》，《电影》，1981年第9期。

② 阿达：《动画片〈蝴蝶泉〉创作札记》，《电影》，1984年第2期。

③ 鲁迅：《当陶元庆君的绘画展览时——我所要说的几句话》，《而已集》，《鲁迅全集》第3卷，人民文学出版社，2005年。

新具有了鲜活的生命力和创意理念，获得了各个年龄段和文化水平（甚至国外）接受者的一致欢迎。故事自身的情节这里不作复述，但是这种利用汉字资源进行创作的方法却极为成功。坦率地说，尽管阿达本身也是一位漫画家，但他本人的造型能力离美术电影的要求可能还有一定的距离（《三个和尚》等深入人心的造型采用的是老画家韩羽的原画人物造型），书法水平看来也并不太高（《三十六个字》中象形字的结构和线条确实有些让人不敢恭维），但是他却能够从两种不同的艺术形式中发现一个巧妙的结合点，这种发现的能力在今天的很多中国动画电影导演那里甚至还不具备。这一点是尤其值得思考的。当代中国动画若想走出窘境，必须重新寻找一种属于自己的创作范式或框架，从思路上重新梳理对于“动画”的理解，从中国文化资源中发现并注入创意和设计意识。把这样的动画片归入“设计”的研究范围来解读，也是不无意义的。

其余三部动画片则有几个共同的特点，不妨把它们放在一起来讨论。《三个和尚》《超级肥皂》《新装的门铃》三部动画片都是短片，前者最长，片长 18 分钟，后两部则均在 4 至 6 分钟之间。三者都没有任何对白与旁白，而是靠纯粹的视觉形式表达了阿达对于人性（国民性）的一种深入的揭示和批判。与一般的幽默不同，阿达的作品使人们在对三个和尚以及“人云亦云”地盲目购物的人群和急于炫耀、乐于自我陶醉的“王先生”忍俊不禁之后，对于中国民族心理中这些极有代表性的典型人物产生一种深入的反思。从这样的角度来说，阿达的作品（除了《三十六个字》）的主要“拟想读者”并不是低龄的儿童，而是与特伟的作品同步地对作为独立的艺术类型的动画艺术设计进行尝试的动画工作者。就作品“民族性”而言，其布景设色（包括韩羽的造型设计本身）之简洁单纯，与道家的朴素玄远的精神意境颇为相符，并且无论是“三个和尚没水吃”这样的典故还是乐于充当“看客”（鲁迅语）的民族心理，事实上都反映出中国社会长期以来的特殊问题和“集体无意识”。与此同时，这样不过分依赖特定的知识背景和中文对白的形式，很容易为国际观众所接受。而作品中对于永恒的人性的着重刻画，一方面符合中国传统艺术对于“形而上”的主题的追求，另一方面更使得中外观众的交流和平等对话成为可能。

还可以进一步指出，阿达对于“中国文化”的自觉继承和接受，并不仅仅限于中国古代的艺术成就，还包括“五四”以来的中国现代文艺家、思想家“国民性”批判的新传统。尽管阿达对于国民性的“批判”，不能说有直接的功利性目的，但对这些中国社会典型心理的准确把握，的确与其深入独到的体察有关。比如《新装的门

图 10-7　美术电影《超级肥皂》剧照（导演：马克宣、阿达）

铃》所反映出的虽然是改革开放之初中国社会的一个典型片段，但其对于人性某些弱点的揭示，可以说具有永恒的价值。在这一点上可以说，阿达的作品与鲁迅笔下的一些形象（比如阿 Q）则真的是有“异曲同工之妙”了。无论如何，同是在“中国动画学派”的共同追求下探索，以特伟为代表的水墨动画探索和有些特立独行的阿达的实践走的是稍有区别的两条道路。这正是“民族化”之中“多元化”的体现，这两种选择都值得提倡和鼓励，而不应该贸然作出价值上的判断。但无论如何，阿达在 20 世纪 80 年代中国的成功，的确显得有些突兀、特别，其并不完善的高等教育背景似乎也在提示我们注意到这一点。也许就是在这个意义上，研究者们几乎一致地把英年早逝的阿达加上“天才”的修饰语，或者必须承认，阿达在我们这个时代，注定属于踽踽独行的“零余者”。

图 10-8　美术电影《新装的门铃》剧照（导演：阿达、马克宣）

三、在“言志”和“载道”之间

谈到这里，笔者实在无法回避新中国大量动画作品中的一个重大缺陷：过分地强调“说教”的功能，而为纯粹的艺术表现增添了许多难以承受的重担。这是相当一部分在艺术探索方面不无可取之处的优秀动画设计的共同问题——可以大胆地设想如果它们不被附加“寓教于乐”的功能性重担，其艺术方面的探索还会更加深入、自如。

中国的动画片几乎在叙事方面陷入了几种固定的模式：或是在故事结尾像总结“中心思想”一样地强化其教化内容（如《九色鹿》《水鹿》），或是以“正义最终战胜邪恶”收场（如《渔盆》《人参娃娃》）。以上所举还是一些比较成功的优秀作品，在这一时期的其他作品中，类似的现象还大量存在。

然而，在“儿童艺术”和“寓教于乐”这些被许多动画创作者公认并接受的“潜在预设”中，无论是其中的“乐”还是“教”，其实都是存在着很多疑问的。认同于“乐”的创作者，几乎都是把动画设计等同于一种低幼艺术，从而在艺术类型上为它作出了“不是纯艺术”这样的价值判断。然而“动画”本身并不意味着类型上的低于其他艺术，更不见得刻意夸大并渲染其“儿童艺术”的特殊使命。诚然，儿童更容易对“乐”产生共鸣，但儿童文艺却不应该仅仅满足、迎合这种“快乐”，否则将无法与“笑话”和大量以“逗乐”为最终目的的非艺术性小品拉开距离。期待快乐的儿童，同样应该具备在快乐之外的其他情感。可以说，不能体会《雪孩子》的那种真情和悲壮，无法欣赏《牧笛》所营造的情调与意境世界，而只是满足于《过猴山》这种闹剧的话，对于儿童的性格养成和心理结构的完善来说，终究不会是一件好事。或许熟悉儿童文学理论与创作的周作人的分析对动画创作不无借鉴之处：

> 在我的意思中，这“愉快”的范围是很广的：当我们读一篇描写“光明”描写“快乐”的文字之后，自然能得“愉快”的感觉；读过描写“黑暗”描写“凄惨”的作品后，所生的感情也同样可以解作“愉快”——这“愉快”是有些爽快的意思在内。……当然这“愉快”不是指哈哈一笑而言。[①]

① 周作人：《儿童文学小论·中国新文学的源流》，河北教育出版社，2002年，第5—6页。

作为与儿童生活关系更为密切的动画设计艺术而言，实在有必要用更高的艺术标准来自我要求，从人格和人文精神的塑造方面对儿童（甚至成年人与整个社会）进行引导和审美教育。当然我们也应该看到，在美术电影（动画片）是否应该专门针对儿童这个问题上，“中国动画学派”内部的看法也是有争议的。阿达等人曾经就这个问题明确表示出与特伟不尽相同的意见。[②]更何况，阿达的创作也让我们看到动画艺术未必受到年龄阶段的限制。

② 参见张松林、徐景达、周克勤：《从萨格勒布归来》，《电影》，1982年第9期。

就“教”这一要求而言，《小蝌蚪找妈妈》《牧笛》等几部优秀的水墨动画，其共同特点是“教”的意味并不突出，因而创作者得以以较为充沛的精力直接观照艺术表现本身，从而促进了“水墨动画”作为一种独特的艺术类型的成熟。可以说，正是有这样几部摇摆于“言志”与“载道”之间的动画片的出现（当然也许还应该包括《毕加索与公牛》这样艺术上并不太成功的纯粹的“形式实验”），才为新中国动画设计增添了更多艺术上的魅力。

在中国文艺发展历程中，“言志”与“载道”的缠绵，的确有些“剪不断，理还乱”。一般认为，作为不同的艺术门类，“文”（包括古文和骈文）更多地承担了“载道”的职能，而被认为是更加纯粹的艺术形式的“诗”，则更多被赋予了“言志”这一艺术要求。仍旧按周作人的说法：

> 言志之外又生出载道派的原因，是因为文学刚从宗教脱出之后，原来的势力尚有一部分保存在文学之内，有些人以为单是言志未免太无聊，于是便主张以文学为工具。再借这工具将另外的更重要的东西——“道”，表现出来。这两种潮流的起伏，便造成了中国的文学史。[①]

① 周作人：《儿童文学小论·中国新文学的源流》，河北教育出版社，2002年，第17—18页。

但实际上这样经典的艺术类型划分近代以来无法不受到挑战，新出现的“动画”这种艺术类型更是很难具体归入“诗”或“文”。笔者还希望补充的是，如果我们从思想源流上稍作简化，还可以把“言志”派理解为道家传统，而“载道”派则是恪守儒家的要求。“儒道互补”本已是中国文化史的独特景观，新中国动画史中无论是“载道”还是“言志”一派都自有其可爱与可学之处。这里无意于简单地重“言志”而疏“载道”，但笔者坚持认为在过分片面强调“载道”的新中国动画传统中，有必要有意识地强化另外一方面互补性的因素。更何况在现代西方艺术观念涌入、中国社会发生巨大变化和转型之后，包括古文、书法等过去肩负着实用功能的领域逐渐演化为“纯艺术”，其取向也难免不发生从“载道”到“言志”的转换。在这样的历史背景中，像《大闹天宫》《牧笛》《三十六个字》这

图 10-9　美术电影《大闹天宫》剧照（导演：万籁鸣；造型设计：张光宇、张正宇）

样姑且搁置“宏大叙事”，从而将精力集中于艺术创作本身，开辟新的表现形式，鼓励大胆的创意设计，并不是一件可有可无的工作。

本节所讨论的“新中国动画”，其时间基本上到 1986 年为止，而此后的中国动画则基本上没有进入此讨论范围。这并不是说我们国家 1986 年以后在动画艺术设计和产业方面的投入不够大，也不是说此后中国的动画一蹶不振、“愧对前人”，相反，这一阶段的动画创作不论是投资还是规模，乃至物质技术条件等方面的优势，都足以令此前的动画创作难以望其项背。客观地说，在动画语言方面，1986 年之后的中国动画有过一些比较成功的探索，《宝莲灯》等一系列按照国际动画流程和模式创作的动画片也受到了一些青年观众的喜爱。但总的来说，“中国动画学派”学统的中断，也是一个无法回避的事实。而其中民族动画风格追求的失落和对欧美日韩“动漫”

图 10-10 英年早逝的美术电影导演阿达（徐景达）

图 10-11 从苏州沧浪亭畔看原苏州美专罗马大楼（今颜文樑纪念馆）

风格的刻意追随与模仿，不能不令人感到一种由衷的惋惜。[1]

在阿达生前所发表的最后一篇文章《从两个数字想到的》中，他有先见性地指出："单从数量上讲，目前我国的动画片远远不是日本的对手。""现在我们开展了为外国动画片加工的业务，赚一点外汇，当然很好。但是，过去我们对国际上的价格不大研究，甚至在一无所知的情况下和外国影片商人去谈生意，价格比国内的高一倍，认为这样就大赚其钱了。结果是：我们赚小钱，人家赚大钱。更可怜的是，我们常常经过二贩子，甚至是三贩子、四贩子的层层盘剥来承接对外加工业务。""长期闭塞，加之盲目乐观，看问题就比较片面。"[2]阿达看到的问题，在他身后的今天谶语般地不幸应验了。如同《南方周末》2006 年 10 月 12 日撰文《中国动画：一场八十年的梦》以沉迷于日本、欧美动漫的孩子们的口吻所说的那样："我们这一代人，您是再也揪不回去了。"

第三节　中国当代平面设计师的创作范式

如前所述，许多专门从事设计理论的研究者在中国工艺美术史、中国现代艺术设计史、中国工艺美学与工艺思想史等方面取得了一些重要的学术成果；与此同时，许多重要的设计师也在创作领域开始思考"本土化"与"全球化"的关系并展开创作实践，积累了一些重要的思想成果。"本土化"问题是中国当代艺术设计实践领域所关心的热点话题之一。在思想热情并不十分高涨的艺术设计创作领域，产生这种讨论更是值得关注的。设计师热衷于讨论这样一个思想乃至学术问题的原因，也许可以用中国设计师王敏等人的一番

① 笔者没有否定日本或欧美动画的意思，只是认为无论是美国、日本、法国还是中国，各国动画都应该有各自的地域特色。日本动漫对于人性深刻的探讨（如村上隆）是值得借鉴的，但其中恰恰蕴含了深刻的日本民族思维方式和当代文化、历史背景。参见胡艳玮、祝帅编译：《有关"Little Boy"的话题》，《现代艺术》，2005年第2期。

② 阿达：《从两个数字想到的》，《电影》，1986年第5期。

总结去把握：

> 在一个多元化的世界环境下，很多民族为保存自己的本土文化而努力，设计师在全球化与民族化，一体化与多元化之间扮演着十分重要的角色。设计师是文化沟通的使者之一。他的价值就体现于正确理解本土文化和全球文化的互动关系。[①]

① 王敏、申晓红：《两方世界·两方设计》，上海书画出版社，2005年，第35页。

“文革”后的中国设计师意识到设计的“本土化”成为一个问题，并进行集中的论述和讨论是从20世纪90年代开始的，这个时间与“文化热”相比稍显滞后。此前中国现当代文艺史上对“传统”“民族性”等问题的论述并不少见，或者可以说这方面的问题从百年前中西碰撞伊始就已产生，后来的很多观点其实当时已经形成，有一些观点也极富启发性。其间一些设计师对于文化表述了彼此迥然有别的态度，并对后来的设计界产生了某些“范式”性的影响。笔者把中国当代设计师的观点放在这里作一集中的表述，是因为他们的看法已经具有较为广泛的代表性。

香港设计师靳埭强是最早在国际上取得重大影响的华人设计师之一，而值得注意的是，靳埭强在国外得到认可的作品恰恰大量地使用了中国传统和民间文化中的实物元素或符号。抛开对靳埭强具体作品的批评不论，笔者注意到这样一个事实：目前见到的几乎所有的批评或是褒扬靳埭强的文章，都是以承认这样一个不证自明的事实为前提的，即靳埭强代表着（至少是某种）“民族性”和“中国风格”。坦率地说，对于靳埭强的“中国性”笔者是深有疑虑的。简单地把靳埭强的作品看成“体现中国文化”的典型代表，容易使人误以为追求“中国风格”就只有靳埭强风格这唯一一条出路，认为至少在形式上肯定和他大同小异。然而，当年在中央美术学院平面设计专业本科学习期间，笔者就感觉到如果说靳埭强代表“中国风格”，也该看到这仅仅是“中国”的可能性之一。遗憾的是很多人只是看到了靳埭强个人创作实践的弊端，便宣称“在‘中国化’的路上只能越走越窄”。在这样的思路中，靳埭强本身所具有的浓厚的西方色彩长期以来都被人们忽视了。但其实靳埭强的作品反映的是彻头彻尾的西方观念，他所借用的中国符号也不过是构建给西方人看的“他者”。靳埭强作品中对于民族形式和符号的借用，不过是为了满足西方观众的猎奇心理。这就形成一种可悲的悖论：我们把一位西方色彩极浓的设计师当作“中国风格”的典型代表，并且长期以来没有人看到并揭穿这一事实，以致影响到中国设计形态的实质性探索。总的来说，靳埭强作品中反复出现的中国符号，并不能代表中国文化本身。靳埭强的设计实践，仍然只能属于西方现代设计风格在中国的一种回响。

与靳埭强不同，韩家英从一开始就是以完全接受西方标准的姿态在国内设计界独树一帜的，到了后来他更是直言不讳地宣称自己的西方中心主义设计立场。因此，尽管他在早期《天涯》封面设计及《融合》等海报设计作品中采用了中国的汉字、笔墨等形象，并且在这些方面上的形式实验所采取的创作手法其实与靳埭强并没有截然的矛盾，但韩家英长期以来在设计界恰恰是被当作与靳埭强对立的形象出现的。在韩家英看来，他认为西方现代设计比中国强是一个不争的事实，因此中国只能以西方为榜样和标准奋起直追，否则中国只能越来越落后。在设计的评判方面，他认为西方无疑就是

图 10-12　靳埭强　《汉字》海报设计　1995 年

裁判，中国的设计师只有得到西方的认可才会有出路。他还拒绝在商业设计中使用中文，在他看来，仅仅因为采用中文的商标无法进入国际市场这一点便可以支持自己的观点。[①]因此，在韩家英大多数的作品中，我们看到了对于当代西方最新设计风格和形式的追随与模仿，并且不妨也承认在他的一些商业设计中这种模仿已经达到了形式上与西方 20 世纪 60 年代以来的某些设计非常近似的层面。

① 参见韩家英等：《传统与国际化六人谈》，《艺术与设计》，1999年总第7期。

韩家英的实力在国内的专业圈内已经很少有人怀疑。但是由于没有“中国文化”这一背景的支持，尽管参加了一些重要的展览并获奖，韩家英目前在国际设计界中所得到的认同度也难说理想（他受到国外设计师好评最多的作品恰恰还是带有东方色彩的早期《天涯》杂志封面设计）。究其原因，大概可以将其归纳为这样几点：首先，追随西方已经出现过的作品，永远无法走到西方设计发展的最前沿；其次，以西方作为标准，无疑是用自己的短处去与别人的长处较量，而完全否认了这样一种事实——由于中国是一个与众不同的国家，设计也是一个“家族相似”（维特根斯坦语）的多元化的概念，因此，中国完全可以有自己与众不同的设计文化和对于设计的独特理解。当然，还与西方人的猎奇心理在韩家英的作品和言论这里无法得到补偿和满足有关。

另外一位深圳设计师王粤飞的观点也很有代表性。尽管很多人认为王粤飞的作品还是比较西化一路的，但其实在他的观念（以及《来自西方的灵感》书籍设计这样的代表作品）中所表现出来的是

图 10-13　韩家英　万科米兰世博会形象设计　2015 年

一种试图“超越中西标准”的理想。王粤飞认为，设计需要找到一种超越东西对立的至高无上的标准，这种标准是全人类所共有的，是无论东方人还是西方人都能够通过“纯粹图形”进行理解和把握的。但是王粤飞的大量作品还是给人留下了过分西化的印象。对于这种观点在设计界也有很多的拥趸，借鉴西方当代汉学研究的流派，

图 10-14 王粤飞 《沟通》海报设计 1996 年

笔者将其称为“文化普遍主义”的设计范式。笔者认为，在内容层面的“文化普遍主义”应该是可能而且可行的。由于设计的“半艺术”这一特点，使得设计所反映的内容往往受制于地域、受众、市场等功利性因素的限制，但是这并不妨碍设计师创作一些超越使用层面的公共性设计作品，如公益海报，即国内设计师习惯于称呼的“文化类设计”。在这些作品中，设计师没有来自各方面的过多限制，设计的艺术属性可以得到比较充分的彰显。这时候，设计师当然可以关注人性等超越地域文化的人类共同的哲学追问，这也是设计作为艺术的一种正当要求。但在形式层面，达到目的的手段却是多种多样的，而不应该有一种超越东西并且胜于东西的“第三条道路”。王粤飞特别加以强调的“图形”，恰恰属于形式这一层面。在形式层面强调“文化普遍主义”，无异于像柴门霍夫（Zararz Ludwik Zamenhof，1859—1917）那样在各种不同的文化土壤上推广“世界语”，其结果是这种不伦不类的新语言很难在各种文化立场中生根。因此这样的“文化普遍主义”在实践中往往还是容易滑向西方中心主义，甚至在有意无意间蕴含着贬抑中国、抬高西方的某些潜在心理。

在中国当代设计师阵营中，王序的文化观令人感到比较特别。在大多时候，王序并没有特别地表示出对中国文化的抬高倾向，但是他的作品中的确能够看到某些中国思维方式的影响。他自己曾经在一篇访谈中谈到他的作品喜用黑白二色，即来源于中国阴阳哲学的影响。[①]这可能更接近于瑞士心理学家荣格（Carl Gustav Jung，1875—1961）所说的“集体无意识”。笔者一直认为，王序是中国当代设计师群体中极富“大家”气质的一位。虽然王序的

① 梁梅：《王序访谈》，《装饰》，1999年第9期。

代表性作品并不是很多，他也很少集中地把自己的作品拿出来展示，但他的思想深度却是以上所提到的几位所望尘莫及的。王序的作品有很深的哲学追求，形而上的程度也比较高。他虽然没有刻意标榜中国文化，但实际上中国的某些思维方式已经通过他的作品所采用的意象呈现了出来。他的作品所追求的简洁和多义性，也是符合中国传统造型艺术的某些特征的。这让笔者想到阿根廷作家博尔赫斯在一次演讲中谈到“阿根廷性”时的言论：“即使不渲染地方色彩，我们也能是阿根廷人。”他还举了《古兰经》作为例子：“《古兰经》里，没有提到过骆驼……一个伪造者、旅游者、阿拉伯民族主义者首先要做的是在每一页大谈骆驼和骆驼队；但作为阿拉伯人的穆罕默德却处之泰然。”[①]在这里，王序与博尔赫斯这位大师的观点是很有些类似的。但需要提醒读者注意的是，我们不容忽视文学作品与视觉艺术作品的一个小小的不同，即视觉艺术作品（包括设计）比文学作品更强调视觉形式的重要性，而谈论文学作品（尤其是小说）时我们往往只是注意到它的内容和思想（大概卡尔维诺这样热衷于形式实验的作家例外）。因此，评价文学与视觉艺术的标准尽管可以互相借鉴，但是不可以照搬。王序的倾向性，也仅仅适用于作品的内容层面，而对于形式表现方面没有太大的借鉴意义。王序本人的作品也鲜明地体现出了这一点：他的作品构思精致，创意巧妙，主题含而不露，很有纯艺术的气质和意境。但是在形式层面王序却有意地放低了，也许在他看来形式远没有内容重要。我们也不难看到王序的作品（特别是海报设计）尽管内容上包含某些中国式的深层思维，可在表现形式上很多时候还是很容易让人误以为是国外设计师的作品。因此，对于这种“不自觉的中国性”，我们还是

① 〔阿〕博尔赫斯：《阿根廷作家与传统》，王永年、陈众议等译《博尔赫斯文集·文论自述卷》，海南国际新闻出版中心，1996年，第85—86页。

应该从内容和形式两方面分别看待的。这种思路在设计教育中不宜提倡，因为对于大多数内地学生而言，并没有接受过系统的“国学”教育，尽管是一个“中国人”，但潜意识中这里的“中国”往往只能代表现代性的民族国家概念。作为教育者，我们并不能奢望“中

图 10-15 王序 《沟通》海报设计 1996 年

国文化”的问题通过学生的“集体无意识”加以解决。对于王序这样的反例，笔者坚持认为这只是教育中的特例，或者我们可以（至少是部分地）认同哲学家康德的观点：教育的对象是中才，因为庸才不可教，天才不必教。

陈绍华也是一位观点鲜明的设计师，尽管他的思想不断有一些微妙的变化，但还是可以透过他的言论和作品总结出他对于中国文化与中国设计问题的一些基本的想法。陈绍华早期的言论是坚决反对韩家英式的“西方中心主义”的全盘西化式观点的，主张中国设计应该为中国的老百姓服务，设计有西方的标准，也应该有中国自己的独特标准。在他看来，能够为中国百姓所喜闻乐见，但外国人不一定看懂的设计也是成功的设计。[①]并且他深入地指出，所谓“中国设计”并不应该停留在对于民族符号的表面借鉴上，而是应该体现出“中国人的思维方式”。为了避免给人留下文化保守主义的印象，他也反复强调自己坚决地反对“民族的就是国际的”这种狭隘的民族主义心理，而是坚持当代设计应该创造出自己新的文化样式。当然，与前面的设计师相类似，陈绍华的观点也并不是能够直接解决设计中面临的具体问题的。他的说法还存在着很多理论上的难点，而这些难点也是本书自始至终所要尝试回答的东西。比如：如何协调设计的社会实用属性与人文艺术属性的冲突？何为“中国人的思维方式”？它们通过何种渠道与设计实践相沟通，进而转化为设计资源？如何在保持中国设计面貌与中国文化的延续性的基础上还能坚持创造？所谓坚持文化中永恒的标准，与开创现时代的中国设计形态的矛盾如何协调……

① 陈绍华等：《传统国际化六人谈》，《艺术与设计》，1999年总第7期。

对于中国设计师来说，如何让曾经作为舶来品的艺术设计内

图 10-16　陈绍华、韩美林、靳埭强　北京申办 2008 年奥运会标志设计　2001 年

在地植入当代中国文化，一直是一个言人人殊，但又常说常新的话题。无论把它叫作“地域化”（localization）、“本土化”（inculturalization）或是“语境化”（contextualization），你总不能无视或规避这一问题的存在。在今天，“语境化”已不必然意味着与“文化传统”或“民族性”发生关系，而是逐渐发展成为一个动态的、发展着的创作理念。“语境化”的设计更多地对应着当代中国独特的文化与市场，以及在此背景下不同企业或机构的不同视觉表征。放眼国际，随着传媒领域的碎片化以及营销环境的多元化，把设计与文化的关系，尤其是设计对于当代文化不断的介入、质询与批判作为一个问题在实践过程中展开学

术思考的设计师也有增多的趋势。必须承认，其中许多思考与中国设计共享着相似或接近的问题意识，他们的作品对此也进行了很好的诠释，这些成果自然应该成为探索中国设计语境化过程中值得借鉴的思想资源。[①]

与此同时，随着设计研究的深入以及设计教育的发展，中国设计创作领域对于本土化的认识也早已超越了理论界“伪问题”的质疑，走出“众说纷纭”的阶段，取得了一些基本得到公认的成果。在《两方世界·两方设计》一书中，去国多年的王敏通过个人的创作经验和在不同文化背景中从事设计创作与管理的心得，指出全球化必须建立在对地域文化充分尊重的基础上，实现对于服务对象的地域文化的充分理解、尊重与包容。可以看出，王敏的观点相对于此前王粤飞的思想与实践，在深层的文化认知层面已经取得了值得注意的进展和反叛，相较于陈绍华当年的表述也已经更加具备理论的形态。可以说在这种认识上，很多设计师已经达成共识：

> 文化沟通首先应该建立于对不同文化的尊重，只有尊重才会有平等沟通。强加于人的文化必然会引起人们的抵制。我们要提倡一种能够使不同文化背景的双方得以互相理解沟通的设计语言。而这种语言是建立在对双方文化深刻认知的基础之上的。
>
> 全球化必须有兼容性，能够包容不同的文化，特别是边缘文化，得以和谐共存。世界文化必须建立在不同共鸣的基础上。全球化意味着互相理解、接受、共存、对话、反馈、调整、取得和谐。没有这样一种对全球化的共识，那么全球化还是一种

① 参见祝帅编译：《从设计哲学到文化实践——2x4工作室的历史沿革》，《艺术与设计》，2007年第2期。

单一文化在全球范围内的传播，称不上全球化。[②]

本书的核心思路，即是建筑在对于"全球化"和"本土化"问题的理性认识基础上，围绕服务于中国受众进而在全球化背景中传播中国独特的设计创作为中心逐步展开。在笔者的理解中，"中国文化"并没有一个一成不变的内核，相反在内部却是充满张力的。"中国设计"也并不等于传统或者复古，而是立足于当代中国的特殊语境，以中国面貌加入国际设计话语场，促进中国文化（不仅仅是传统文化，也包括当代文化）在西方的传播。笔者相信目前所讨论的所谓"本土化"的设计并不应该仅仅停留在"中国元素"这层表面的形态，而要深入到中国人的思维方式中，建立在民族集体心理之上，只有在此基础上才能进一步谈"多元化"的问题。因而从设计的视角解读中国古典文献，并梳理几代设计师不同的思想和实践历程，是我们建立本土化设计理论叙述的起点。

随着近年来"全球史观"在各个领域浮出水面，在西方已经出现了多部题为"全球设计史"或"全球广告史"的大部头著作。[③]可以看出，突破西方中心观的做法，也已是西方、东方学者共同努力的方向。然而，这种全球史观相对于以往忽略东方的西方中心主义来说固然有纠偏的意义，但需要看到的是，目前的全球设计史、全球广告史的叙述中，对于东方还是浅尝辄止的，特别是对于中国的解释还停留在起步阶段，仍然作为西方设计的附庸而存在。在这种对中国、对东方研究还很不够的特殊历史阶段，适当对东方、对中国设计史进行本体论式的专门研究，作为一种阶段性的立场，是东西方学者都应该及时补上的一课，目的是丰富和补充全球设计的

② 王敏、申晓红：《两方世界·两方设计》，上海书画出版社，2005年，第35页。

③ 如Mark Tungate, *Adland: A Global History of Advertising*, Kogan Page, 2013; Ching, Frank, Jarzombek, Mark M., Prakash, Vikramaditya, *A Global History of Architecture*, John Wiley & Sons, 2007; Victor Margolin, *World History of Design*, Bloomsbury Academic, 2015等。

话语场。这是一种阶段性的研究，换言之，提出带有特殊主义色彩的东方设计、中国设计，只是一种手段、一种方法，而不是一种本位、一种目的，其最终目标应是为构建人类命运共同体贡献出中国乃至整个东方的设计文化、设计智慧。

参考书目

〔南宋〕朱熹：《四书集注》，王浩点校，南京：凤凰出版社，2005

〔清〕皮锡瑞：《经学历史》，周予同注释，北京：中华书局，2004

〔清〕梁启超：《清代学术概论》，夏晓虹点校，北京：中国人民大学出版社，2004

〔清〕章太炎、刘师培等：《中国近三百年学术史论》，罗志田导读、徐亮工编校，上海古籍出版社，2006

顾颉刚：《中国上古史研究讲义》，北京：中华书局，1999

鲁迅：《鲁迅全集》，北京：人民文学出版社，2005

闻一多：《闻一多全集》，武汉：湖北人民出版社，1992

宗白华：《宗白华全集》，合肥：安徽教育出版社，1994

瞿同祖：《中国法律与中国社会》，北京：中华书局，2002

钱锺书：《管锥编》（第一册），北京：中华书局，1998

李泽厚：《中国现代思想史论》，北京：东方出版社，2003

叶朗：《胸中之竹——走向现代之中国美学》，合肥：安徽教育出版社，1998

朱良志：《曲院风荷——中国艺术论十讲》，合肥：安徽教育出版社，2002

彭锋：《诗可以兴——古代宗教、伦理、哲学与艺术的美学阐释》，合肥：安徽教育出版社，2003

陈刚：《穿越现代性的苦难》，北京：中国工人出版社，2002

罗筠筠：《审美应用学》，北京：社会科学文献出版社，1995

龚鹏程：《文化符号学》，台北：学生书局，1992

陈来：《古代思想文化的世界——春秋时代的宗教、伦理与社会思想》，北京：生活·读书·新知三联书店，2002

王树人、喻柏林：《传统智慧再发现》（上、下卷），北京：作家出版社，1997

刘东：《理论与心智》，南京：江苏人民出版社，2003

刘小枫：《拯救与逍遥》（修订本），上海三联书店，2001

陈平原：《中国现代学术之建立——以章太炎、胡适之为中心》，北京大学出版社，2005

邱振中：《书法的形态与阐释》（修订版），北京：中国人民大学出版社，2005

苏力：《法制及其本土资源》（修订版），北京：中国政法大学出版社，2004

张祥龙：《海德格尔思想与中国天道——终极视域的开启与交融》，北京：生活·读书·新知三联书店，1996

尚刚：《天工开物——古代工艺美术》，北京：生活·读书·新知三联书店，2007

陈从周：《园韵》，上海文化出版社，1999

张道一：《张道一文集》（上卷），合肥：安徽教育出版社，1999

中央工艺美术学院工艺美术学系主编：《设计艺术学研究（第一辑）》，北京工艺美术出版社，1998

杭间：《中国工艺美学史》，北京：人民美术出版社，2007

李立新：《中国设计艺术史论》，北京：人民出版社，2011

夏燕靖：《中国设计史》，上海人民美术出版社，2009

祝帅：《设计观点》，沈阳：辽宁科学技术出版社，2010

祝帅：《中国广告学术史论》，北京大学出版社，2013

祝帅：《中国设计研究百年》，北京：清华大学出版社，2018

祝帅：《作为学科的广告史：发展、个案及趋势》，北京大学出版社，2020

祝帅、杨简茹主编：《民国摄影文论》，北京：中国摄影出版社，2014

石晨旭、祝帅：《中国平面设计产业研究》，北京：清华大学出版社，2017

石晨旭、祝帅、谢欣：《中国当代平面设计研究》，北京：清华大学出版社，2019

〔法〕米歇尔·福柯：《知识考古学》，谢强、马月译，北京：生活·读书·新知三联书店，1998

〔德〕卡西尔：《卢梭·康德·歌德》，刘东译，北京：生活·读书·新知三联书店，2002

〔德〕马丁·布伯：《我与你》，陈维刚译，北京：生活·读书·新知三联书店，2002

〔美〕乔纳森·卡勒：《文学理论》，李平译，沈阳：辽宁教育出版社，1998

〔法〕熊秉明：《中国书法理论体系》，天津教育出版社，2003

〔美〕刘若愚：《中国文学理论》，杜国清译，南京：江苏教育出版社，2006

〔美〕史华兹：《古代中国思想的世界》，程刚译，刘东校，南京：江苏人民出版社，2004

〔英〕葛瑞汉：《论道者——中国古代哲学论辩》，张海晏译，北京：中国社会科学出版社，2003

〔德〕雷德侯：《万物——中国艺术中的模件化和模件化生产》，张总等译，

北京：生活·读书·新知三联书店，2006

〔美〕唐纳德·A. 诺曼：《设计心理学》，梅琼译，北京：中信出版社，2004

〔美〕唐纳德·A. 诺曼：《情感化设计》，北京：电子工业出版社，2006

〔英〕利特尔：《流派：艺术卷》，祝帅译，北京：生活·读书·新知三联书店，2008

〔英〕克利福德：《智慧文学》，祝帅译，上海：华东师范大学出版社，2010

〔英〕罗森：《中国古代的艺术与文化》，孙心菲等译，北京大学出版社，2002

〔英〕赫胥黎：《天演论》，严复译著，李珍评注，北京：华夏出版社，2002

〔英〕柯律格：《明代的图像与视觉性》，黄晓鹃译，北京大学出版社，2011

〔英〕柯律格：《雅债——文徵明的社交性艺术》，刘宇珍、邱士华、胡隽译，北京：生活·读书·新知三联书店，2012

〔英〕柯律格：《中国艺术》，刘颖译，上海人民出版社，2013

〔英〕苏立文：《中国艺术史》，徐坚译，上海人民出版社，2014

〔德〕雷德侯：《万物》，张总等译，北京：生活·读书·新知三联书店，2005

〔美〕杜朴、文以诚：《中国艺术与文化》，张欣译，北京：世纪图书出版公司，2011

〔美〕方闻：《心印——中国书画风格与结构分析研究》，李维琨译，西安：陕西人民美术出版社，2004

〔美〕李铸晋：《鹊华秋色——赵孟頫的生平与画艺》，北京：生活·读书·新知三联书店，2008

〔美〕高居翰：《气势撼人——十七世纪中国绘画中的自然与风格》，李佩桦译，北京：生活·读书·新知三联书店，2009

〔美〕高居翰：《风格与观念：高居翰中国绘画史文集》，范景中、高昕丹编选，杭州：中国美术学院出版社，2011

〔美〕白谦慎：《傅山的世界——17 世纪中国书法的嬗变》，北京：生活·读书·新知三联书店，2006

〔美〕巫鸿：《美术史十议》，北京：生活·读书·新知三联书店，2008

〔美〕巫鸿：《重屏——中国绘画中的媒材与再现》，文丹译，黄小峰校，上海：世纪出版集团、上海人民出版社，2009

〔美〕乔迅：《石涛——清初中国的绘画与现代性》，邱士华、刘宇珍译，北京：生活·读书·新知三联书店，2010

〔美〕孟久丽：《道德镜鉴——中国叙述性图画与儒家意识形态》，何前译，北京：生活·读书·新知三联书店，2014

〔美〕倪雅梅：《中正之笔——颜真卿书法与宋代文人政治》，杨简茹译，祝帅校译，南京：江苏人民出版社，2008

〔美〕石慢：《米芾：风格与中国北宋的书法艺术》，张荣芳译，祝帅校译，南京：江苏人民出版社，2024

〔美〕艾朗诺：《美的焦虑——北宋士大夫的审美思想与追求》，杜斐然、刘鹏、潘玉涛译，上海古籍出版社，2013

〔美〕包弼德：《斯文——唐宋思想的转型》，刘宁译，南京：江苏人民出版社，2017

〔美〕毕嘉珍：《墨梅——一种文人画题材的形成》，陆敏珍译，南京：江苏人民出版社，2012

〔美〕艾尔曼：《从理学到朴学——中华帝国晚期思想与社会变化面面观》，赵刚译，南京：江苏人民出版社，2012

Craig Clunas, *Superfluous Things: Material Culture and Social Status in Early Modern China*, Cambridge: Polity Press, 1991

Mark Tungate, *Adland: A Global History of Advertising*, Kogan Page, 2013

Ching, Frank, Jarzombek, Mark M., Prakash, Vikramaditya, *A Global History of Architecture*, John Wiley&Sons, 2007

Victor Margolin, *World History of Design*, Bloomsbury Academic, 2015

索　引

（列入全书中出现的主要人名）

M

N

P

Q

R

S

T

Y

Z